Armin Lewald
Friedhelm Mühleib
Hannelore Mustert
Marlies Otten

Hauswirtschaft

Realschule

Schroedel Schulbuchverlag

Hauswirtschaft

Realschule

Herausgegeben und bearbeitet von

Dr. Armin Lewald
Dr. Friedhelm Mühleib
Hannelore Mustert
Marlies Otten

in Zusammenarbeit mit der Verlagsredaktion

Umschlaggestaltung: Michael Rechl
Illustrationen: Marlies Rieper-Bastian, Guido Wandrey
Grafiken: Klaus Roß

ISBN 3-507-**46302**-4

Druck 5 4 3 2 1 / Jahr 1994 93 92 91 90

Alle Drucke der Serie A sind im Unterricht parallel verwendbar.

Die letzte Zahl bezeichnet das Jahr dieses Druckes.

Druck: Th. Schäfer Druckerei GmbH, Hannover

Bildquellenverzeichnis

o. = oben, m. = Mitte, u. = unten, l. = links, r. = rechts

AEG Hausgeräte AG, Nürnberg: 58 o. l., 157; BAVARIA, Gauting: 177 r.; Günter Deiseroth, Niederaula: 10 l., m., 12 m., r., 16 (1) (3), 20, 24 l., m., 25, 40, 41 (1) (2) (3), 54, 58 o. r., u. l., u. r., 64, 70, 72, 73 o., 76 l., 77 o. l., o. r., 93, 94, 112, 115, 119, 120 r., 121, 122, 132, 139, 146, 148 l., 158, 164, 165, 177 l., 225; Margret Ebentreich, Detmold: 177 m., 195 o. l.; Jörg Axel Fischer, Hannover: 9, 16 (2), 24 r., 28, 33 l., r. o., 42, 59, 77 u. r., 79, 81, 90, 106, 127, 148 m.; Jochen Knobloch, Hamburg: 171; MAURITIUS, Mittenwald: 38, 92 r. m.; Miele & Cie, Gütersloh: 33 r. u., 60, 63, 188; Dr. Friedhelm Mühleib, Zülpich: 108; Marlies Otten, Wiesmoor: 62; Poggenpohl Möbelwerke GmbH & Co., Herford: 65 r. o., l. m., r. m., 66; Dr. Gert Reich, Friedrichsfehn: 4, 12 l., 16 (4), 26, 37, 39, 71, 73 m., u., 77 u. l., 92 l., r. o., r. u., 100, 110, 117, 120 l., 132 u. r., 138, 151, 170, 174, 183, 204; Schroedel Archiv: 10 r., 14, 17, 18, 31, 41 (4), 56, 76 r., 133 l., 148 r., 195 u. r., 196, 217, 222, 238.

Inhaltsverzeichnis

Hauswirtschaft – ein neues Schulfach

Ziele und Inhalte des Unterrichts

Hauswirtschaftsunterricht ist kein reiner Kochunterricht!

Der Hauswirtschaftsunterricht soll sich mit allen wichtigen Aufgaben der Haushaltsführung befassen, nicht nur mit der Nahrungszubereitung.

Der Unterricht im Fach Hauswirtschaft will dazu beitragen, daß Jugendliche

- über das Leben und Zusammenleben in einem Haushalt nachdenken,
- die Bereitschaft entwickeln, aktiv das Zusammenleben im Haushalt mitzugestalten und bei der Bewältigung von Aufgaben mitzuhelfen,
- auf den Start in den eigenen Haushalt und die dann auf sie zukommenden Aufgaben der selbständigen Haushaltsführung vorbereitet werden,
- über tradierte Vorstellungen zur „Arbeitsteilung“ zwischen Mann und Frau und über Möglichkeiten partnerschaftlicher Haushaltsführung nachdenken,
- sich Fertigkeiten und Kenntnisse aneignen, die sie zu einer partnerschaftlichen Haushaltsführung befähigen.

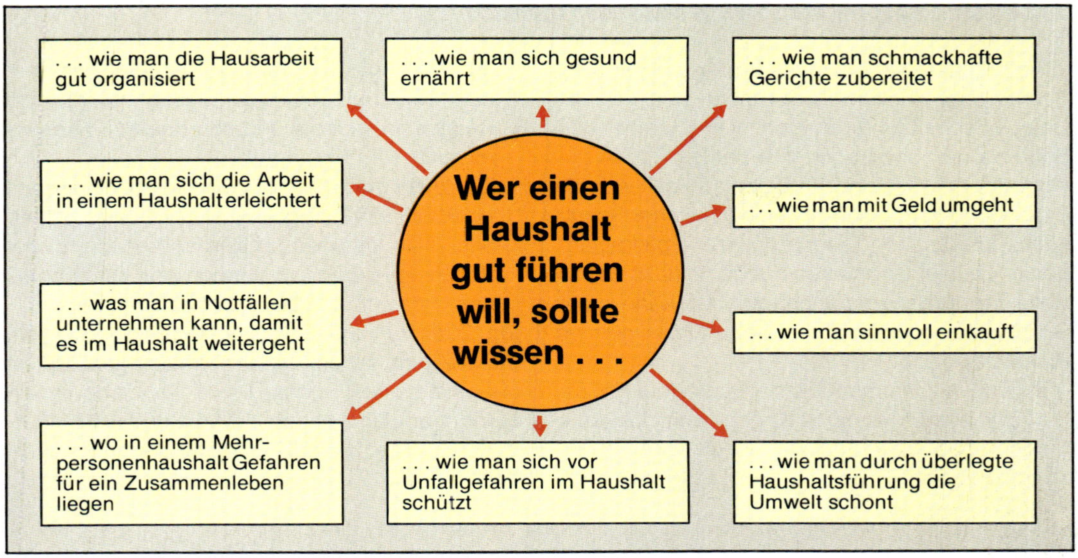

Wer einen Haushalt gut führen will, muß viel wissen und können, und das auf sehr unterschiedlichen Gebieten. Aber muß man das in der Schule lernen? Reicht es nicht aus, was man an Wissen und Können von zu Hause mitbringt oder sich dann aneignet, wenn man es wirklich braucht?

Ein Blick in den Alltag vieler Haushalte zeigt, daß überkommenes und einfach von zu Hause übernommenes Wissen nicht mehr ausreicht. Wie überall hat sich auch in Sachen Haushaltsführung viel geändert. Manches weiß man heute besser als vor Jahren. Das gilt z. B. für den Bereich der Ernährung.

- In vielen Haushalten wird falsch gegessen. Falsche Ernährung ist häufig die Ursache für Krankheiten und daraus entstehende Probleme. Richtige, gesundheitsbewußte Ernährung will gelernt sein.
- Viele Haushalte sind Umweltsünder. Sie schaden durch ihr Verhalten der Umwelt, ohne es zu wissen.
- In vielen Haushalten gibt es Probleme im Umgang mit Geld. Verschuldung ist ein immer häufiger auftretendes Problem. Gerade junge Haushalte geraten leicht in diese Gefahr. Der Umgang mit Geld will gelernt sein.
- Hausarbeit ist für viele eine tägliche Last. Wer sich rechtzeitig Gedanken über die Hausarbeit macht, wer sie partnerschaftlich organisiert und dann auch noch Wege zur Arbeitserleichterung kennt, für den hat die Hausarbeit viel von ihrem Schrecken verloren.
- In privaten Haushalten geschehen viele Unfälle. Es gibt keinen organisierten Arbeitsschutz für private Haushalte. Jeder ist für seine Sicherheit und die Sicherheit der übrigen Haushaltsmitglieder (Kinder!) selbst verantwortlich. Da ist es zumindest erforderlich, ein Gefahrenbewußtsein zu entwickeln und Möglichkeiten der Unfallverhütung aufzuzeigen.
- Modernste Technik dringt in immer mehr Haushalte ein. Computer und Fernsehgeräte mit neuer Technik stellen Haushalte vor neue Aufgaben, schaffen neue Probleme. Wie geht man mit dieser neuen Technik um, ohne von ihr „aufgefressen“ zu werden?

1. Mit welchen Themen und Problemen wird sich der Hauswirtschaftsunterricht befassen?
2. Welche weiteren Informationen gibt das Inhaltsverzeichnis dieses Buches über den Hauswirtschaftsunterricht?
3. Die Fotos auf Seite 4 zeigen Situationen aus dem Hauswirtschaftsunterricht. Was läßt sich aus ihnen über den Unterricht ableiten?

Arbeitsweisen im Hauswirtschaftsunterricht

„Das machen wir zu Hause aber ganz anders." Solche oder ähnliche Äußerungen hört man im Hauswirtschaftsunterricht oft. Viele Schüler und Schülerinnen übertragen ihre von zu Hause gewohnten Arbeits- und Verhaltensweisen auf die Schule und vergessen dabei, daß in einer Schulküche in manchen Dingen andere „Spielregeln" gelten als in einer privaten Küche. Was zu Hause vielleicht sinnvoll und angebracht ist, kann in der Schulküche problematisch sein. Dafür gibt es Beispiele:

- Zu Hause kann man das benutzte Geschirr zunächst stehen lassen und irgendwann im Laufe des Tages spülen. In der Schulküche ist das nicht möglich. Es muß noch im Laufe der Unterrichtszeit gespült und aufgeräumt werden, denn die nachfolgende Klasse möchte mit Recht eine saubere und geordnete Küche vorfinden.
- Zu Hause muß man nicht unbedingt eine Arbeit innerhalb einer vorgegebenen Zeit erledigt haben. Man kann sie notfalls abbrechen. In der Schulküche muß jede Lerngruppe zum Schluß des Unterrichts mit ihrer Arbeit fertig sein.

Ein Blick in eine Schulküche macht deutlich, daß sie ganz anders gestaltet und eingerichtet ist als eine private Küche. Die Schulküche ist ein Lernort, an dem je nach Aufgabe und Arbeitsauftrag in Einzel-, Partner- und Gruppenarbeit gearbeitet wird.

Sauberkeit, Ordnung, Hygiene – ein absolutes Muß

Eigentlich wissen es alle: In jeder Küche – also auch in der Schulküche – sind Sauberkeit, Ordnung und Hygiene unbedingt notwendig, denn wo Lebensmittel verarbeitet werden, ist Unsauberkeit nicht nur unappetitlich, sondern kann auch gesundheitsschädlich sein. Hier sei nur an das Problem einer Salmonellenvergiftung erinnert. Darum sollte alles, was mit Lebensmitteln in Berührung kommt, sorgfältig gesäubert werden.

Obwohl alle eine saubere und geordnete Schulküche vorfinden wollen, erledigen manche Schülerinnen und Schüler die Reinigungs- und Aufräumarbeiten sehr oberflächlich. Da muß man sich nicht wundern, wenn die nachfolgende Gruppe „sauer" reagiert. Denn wer will schon den Dreck anderer beseitigen? Also:

Zum Schluß des Hauswirtschaftsunterrichts muß die Küche sauber und geordnet sein!

Und noch einige Hinweise zur persönlichen Hygiene:

- Hände gründlich waschen (auch nach dem Gang zur Toilette!)
- lange Haare zusammenbinden
- praktische Kleidung tragen (keine langen Schals und Tücher)
- möglichst eine Schürze umbinden
- mit einem „Probierlöffel" abschmecken.

Aufräumarbeiten – was muß gemacht werden?

- Abwaschen
- Ausfegen
- Arbeitsflächen reinigen
- Abtrocknen
- Mülleimer leeren und saubermachen
- Eßzimmer aufräumen und saubermachen
- Ausgußbecken saubermachen
- Spülbecken saubermachen
- Spülmaschine einräumen
- Herde reinigen
- Arbeitsgeräte und Geschirr richtig einräumen
- Spülmaschine ausräumen

Arbeitsverteilung beim Aufräumen – in Eigenregie

Die Arbeitsverteilung kann von der Lehrerin bzw. dem Lehrer vorgenommen werden. Besser ist es, wenn die Arbeitsgruppen die Aufgaben selbst verteilen. Innerhalb einer Kleingruppe (Küchenzeile bzw. Koje) übernimmt eine Schülerin oder ein Schüler für eine festgelegte Zeit die Verantwortung für eine faire Verteilung der Aufräumarbeiten. Ein Arbeitsplan hilft dabei, die Arbeiten gerecht zu verteilen. Auch die „Drückeberger" werden so in ihre Pflicht genommen.

Beispiel für einen Arbeitsverteilungsplan in einer Küchenzeile (Koje)

Datum	Abwaschen	Abtrocknen	Arbeitsflächen, Herde	Fegen, Mülleimer	Sonstiges
		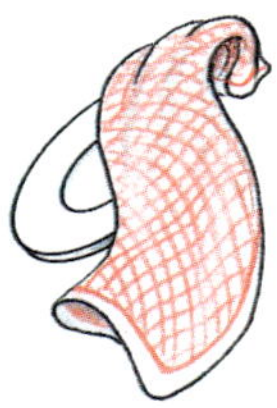			
02.08.	Timo	Ute	Astrid	Thomas	
09.08.	Timo	Ute	Astrid	Thomas	
16.08.	Ute	Astrid	Thomas	Timo	

Das Einräumen der Arbeitsgeräte machen zum Schluß alle zusammen. Jede Aufräumarbeit sollte zweimal nacheinander gemacht werden, bevor gewechselt wird.

Sicherheitsbewußtes Verhalten – eine Notwendigkeit

Über sicheres Arbeiten im Haushalt und im Hauswirtschaftsunterricht wird im Laufe des Unterrichts noch häufig gesprochen werden, da Sicherheit am Arbeitsplatz für jeden eine ganz wichtige Sache ist. Trotzdem schon einige grundsätzliche Regeln zum Start:

- Vermeide hektisches, unüberlegtes Arbeiten! Hektik führt oft zu Unfällen.
- Konzentriertes, ruhiges Arbeiten schützt dich und deine Mitschüler/innen vor Unfällen.
- Sei in Kleinigkeiten gewissenhaft! Fällt oder spritzt etwas auf den Boden (z. B. Kartoffelschale, Fett), beseitige es sofort.
- Helfe mit, Unfälle zu vermeiden! Das ist möglich, wenn du durch vorbildliches Verhalten anderen sicheres Arbeiten deutlich machst.

1. Vergleiche das Arbeiten in einer privaten Küche und in einer Schulküche miteinander. Wo gibt es Gemeinsamkeiten, wo Unterschiede?
2. Warum sind Sauberkeit, Ordnung und Hygiene in der Küche unbedingt notwendig?
3. Welche Aufräumarbeiten sind im Hauswirtschaftsunterricht zu erledigen, und wie kann man sie sinnvoll organisieren?
4. Welche grundsätzlichen Regeln zur Unfallverhütung müssen beachtet werden?

Hauswirtschaft und andere Fächer

Der Hauswirtschaftsunterricht befaßt sich mit Themen wie „Zusammenleben im Haushalt“, „Umgang mit Geld“ oder „Sicherheit im Umgang mit Geräten“. Solche Themen kommen auch im Unterricht anderer Fächer vor. Sie werden dort unter anderen Fragestellungen und aus einer anderen Sicht betrachtet. Das hat den Vorteil, daß wichtige Probleme mit unterschiedlichen Fragestellungen aus verschiedenen Blickrichtungen betrachtet und bearbeitet werden. Man lernt so mehr über eine Sache, versteht sie besser und kann besser mit ihr umgehen. Das Fach Hauswirtschaft hat also mit anderen Fächern zahlreiche Berührungspunkte. Man braucht im Hauswirtschaftsunterricht Wissen aus anderen Fächern, z. B. der Biologie, man eignet sich Wissen an, das für andere Fächer nützlich ist, und man beschäftigt sich mit ähnlichen Themen, allerdings aus der Sicht des Faches Hauswirtschaft und den damit verbundenen Fragestellungen.

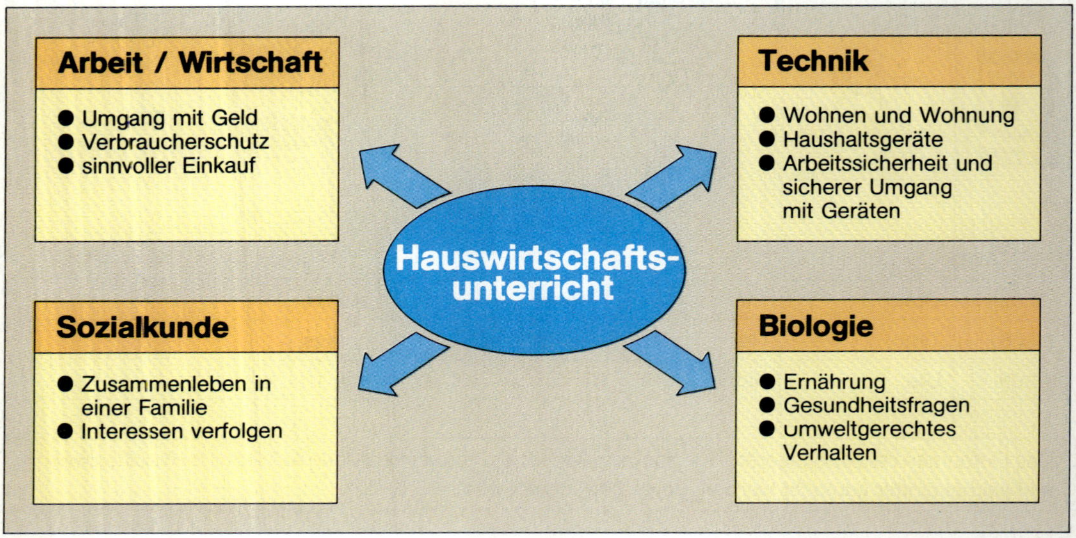

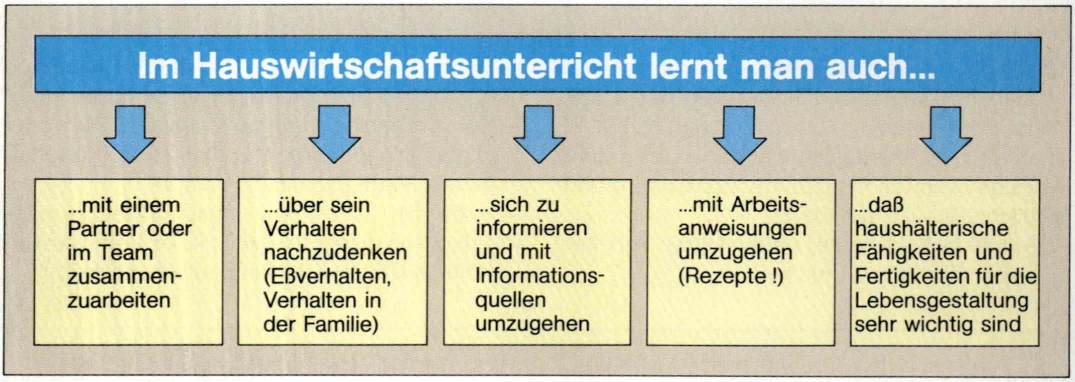

1. Erläutere die beiden Übersichten.
2. Welchen Vorteil hat es, wenn in verschiedenen Fächern über gleiche oder zusammenhängende Themen gearbeitet wird? Welche Schwierigkeiten können entstehen?

Leben im Haushalt

„Was es mit dem Haushalt auf sich hat, das weiß doch jedes Kind!" So mag man denken, schließlich lebt man in einem Haushalt und hat seine Erfahrungen damit. Aber treffen die eigenen Erfahrungen auf alle Haushalte zu? Bei genauerem Hinsehen stellt man fest, daß Haushalte sehr unterschiedlich sind. Was also gilt für alle Haushalte, was nur für einzelne? Hinzu kommt, daß Haushalte sich ständig verändern. Sie haben einen eigenen Lebensrhythmus, eigene Entwicklungen. Was für einen jungen Ein-Personen-Haushalt zutrifft, muß nicht mehr bei einem Vier-Personen-Familienhaushalt stimmen. Bei der Haushaltsführung steht man also ständig vor neuen Aufgaben. Wie kann man ihnen gerecht werden? Was gehört überhaupt alles zur Haushaltsführung?

1. Haushalt und Haushaltsführung

Aufgaben privater Haushalte

Im privaten Haushalt kann man „die Tür hinter sich zumachen". Dort ist man neugierigen Blicken und der direkten Kontrolle durch andere entzogen: „Hier bin ich Mensch, hier darf ich's sein." Was im eigenen Haushalt geschieht, geht zunächst nur diejenigen an, die in diesem Haushalt leben.

Der private Haushalt ist eine Lebens-, Wohn- und Wirtschaftseinheit. Das heißt:
- In einem Haushalt lebt immer ein Mensch oder eine Gruppe von **Menschen**.
- Der Haushalt bietet den Menschen eine **Unterkunft** mit lebenswichtigen Einrichtungen (z. B. Wasseranschluß und Kochstelle).
- Im Haushalt werden Arbeiten zur **Versorgung** der Haushaltsmitglieder verrichtet, die der Existenzsicherung der Menschen dienen und ihre persönlichen Wünsche erfüllen.
- Ein Haushalt braucht **Mittel**, um seinen Aufgaben gerecht werden zu können.
- Mit diesen Mitteln muß er **wirtschaften**, um die vorhandenen Mittel und ihre Verwendung mit den vorhandenen Bedürfnissen sinnvoll abzustimmen.

Im privaten Haushalt geht es um das Leben und die Lebensgestaltung der Haushaltsmitglieder. Das bedeutet, sowohl für das leibliche Wohl (materieller Bereich) als auch für das seelische Wohlbefinden (immaterieller Bereich) Sorge zu tragen. Keine der beiden Seiten sollte unbeachtet bleiben. Das hat Konsequenzen für die Haushaltsführung, also die Aufgabe, das (Zusammen-) Leben in einem Haushalt zu organisieren und zu gestalten. Erst durch das Zusammenwirken der materiellen Versorgung und der Sorge um das, was z. B. Geist und Gefühl des Menschen anspricht, bekommt der private Haushalt seine eigene unverwechselbare Ausprägung, sein spezifisches Gesicht.

Zwar werden viele Leistungen, die ein privater Haushalt erbringt, auch von gewerblichen Unternehmen angeboten, z. B. waschen, putzen, kochen, nähen. In einem Hotel mit Restaurant kann man wohnen, schlafen, essen. Dennoch besteht ein Unterschied zu einem privaten Haushalt. Private Haushalte zeichnen sich durch den Umfang und die Breite ihrer Leistungen und durch ihre Privatheit aus.

Übergeordnete Aufgaben privater Haushalte

Aufgabe der Regeneration	Haushalte sind der Ort, an dem man ausruhen, „auftanken“ kann. Dorthin kann man sich zurückziehen und von körperlichen und geistigen Anstrengungen erholen.
Aufgabe der Sozialisation	Haushalte sind der Ort, an dem die heranwachsende Generation aufgezogen wird. Dort lernt der Nachwuchs Werte und Normen kennen. Er lernt, selbständig zu werden und sich in die Gesellschaft einzufügen.
Aufgabe der Bedarfsdeckung	Haushalte sind der Ort, an dem lebenswichtige Bedürfnisse befriedigt werden. Dort findet ein großer Teil der individuellen Versorgung statt. Zur Aufgabe der Bedarfsdeckung gehört es auch, für Notfälle vorzusorgen.
Generative Aufgabe	Haushalte sind die Einrichtung, aus der heraus der Fortbestand der Gesellschaft sichergestellt wird. Sie sorgen für den Nachwuchs.
Kulturelle Aufgabe	Haushalte bewahren Traditionen und entwickeln neue Formen von Kultur, z. B. Wohnkultur, Eßkultur.

Wenn diese Aufgaben nicht ausreichend erfüllt werden, ergeben sich daraus neben individuellen auch gesellschaftliche Konsequenzen, denn der einzelne Haushalt existiert nicht ausschließlich für sich allein, sondern er ist immer auch ein Teil der Gesellschaft.

Im Laufe der Geschichte hat sich die Art der Aufgaben der Privathaushalte gewandelt: Eltern haben z. B. einen Teil ihrer Erziehungs- und Bildungsaufgaben an Kindergarten, Schule und Ausbildungsstätte abgegeben. Stattdessen sind andere Aufgaben stärker in den Vordergrund gerückt: Eltern müssen heute mehr Mühen aufwenden, damit sich ihre Kinder zu eigenständigen Persönlichkeiten entwickeln. Sie müssen sich z. B. stärker mit dem Freizeitverhalten ihrer Kinder auseinandersetzen. Ein anderes Beispiel : Früher gab es noch nicht das Problem, wie man Kinder versorgt, die an Neurodermitis oder an Eßstörungen wie Magersucht leiden. Auch die Probleme mit unserer Umwelt erfordern ein Umdenken in Sachen Haushaltsführung. Und angesichts der leeren öffentlichen Kassen werden Tätigkeiten wie die Versorgung und Betreuung von Kranken, Behinderten oder alten Menschen wieder mehr in die Privathaushalte verlagert.

1. „Ein Haushalt ist eine Wohn- und Wirtschaftseinheit.“ Erläutere diese Aussage. Stimmt sie?
2. Nenne Beispiele für außerhäusliche Dienstleistungen, die private Haushalte in Anspruch nehmen können. Welche Vor- und/oder Nachteile haben solche Angebote?
3. Welche Aufgaben erfüllen private Haushalte? Gelten alle Funktionen für jeden Haushalt?
4. Inwiefern kommt das, was in einem Privathaushalt geschieht, der Gesellschaft zugute?

Haushaltsführung – eine umfassende Aufgabe

Drei Ziele von Haushaltsführung: Sorge für eine Wohnung tragen, für Gesundheit sorgen, Geborgenheit schaffen

Ein Haushalt als Einrichtung der Existenzsicherung und Daseinsvorsorge funktioniert nicht von allein – er muß geführt, betrieben werden. Dabei reicht es nicht aus, eine Wohnung zu mieten oder ein Haus zu bauen. Eine Unterkunft allein ist noch kein Zuhause. Darum müssen Haushaltsmitglieder entscheiden und bestimmen, wie ihr häuslicher Bereich gestaltet werden soll und was sich in ihm abspielt. Haushaltsführung ist eine lebensnotwendige Aufgabe, die Kreativität, Phantasie und Arbeitswillen verlangt. Derjenige, der noch nicht seinen eigenen Haushalt führen kann (z. B. Kinder) oder dazu nicht mehr in der Lage ist (z. B. Kranke, alte Menschen), nimmt die Versorgungs-, Erziehungs- und Pflegeleistungen seiner Eltern, anderer Familienangehöriger oder anderer Einrichtungen in Anspruch. Dennoch gehen seine Wünsche und Vorstellungen oft in die Art der Haushaltsführung mit ein, und er ist von dieser Aufgabe nicht ausgeschlossen.

Einen eigenen Haushalt zu führen, bedeutet nicht nur, sich eigenverantwortlich um die nötigen Voraussetzungen und Mittel kümmern zu müssen. Haushaltsführung bedeutet gleichzeitig, Vorstellungen davon zu entwickeln, welche Ziele in diesem speziellen Haushalt verfolgt werden sollen, und festzulegen, was für wichtig erachtet wird. Es geht darum, so etwas wie ein Konzept zu entwerfen, um eine Versorgung nach persönlichen Lebensvorstellungen sicherzustellen und im Rahmen der vorhandenen Möglichkeiten sein Leben selbstbestimmt und mündig führen zu können. Es geht bei der Haushaltsführung auch darum, über eigene Entfaltungsmöglichkeiten im Haushalt nachzudenken und darum, ein Zusammenleben mit anderen aktiv zu beeinflussen. Zu wissen, was im eigenen Haushalt gemacht werden soll, das reicht noch nicht. Die guten Absichten müssen auch in die Tat umgesetzt werden. Dazu ist handfeste Arbeit erforderlich, nämlich Hausarbeit. Die praktische Umsetzung dessen, was man vorher geplant hat, ist also das zweite Standbein der Haushaltsführung. Haushaltsführung beinhaltet demnach Planung, Organisation, Hausarbeit und Gestaltung des Zusammenlebens im Haushalt bzw. Privatleben.

Was im einzelnen in einem Privathaushalt geschieht – ob Müll getrennt gesammelt wird oder nicht, ob ein PC für Computerspiele angeschafft wird oder nicht, ob die Schuhe täglich geputzt werden oder nicht – hängt von den Zielen und Vorstellungen ab, die der Haushalt entwickelt hat. Bei der Festlegung der Ziele kommt es zwar zu verschiedenen individuellen Ausprägungen, dennoch müssen alle haushaltsführenden Personen über einige grundlegende Fähigkeiten und Fertigkeiten verfügen, um die gesteckten Ziele auch zu erreichen.

Wer einen Haushalt gut führen will, muß in der Lage sein,

- vorausschauend zu planen und zu handeln,
- planvoll und überlegt zu arbeiten,
- Informationen zu beschaffen und auszuwerten,
- die vorhandenen Mittel des Haushalts bedarfsgerecht einzusetzen,
- verschiedene Möglichkeiten abzuwägen und Entscheidungen sachgerecht zu treffen,
- Verantwortung zu übernehmen,
- Ziele zu setzen und konsequent zu verfolgen.

Ein großer Teil der Bevölkerung teilt seine Lebenszeit zwischen zwei Bereichen auf: dem Erwerbsbereich (dem Berufsleben) und dem häuslichen Bereich (dem sog. Privatleben). So wenig diese beiden Bereiche auf den ersten Blick miteinander zu tun haben, so sehr beeinflußt der eine doch den anderen. Die Rahmenbedingungen, die der Haushaltsführung z. B. durch Berufstätigkeit einzelner oder aller Haushaltsmitglieder vorgegeben werden, sind nicht zu leugnen. Bestimmte Auswirkungen des Erwerbsbereiches auf die Gestaltung der Haushaltsführung sind unverkennbar:

- Vorrang für alle Haushaltsmitglieder hat immer die berufliche Arbeitszeit. Bei Erwerbstätigen kann nur die verbleibende Restzeit für Hausarbeit und Freizeit genutzt werden.
- Was man sich leisten kann (Lebensstandard), hängt unter anderem vom Einkommen aus der Berufsarbeit ab.
- Die Freizeitgestaltung wird mit davon beeinflußt, wieviel Kraft einem nach einem Arbeitstag noch zur Verfügung steht.
- Ob man seine freie Zeit mit anderen verbringen kann oder nicht, wird für viele ebenfalls bestimmt von den Arbeitszeiten im Beruf. Besonders betroffen sind Menschen, die Schichtarbeit oder Sonntagsarbeit verrichten.

Selbst bei kleinen Dingen wird der Einfluß des Erwerbsbereiches auf den häuslichen Bereich spürbar; spezielle Berufskleidung, die zusätzliche Wäsche verursacht, besondere Verpflegung, die zusätzliche Nahrungszubereitung erfordert (z. B. „Henkelmann").

Der eigene Haushalt ist zwar nicht der einzige Ort, an dem man einen Ausgleich zum Beruf findet den kann: Freizeitstätten aller Art, Haushalte von Freundinnen und Freunden oder Urlaubsorte bieten Möglichkeiten, sich zu erholen. Trotzdem bildet der Privathaushalt wohl das entscheidende Gegengewicht zum beruflichen Arbeitsplatz.

1. Erläutere, was Haushaltsführung beinhaltet.
2. Welche Ziele der Haushaltsführung sind dir besonders wichtig? Warum?
3. Welche Kenntnisse und Fertigkeiten sind bei der Haushaltsführung gefragt? Wie eignet man sie sich an?
4. Inwiefern wirkt sich eine berufliche Tätigkeit auf die Haushaltsführung aus?

„Produktionsmittel" Im Haushalt

Privathaushalte benötigen bestimmte „Mittel", um ihren Aufgaben gerecht werden zu können. Geld ist nur eine der notwendigen Voraussetzung, wie das folgende Beispiel zeigt:

„Produktionsmittel" im Haushalt – gezeigt am Beispiel Obstsalat

Leider stehen diese Mittel nicht immer in ausreichendem Maße zur Verfügung. Die folgenden, häufigen Äußerungen verdeutlichen dies:
„Das Geld ist alle."
„Die Vorräte sind aufgebraucht."
„Dazu fehlen mir die nötigen Geräte."
"Ich bin erschöpft und kann nicht mehr."

Teilweise lassen sich die Mittel des Haushalts untereinander austauschen. Ein Mittel läßt sich durch ein anderes ersetzen. Man spricht hier auch von „**Substitution**". So kann man z. B.

- seine Wohnung reinigen lassen, statt es selbst zu tun – d. h. anstelle der eigenen Arbeit Geld einzusetzen;
- fertige Gerichte kaufen, statt selbst zu kochen – d. h. anstelle des eigenen Wissens oder der eigenen Zeit Geld einzusetzen;
- eine Küchenmaschine benutzen, statt Gemüse mit der Hand zu zerkleinern – d. h. anstelle der eigenen Arbeit ein Haushaltsgerät einzusetzen.

Solch ein „Austausch" hat allerdings Tücken: Nicht immer ist man mit der angebotenen Leistung zufrieden, und manche Arbeit möchte man vielleicht gar nicht abgeben, weil sie einem selber Spaß macht.

Auf jeden Fall muß eine Entscheidung getroffen werden, wie die gestellten Aufgaben innerhalb eines Haushalts mit den vorhandenen Mitteln gelöst werden können und welche dieser Mittel man einsetzen will. Dabei sind auch der eigene Gesundheitszustand, die Arbeitsbelastung und die Ansprüche, die die Haushaltsmitglieder stellen, sowie eventuelle Vergabemöglichkeiten (entsprechende Dienstleistungsangebote von außen) zu bedenken. Ein solcher Entscheidungsprozeß kann zu folgenden Ergebnissen führen:
„Wir machen diese Arbeit selbst."
„Wir lassen diese Arbeit machen."
„Wir kaufen das Material und machen den Rest selbst."
„Diese Arbeit unterbleibt ganz, wir senken einfach unser Anspruchsniveau."

1. Erkläre die „Produktionsmittel" im Haushalt mit Hilfe von Beispielen.
2. Welche Mittel sind gegeneinander austauschbar? Wo gibt es dabei Grenzen?
3. Was könnte mit der Aussage „... wir senken einfach unser Anspruchsniveau" gemeint sein? Nenne Beispiele.

Beruf „Hausfrau" bzw. „Hausmann"

Bislang war die Rede von dem Haushalt, seinen Funktionen, seiner Führung und den dazu erforderlichen Mitteln. Aber wenn es konkret um die Erledigung von Arbeiten und die Bewältigung von Aufgaben geht, sind die Haushaltsmitglieder gefragt und nicht der Haushalt. Sie müssen über ausreichendes **Sachwissen** und **Erfahrung** verfügen.

Wollte man mit Hilfe einer Zeitungsanzeige eine Person suchen, die einen Haushalt in diesem Sinne führen kann, wäre dieses Inserat sehr lang, denn man müßte darin die wichtigsten Aufgabenbereiche beschreiben, und man dürfte auch die notwendigen Voraussetzungen nicht verschweigen:

Gesucht werden Führungskräfte

für interessante und abwechslungsreiche Tätigkeiten sowohl im Produktions- als auch im Dienstleistungsbereich. Ihr Arbeitsplatz umfaßt folgende Aufgabenbereiche:

- Sicherstellung einer gesundheitsfördernden Ernährung einschließlich der Nahrungszubereitung
- Ausgestaltung der Wohnung zu einem behaglichen Heim und Reinigung der Wohnung
- Beschaffung und Pflege von Kleidung und anderen Textilien
- Einkauf und Vorratshaltung
- Gesundheit und Hygiene
- Erholung und Freizeitgestaltung
- Wirtschaften mit Geld, Zeit und Arbeitskraft
- Betreuung und Erziehung von Kindern einschließlich Hausaufgabenhilfe
- Pflege und Versorgung von Kranken und Hilfsbedürftigen

Als notwendige Voraussetzung sind gute Sachkenntnisse auf den einzelnen Gebieten erforderlich. Zudem sollten Sie Bescheid wissen in Sachen Umweltschutz, vertraut sein im Umgang mit Maschinen und Haushaltsgeräten jeder Art, die Fähigkeit besitzen, verständnisvoll und dennoch erzieherisch mit Kindern umzugehen.

Organisationstalent, Selbständigkeit, Entscheidungsfreudigkeit, ständige Informationsbereitschaft und vor allem Freude am Umgang mit Menschen werden selbstverständlich erwartet.

Wichtig: Sie müssen mit Geld umgehen können.

Erfüllen Sie die gestellten Anforderungen, garantieren wir Ihnen ein erfolgreiches eigenverantwortliches Arbeiten und volle Zufriedenheit in Ihrem neuen Betätigungsfeld.

1. Ordne einzelnen Aufgabenbereichen des Haushalts entsprechende Tätigkeiten zu.
2. Erläutere, warum nicht nur Sachwissen, sondern auch Erfahrungswissen erforderliche Voraussetzung für die Haushaltsführung ist.
3. Warum wird in dem Inserat nicht von Bezahlung gesprochen?

Kein Haushalt ist wie der andere

Sie bilden jeweils einen Haushalt:

In allen Privathaushalten wohnen Menschen, die Arbeiten verrichten, mit ihrem Geld haushalten, ihre Freizeit gestalten. Doch wie sie leben, ist von Haushalt zu Haushalt verschieden. Mit anderen Worten: *den* Haushalt gibt es nicht. Dazu sind die Unterschiede im Einzelfall viel zu groß. Ein Haushalt befindet sich im 8. Stock eines Mietshauses am Rande einer Großstadt, ein anderer in einem Bauernhaus auf dem Lande. Haushaltsmitglieder können ledig, verheiratet, geschieden oder verwitwet sein, also einen unterschiedlichen Familienstand haben. Sie üben verschiedene Berufe aus und haben ein hohes, mittleres oder niedriges Einkommen. Die Zugehörigkeit zu bestimmten Nationalitäten oder Religionsgemeinschaften ist auch nicht gleich. Diese vielfältigen Unterschiede führen dazu, daß kein Haushalt wie der andere aussieht. Da es Privathaushalte in einer Vielzahl von Erscheinungsformen gibt, spricht man von unterschiedlichen **Haushaltstypen** oder **Haushaltssystemen**.

Für bestimmte Zwecke ist es erforderlich, Privathaushalte nach ausgewählten Merkmalen zu Gruppen zusammenzufassen. So ist es beispielsweise üblich, Haushalte nach der Personenzahl in **1-Personen-Haushalte, 2-Personen-Haushalte und Mehrpersonen-Haushalte** zu unterteilen.

In der Statistik ist häufig die Rede von den Haushaltstypen 1-3:

Haushaltstyp 1

Zweipersonenhaushalte von Renten- und Sozialhilfeempfängern mit gerigem Einkommen

Haushaltstyp 2

Vierpersonen-Arbeitnehmerhaushalte mit mittlerem Einkommen durch den alleinverdienenden Familienvater

Haushaltstyp 3

Vierpersonenhaushalte von Beamten und Angestellten mit höherem Einkommen durch alle erwerbstätigen Haushaltsmitglieder

Die Versorgung der Haushaltsmitglieder kann durch Eigenarbeit oder Fremdleistung (Dienstleistungen von außen) erfolgen. Je nachdem, ob viel oder wenig Eigenarbeit geleistet wird, unterscheidet man:

Selbstversorgerhaushalte

Beispiel: Für Brot wird das Getreide selbst angebaut und verarbeitet = hoher Anteil an Eigenleistung.

Dienstleistungshaushalte

Man kauft alle Zutaten und backt daraus sein Brot = relativ ausgewogenes Verhältnis von Eigenleistung und Marktentnahme

Vergabehaushalte

Das Brot wird fix und fertig gekauft = hoher Anteil an Marktentnahme, sehr geringer Anteil an Eigenleistung (z. B. Einkauf)

Zu alledem kommt hinzu, daß sich die Haushalte im Verlauf ihrer Existenz verändern. Ein junges Ehepaar beispielsweise gründet einen eigenen Haushalt. Dann werden Kinder geboren. Sie wachsen auf und verlassen irgendwann das Elternhaus. Das Ehepaar ist wieder zu zweit, bis ein Ehepartner stirbt. Die oder der Überlebende führt den Haushalt allein weiter, bis sie oder er in ein Altenheim übersiedelt und der Haushalt aufgelöst wird.

Mit Blick auf Art und Umfang von Hausarbeit kann ein solcher **Familienzyklus** um ein neues Merkmal erweitert werden. Dann wird beispielsweise unterschieden zwischen Familienhaushalten mit jugendlichen Kindern, *ein* Elternteil außerhäuslich erwerbstätig, und Familienhaushalten mit jugendlichen Kindern, *beide* Eltern außerhäuslich erwerbstätig. Berücksichtigt man die derzeitige gesellschaftliche Situation, müßte es eine weitere Unterteilung geben, bei der der Faktor Arbeitslosigkeit mit eingeht. Es hieße dann: Familienhaushalte mit jugendlichen Kindern, *beide* Elternteile *nicht* außerhäuslich erwerbstätig.

Jede und jeder von uns empfindet zwar den eigenen Haushalt als etwas Beständiges, als einen Lebensbereich, in dem man sich auskennt, der Sicherheit und Geborgenheit verspricht. Aber in Wirklichkeit ist der Haushalt etwas sehr Dynamisches. Er verändert sich ständig, manchmal fast unmerklich, manchmal sprunghaft. Das Leben in einem Privathaushalt ist interessant und spannend. Es verlangt Aufmerksamkeit und Anpassungsfähigkeit.

Mein Mann und ich leben seit vielen Jahren in dieser Wohnung. Seit geraumer Zeit sind wir Rentner, wollen aber hier wohnen bleiben, weil alle unsere Freunde auch hier in dieser Gegend wohnen.

Unsere drei Kinder sind verheiratet. Wir haben schon vier Enkelkinder. Unsere Enkelin Bärbel ist vorige Woche gerade 18 Jahre alt geworden.

Früher, als Kind, habe ich in einer großen Familie gelebt. Wir waren sieben Geschwister. Damals war das allerdings nichts Besonderes. Mit 21 Jahren habe ich geheiratet. Vorher war ich bereits über vier Jahre berufstätig. Als dann unsere erste Tochter geboren wurde, habe ich meinen Beruf aufgegeben. Dann kamen auch schnell die beiden anderen Kinder. Später hatte ich dann noch einmal für einige Jahre eine Halbtagsstelle.

Vor drei Jahren ist mein Mann pensioniert worden. Wir können uns noch sehr gut selbst versorgen und wollen noch möglichst lange ein selbständiger Haushalt bleiben.

1. Worin unterscheiden sich einzelne Haushalte?
2. Nenne Merkmale, nach denen Privathaushalte offiziell zu Gruppen zusammengefaßt (systematisiert) werden.
3. Welche dieser Haushaltstypen existieren deiner Meinung nach tatsächlich?
4. Warum nimmt man überhaupt Unterscheidungen nach Haushaltsformen und -typen vor?
5. Beschreibe Veränderungen in deinem Haushalt.

Eine besondere Haushaltsform: der Anstaltshaushalt

Anstaltshaushalte – drei Beispiele

Neben Privathaushalten gibt es Anstaltshaushalte. In dieser Haushaltsform leben Menschen in größerer Zahl zusammen, entweder vorübergehend wie bei einer Kur in einem Heim des Müttergenesungswerkes oder längerfristig wie in einer Jugendwohngemeinschaft eines SOS-Kinderdorfs. Ihr Haushaltsalltag sieht etwas anders aus als der in einem Privathaushalt. Das wissen alle, die schon einmal Ferien in einem Kinderheim gemacht haben.

Anstaltshaushalte und Privathaushalte weisen Gemeinsamkeiten auf wie die Versorgung mit Mahlzeiten, die Bereitstellung von Wasch- und Schlafgelegenheiten. Auf der anderen Seite unterscheidet sich ein Anstaltshaushalt von einem Privathaushalt durch eigene Regeln, eine andere Organisation und zusätzliche eigene Aufgabenbereiche. Dazu gehören beispielsweise die Behandlung von Kranken, die Betreuung von Behinderten oder die Versorgung alter pflegebedürftiger Menschen. Außerdem sind die Anstaltshaushalte gehalten, „kostendeckend“ zu arbeiten. Sie müssen Geld für ihre Leistungen verlangen – entweder von den Betroffenen selber oder von anderen Stellen wie Krankenkasse oder Sozialamt.

Auszug aus der Hausordnung für Jugendherbergen

Aufenthalt in der Jugendherberge

- Das Zusammenleben in einer Jugendherberge erfordert gegenseitiges Verständnis und Rücksichtnahme. Jeder Gast ist daher mitverantwortlich für die Einhaltung der Hausordnung und der Benutzungsbedingungen. Die Leiter tragen die Verantwortung für die Mitglieder ihrer Gruppe, Klasse oder ihres Kurses.
- Auf die Mithilfe der Gäste kann nicht verzichtet werden. Insbesondere haben alle Gäste dafür zu sorgen, daß die Betten hergerichtet, die Waschgelegenheiten saubergehalten, die Tages- und Schlafräume besenrein gesäubert werden und das benutzte Eßgeschirr gereinigt wird.
- Die JH werden um 22.00 Uhr geschlossen. Einzelne JH haben eine hiervon abweichende Schließzeit, die im JH-Verzeichnis angegeben ist.
- Abweichende Vereinbarungen für die ab 22.00 Uhr beginnende und um 7.00 Uhr endende Nachtruhe sind möglich.

1. Nenne weitere Beispiele für Anstaltshaushalte.
2. Worin unterscheidet sich ein Anstaltshaushalt von einem Familienhaushalt?
3. In welcher Haushaltsform sind die Mitsprache- und Gestaltungsmöglichkeiten größer?

2. Leben und lernen im Haushalt

Alle Wünsche kann man nicht erfüllen

Diese alltägliche Szene zeigt Wünsche bzw. **Bedürfnisse** unterschiedlicher Art. Sie beziehen sich sowohl auf den materiellen als auch auf den immateriellen Bereich. Unter „Bedürfnis" versteht man „ein Gefühl des Mangels, verbunden mit der Absicht, diesen Mangel zu beheben."

Es ist schwer zu sagen, welche Bedürfnisse unbedingt befriedigt werden müssen, weil sie lebensnotwendig sind. Unbestritten braucht jeder Mensch genügend zu essen und zu trinken, um nicht zu verhungern. Aber was ist „genügend" der Art und der Menge nach? Und wie sieht es mit dem Bedürfnis nach Bildung oder Erholung aus? Bilden sie nicht ebenfalls die Grundlage für eine Existenzsicherung, und müssen sie deshalb nicht auch befriedigt werden? Welchen Stellenwert nehmen Bedürfnisse wie das nach Anerkennung, Zuneigung und Trost ein?

Es ist also schwer, über Bedürfnisse zu reden, obwohl die Hauptaufgabe eines Privathaushalts darin besteht, möglichst viele Bedürfnisse der einzelnen Haushaltsmitglieder zu berücksichtigen und zu befriedigen. Grundvoraussetzung dafür sind Mittel wie Geld, Sachgüter, Kenntnisse, Arbeit, Fähigkeiten und Fertigkeiten. Diese Mittel sind im Haushalt knapp bemessen. Deshalb muß bei der Befriedigung von Bedürfnissen eine Auswahl getroffen werden – und zwar in vielerlei Hinsicht. Zum einen: Welches Bedürfnis hat Vorrang vor anderen? Zum anderen: Wessen Bedürfnis hat Vorrang? Zum Dritten: Welches Bedürfnis läßt sich mit den vorhandenen „Produktionsmitteln" im Haushalt befriedigen? Wo müssen andere Mittel her? Lassen sich geäußerte Bedürfnisse umlenken, wenn nur so eine zufriedenstellende Lösung möglich ist?

1. Nenne Bedürfnisse aus dem materiellen und aus dem immateriellen Bereich.
2. Woran liegt es, daß man nicht alles bekommen kann, was man sich wünscht?
3. Zähle Einflußfaktoren auf, die sich auf die Ausprägung von Bedürfnissen auswirken.

Nicht immer eitel Sonnenschein

Hotel „Elternhaus?“

Vor einiger Zeit veröffentlichte eine renommierte Zeitschrift eine Umfrage, wie Jugendliche und Heranwachsende den elterlichen Haushalt sehen. Ergebnis: Die Jugendlichen sehen ihn als Ort, wo man kommen und gehen kann, wann man will, ganz nach Belieben. Das eigentliche Leben spielt sich jedoch woanders ab – nicht zuhause. Dort darf Vater nur ständig das Portemonnaie zücken und sein Auto zur Verfügung stellen, und Mutter muß flink das gewünschte Menü servieren. Zu sagen und zu fragen haben die Eltern allerdings nicht viel. Sie werden eher wie Bedienstete in einem Hotel gesehen.
Besorgt stellen sich einige Eltern die Frage, wie sie mit der „Pascharolle“ umgehen sollen, die ihre Sprößlinge an den Tag legen, und ob das vorhandene Geld wohl reichen wird, um all den Ansprüchen gerecht zu werden.

Klagen einer Mutter

Taschengeld, Finanzierung der Hobbys, Pflege bei Krankheit – keine Frage: Eine Familie bietet auch aus der Sicht von Jugendlichen viele Vorteile. Das Funktionieren im Versorgungsbereich wird von ihnen meistens als selbstverständlich hingenommen. Wenn es aber um Mithilfe im Haushalt geht, sieht die Sache oft anders aus. Viele Jugendliche sind dazu nicht bereit.

Der Familienalltag ist nicht nur durch Harmonie gekennzeichnet. Konflikte zwischen einzelnen Familienmitgliedern aufgrund unterschiedlicher Interessen und Bedürfnisse gehören ebenso dazu. Wer kennt sie nicht, die täglichen Reibereien unter Geschwistern und die Vorwürfe der Eltern: Die Musik ist zu laut! Räum' endlich auf! Du kommst schon wieder zu spät! Da aber reagieren Jugendliche leicht gereizt.

Besonders problematisch für alle Beteiligten kann die Situation werden, wenn volljährige Töchter und Söhne weiterhin zu Hause wohnen müssen, etwa weil die Suche nach einem Ausbildungsplatz bislang erfolglos verlief oder eine Weiterbeschäftigung nach abgeschlossener Lehre nicht möglich war. Als junge Erwachsene finanziell von den Eltern abhängig zu sein, ist nicht leicht. Auch für die Eltern ist dies oft eine große Belastung. Spannungen lassen sich da kaum vermeiden.

Jugendliche äußern manchmal, mit ihren Großeltern und anderen Erwachsenen besser auszukommen als mit den eigenen Eltern. Während ihre Eltern oft über ihr Aussehen, ihre Ausdrucksweise und ihre Freizeitaktivitäten meckern würden, brächten die Großeltern mehr Verständnis für ihre Protesthaltung, ihre Bemühungen, einen eigenen Lebensstil zu finden und sich Freiräume zu verschaffen, auf.

1. Überlegt, welche Vorteile euer Haushalt für euch bietet.
2. Versucht zu erklären, warum es zu Spannungen zwischen Eltern und Kindern kommen kann und wie sie sich äußern.
3. Macht Vorschläge, wie man mit Meinungsverschiedenheiten zwischen den Generationen umgehen könnte.

Alles erledigt

(aus: Jutta Bauer: „Stell dich doch nicht so an!!" Lappan Verlag, Oldenburg 1987)

Welchen Ansprüchen versucht diese Frau gerecht zu werden?

Beruf und Familie

Ob sich Berufsleben und Familienleben problemlos miteinander vereinbaren lassen oder nicht, hängt davon ab, wer erwerbstätig ist und wie die Erwerbstätigkeit aussieht. Bei der herkömmlichen Rollenverteilung verdient der Mann das Geld für den Lebensunterhalt der Familie, und die Frau kümmert sich um den Haushalt. Diese klare Rollenverteilung ist sehr häufig gegeben. Der Mann übernimmt die Ernährerrolle und die Frau die Hausfrauenrolle. Bei Eheleuten heißt diese Form der Aufgabenverteilung „Haushaltsführungsehe“, früher „Hausfrauenehe“.

In vielen Haushalten ergibt sich eine andere Situation dadurch, daß nicht nur der Mann, sondern auch die Frau berufstätig ist. In der Rechtsprechung ist dann bei Ehepaaren von „Doppelverdienerehe“ oder „Zuverdienstehe“ die Rede. Bei Erwerbsarbeit beider Ehepartner sind die Auswirkungen auf die Haushaltsführung durch den Beruf größer als im ersten Beispiel. Wenn dann noch hinzukommt, daß die Frau nach ihrem eigenen Rollenverständnis und dem der übrigen Familienmitglieder die Hauptverantwortung für die Haushaltsführung trägt, spricht man von einer Mehrfachbelastung der Frau durch Beruf und Familie.

Im zweiten Fall besteht unter Umständen die Möglichkeit, daß ein Elternteil den Beruf aufgibt, falls die Situation zu belastend für die Familie wird, oder beide Elternteile ihre Arbeitszeit durch Nutzung von Teilzeitarbeit reduzieren. Vor eine solche Wahl werden berufstätige alleinerziehende Mütter und Väter nicht gestellt. Da sie sich die Verantwortung für Haushaltsführung und Familienleben nicht mit einem Partner teilen können, bleibt ihnen meistens nichts anderes übrig, als Beruf und Familie so gut wie möglich in Einklang zu bringen. Bei Alleinerziehenden werden deshalb die Schwierigkeiten deutlicher sichtbar, die aus einer Abstimmung zwischen Erwerbsleben und Haushaltsführung resultieren.

Für Kinder aus Familien mit berufstätigen Eltern ergeben sich nicht nur Nachteile (keiner da, mehr Mithilfe im Haushalt). Die Erwerbstätigkeit der Eltern, kann durchaus auch Vorteile bringen: keine ständige Kontrolle, größere Selbständigkeit, mehr Freiheiten. Allerdings sind damit auch zahlreiche Gefahren verbunden.

Ganz gleich, ob ganztags oder halbtags beschäftigt, ob zu zweit oder alleinerziehend, ob Frau oder Mann – für alle Erwerbstätigen mit Kindern stellen sich viele Fragen:
- Wer versorgt die Kinder im Krankheitsfall? (Elternurlaub, Familienhilfe?)
- Wer beaufsichtigt und betreut sie nach Schulschluß/Schließung des Kindergartens?
- Wie kümmert man sich ausreichend um die Kinder? Kommen sie auch nicht zu kurz?
- Wann können Mahlzeiten gemeinsam eingenommen werden?
- Wann können gemeinsame Unternehmungen mit den Kindern stattfinden?
- Wer soll die Verantwortung für den Haushalt tragen?
- Wann kann und soll die Hausarbeit verrichtet werden?
- Wer kann und soll Hausarbeit machen?
- Wann können Einkäufe, Behördengänge u. a. erledigt werden? Von wem?

Viele berufstätige Frauen und Mütter sind körperlich und psychisch überfordert, besonders wenn sie keine Unterstützung bei der Hausarbeit durch Mann und Kinder erhalten. Dabei hat der Gesetzgeber 1977 im Ehe- und Familienrecht die Partnerschaft in der Ehe festgeschrieben und auch Aussagen zur Stellung der Kinder innerhalb der Familie gemacht. Aber wer kennt diese Regelungen schon?

Bürgerliches Gesetzbuch (BGB)

§ 1356
[Haushaltsführung und Erwerbstätigkeit]

(1) Die Ehegatten regeln die Haushaltsführung im gegenseitigen Einvernehmen. Ist die Haushaltsführung einem der Ehegatten überlassen, so leitet dieser den Haushalt in eigener Verantwortung.

(2) Beide Ehegatten sind berechtigt, erwerbstätig zu sein. Bei der Wahl und Ausübung einer Erwerbstätigkeit haben sie auf die Belange des anderen Ehegatten und der Familie die gebotene Rücksicht zu nehmen.

§ 1360
[Verpflichtung zum Familienunterhalt]

Die Ehegatten sind einander verpflichtet, durch ihre Arbeit und mit ihrem Vermögen die Familie angemessen zu unterhalten. Ist einem Ehegatten die Haushaltsführung überlassen, so erfüllt er seine Verpflichtung, durch Arbeit zum Unterhalt der Familie beizutragen, in der Regel durch die Führung des Haushalts.

§ 1618 a
[Gegenseitige Pflicht zu Beistand und Rücksichtnahme]

Eltern und Kinder sind einander Beistand und Rücksicht schuldig.

§ 1619
[Dienstleistungspflicht in Haus und Geschäft]

Das Kind ist, solange es dem elterlichen Haushalt angehört und von den Eltern erzogen oder unterhalten wird, verpflichtet, in einer seinen Kräften und seiner Lebensstellung entsprechenden Weise den Eltern in ihrem Hauswesen und Geschäfte Dienste zu leisten.

§ 1626
[Elterliche Sorge; Berücksichtigung der wachsenden Selbständigkeit des Kindes]

(1) Der Vater und die Mutter haben das Recht und die Pflicht, für das minderjährige Kind zu sorgen (elterliche Sorge). Die elterliche Sorge umfaßt die Sorge für die Person des Kindes (Personensorge) und das Vermögen des Kindes (Vermögenssorge).

(2) Bei der Pflege und Erziehung berücksichtigen die Eltern die wachsende Fähigkeit und das wachsende Bedürfnis des Kindes zu selbständigem verantwortungsbewußtem Handeln. Sie besprechen mit dem Kind, soweit es nach dessen Entwicklungsstand angezeigt ist, Fragen der elterlichen Sorge und streben Einvernehmen an.

Klarer Fall: Ehefrauen und Mütter können berufstätig sein, wenn sie es wünschen. Ehemänner und Kinder sind zur Mithilfe im Haushalt verpflichtet. Hausarbeit gilt als vollwertiger Beitrag zum Familienunterhalt, auch wenn es dafür keine Bezahlung gibt. Diese Arbeit müssen alle Familienmitglieder leisten, nicht nur die Hausfrau. Und an die Adresse der minderjährigen Haushaltsmitglieder gerichtet: Die Erledigung von Aufgaben im Haushalt fördert die Selbständigkeit und das Verantwortungsbewußtsein. Man sollte außerdem nicht nur seine Rechte in der Familie in Anspruch nehmen, sondern auch seinen Verpflichtungen nachkommen. Also, ran an die Hausarbeit!

1. Beschreibe die Situation von alleinerziehenden berufstätigen Müttern und Vätern.
2. Nimm Stellung zu den Forderungen der berufstätigen Mütter und Väter auf Seite 22.
3. Welche Rechte und welche Pflichten haben Erwachsene und Kinder in einem Familienhaushalt?
4. Die im BGB festgelegten Rechte bezüglich Ehe und Familie sind nicht einklagbar. Was bedeutet das für das Zusammenleben innerhalb einer Familie?

Gelernt wird nicht nur in der Schule

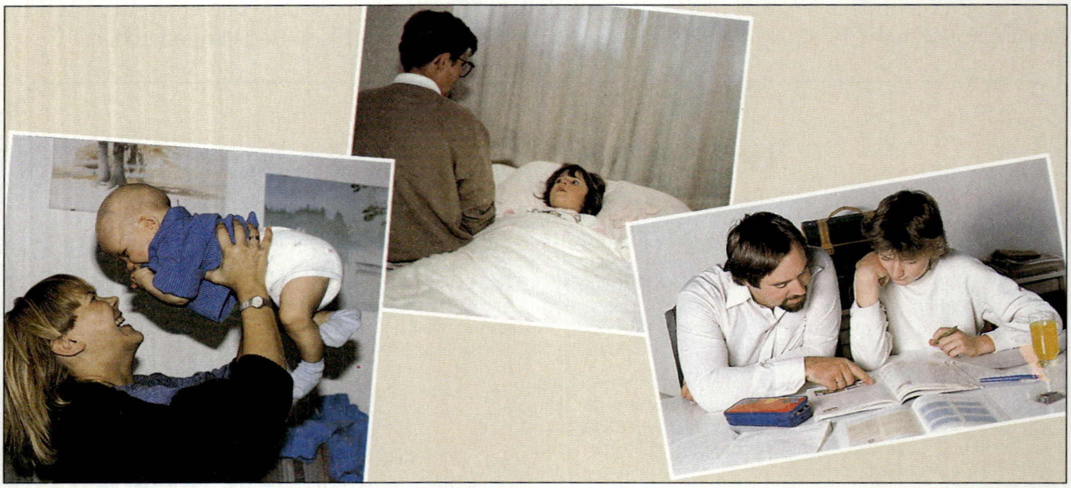

Freude, Pflege, Hilfe und noch viel mehr – die Familie als Lebens- und Schutzraum.

Autoritär, laissez-faire, antiautoritär oder eine Mischung daraus? Alles erklären, nichts verbieten oder ab und zu doch einen Klaps auf den Po? Empfehlungen, wie Eltern ihre Kinder erziehen sollten, gibt es reichlich. Aber eine verbindliche Anweisung mit Erfolgsgarantie können die Ratgeber und Theorien nicht liefern. Zwar hat die Sozialisationsforschung belegt, daß die Erwerbstätigkeit von Müttern den Kindern nicht schadet, wenn die Mütter in ihrem Beruf zufrieden sind. Bekannt ist auch, daß es auf Kinder günstige Auswirkungen hat, wenn sich ihre Eltern gern haben und gut verstehen. Andere Theorien sagen, daß Kinder, mit denen die Eltern von Anfang an viel reden, bei der Einschulung über ein besseres Sprachvermögen und einen größeren Wortschatz verfügen. Doch was nützen all diese Erkenntnisse Eltern bei der Geburt ihres ersten Kindes? Sie müssen ihren eigenen Weg finden, um ihr Kind so großzuziehen, daß aus ihm eine lebenstüchtige, eigenständige Persönlichkeit wird.

Auf diesem langen Weg loben oder tadeln Eltern, sie erlauben das eine, verbieten das andere, unterstützen, fördern, bringen Zuwendung, Zeit und Geduld auf, tragen beträchtliche Kosten und verzichten selbst auf manches. Es ist nicht vorrangig ihre Pflicht im Rahmen der elterlichen Sorge, sondern Elternliebe, die sie dazu bewegt, sich um ihre Töchter und Söhne zu kümmern, sie zu unterhalten und zu versorgen, sie zu Rücksichtnahme und Selbständigkeit zu erziehen, sie vor körperlichem und seelischem Schaden zu bewahren und dafür Sorge zu tragen, daß sie anderen keinen Schaden zufügen.

Elterliche **Erziehung** (als bewußte Einwirkung auf Verhaltensweisen) verfolgt als oberstes Ziel, daß der Nachwuchs im Leben gut zurechtkommen soll. Was das im Einzelfall bedeutet, kann in jeder Familie anders aussehen. Ein Vater möchte, daß sein Sohn sich neuen Situationen gut anpassen kann. Eine Mutter wünscht sich, daß ihre Tochter selbstbewußt wird und Durchsetzungsvermögen entwickelt. Viele Eltern legen Wert auf gute schulische Leistungen ihrer Kinder, damit sich ihnen später gute Berufschancen eröffnen.

Mutter und Vater, aber auch Geschwister und Großeltern oder eine Kinderfrau sind für Kleinkinder wichtige Bezugspersonen. Von ihnen lernen sie Verhaltensmuster, Wertvorstellungen, Regeln für das Zusammenleben von Menschen, verschiedene Rollen. Den gesamten Prozeß der bewußten und unbewußten Beeinflussung und Prägung eines Menschen nennt man **Sozialisation.** Zu den Einflüssen durch das Elternhaus kommen schon bald andere Einflüsse hinzu, die Eltern nur bedingt steuern und kontrollieren können. Kinder werden in ihrem Verhalten und in ihren Ansichten zusätzlich durch das geprägt, was sie in ihrer Umgebung sehen, hören und erleben, z. B. durch die Schule oder ihre Clique.

Einflußfaktoren im Sozialisationsprozeß

Judith: „Niemals, in keinem Moment, bin ich mir je bevormundet vorgekommen. Und niemals könnte ich mir vorstellen, daß irgendwer über mich bestimmt. Das gab es schon nicht, als wir noch kleine Kinder waren, alles Sprößlinge alleinstehender Mütter. Ja, die hatten das so organisiert, daß abwechselnd eine von ihnen fünf oder sechs Bumfiedel betreute; ist ja auch praktischer als sechs Mütter, die jede für sich um ein einsames Kind herumglucken. Wir hatten jedenfalls nie das Gefühl, daß über unsere Köpfe hinweg etwas entschieden wird."

Annegret: „Das Tollste aber war das Zusammensein mit Oma Hein. Sie fehlt mir schon sehr, immer noch. Ich habe so viel von ihr gelernt. Kochen und Backen, Häkeln und Stricken und vor allem Umweltschutz, lange bevor das ein aktuelles Thema wurde.
[...] Von Oma Hein haben wir auch gelernt, wie man Maulwürfe, Regenwürmer, Igel verwöhnt; zum Beispiel mit Kaffeesatz und Küchenabfällen, die nicht in die Mülltonne gehören, so wenig wie Papier, Plastik oder Glas. Jedenfalls, angeregt durch Oma Hein bin ich, obwohl offiziell noch Schülerin, von Beruf Umweltschützerin, natürlich unbezahlt, das ist klar, auf eigene Faust. Ich plane und initiiere jede Menge Aktionen, um die Leute aufzurütteln und überhaupt erstmal aufzuklären, daß sie mehr aufpassen."

(aus: Leona Siebenschön: Wenn du die Freiheit hast. . . Kiepenheuer & Witsch, Köln 1986, S. 18 und 44 f.)

Zwischen Mädchen und Jungen, Frauen und Männern bestehen zweifellos biologische Unterschiede. Durch eine jeweils andere Sozialisation haben sich darüber hinaus weitere Unterschiede herausgebildet. Aber sind sie wirklich so, wie manchmal behauptet wird?

Mädchen

- spielen mit Puppen
- legen Wert auf ihr Äußeres
- sind fleißig
- kümmern sich um andere
- helfen im Haushalt

Jungen

- weinen nicht
- sind mutig und stark
- kennen sich mit Technik gut aus
- sind aggressiv und raufen gern
- nehmen sich viele Freiheiten heraus

1. Beschreibe, was Eltern durch Erziehung bei ihren Kindern erreichen möchten.
2. Mit welchen Mitteln versuchen sie, ihre Erziehungsziele zu verwirklichen?
3. Erläutere anhand von Beispielen, welchen Einfluß die einzelnen Faktoren im Sozialisationsprozeß haben.
4. Nimm Stellung zu den Unterschieden in der Erziehung bei Mädchen und Jungen.

Software statt Stoffbär?

Wer kleine Kinder beim Spielen beobachtet, wundert sich oft, mit welcher Ernsthaftigkeit, innerer Anteilnahme und Konzentration sie ihr Spiel betreiben. Fast gewinnt man den Eindruck, Spielen sei für Kinder Arbeit. Tatsächlich jedoch verfolgen Kinder mit ihrem Spiel keinen bestimmten Zweck und kein vorher festgelegtes Ziel. Vielmehr eignen sie sich auf spielerische Art und Weise das an, was sie später als selbstverständlich erscheinende Fähigkeit oder Fertigkeit besitzen. Mit anderen Worten: Spiel bedeutet neben Vergnügen und Spaß gleichzeitig auch Lernen.

Personen, Tiere, Gegenstände benennen und neu erkennen

Mit Werkzeug und Material umgehen, Techniken erlernen

Gewinnen und verlieren lernen

Spielend lernen durch Nachahmen

Kräfte erproben und Grenzen erfahren

Mit neuen Technologien umgehen

Spielen und Lernen: einige Beispiele

1. Spielen und Lernen: Nenne in diesem Zusammenhang weitere Beispiele und erläutere sie.
2. Erkläre, was Spielen mit der Vorbereitung auf das spätere Leben zu tun hat.
3. Befragt eure Eltern und Großeltern, wie und womit sie als Kinder gespielt haben. Welche Unterschiede lassen sich zwischen früher und heute feststellen?

Kaum zu glauben, aber alltäglich

Holger,

da mein ständiges Reden offensichtlich nicht nützt, schreibe ich Dir in einem Brief, was mich so zornig und ratlos macht. Wenn ich Dir sage, was ich von Dir erwarte, hörst Du entweder gar nicht zu oder tust es mit einer Handbewegung ab. Das finde ich unfair.
Was mich maßlos stört, ist Deine Unordnung, Deine Gedankenlosigkeit, die Selbstverständlichkeit, mit der Du über meine Arbeitskraft verfügst. Wenn ich abends müde aus dem Büro komme, finde ich den Wohnzimmertisch voller schmutziger Gläser und Brotkrümel vor. Immer bin ich es, die wegräumt, abwischt, in Ordnung bringt, was Du mit großer Regelmäßigkeit als Chaos hinterläßt.
Ordnung ist zwar nicht das halbe Leben, aber ein bißchen Ordnung macht doch vieles leichter. Nicht nur für mich, sondern auch für Dich! Ich will ja nicht mehr, als daß die ständigen Auseinandersetzungen wegen irgendwelcher verlegten Schlüssel, Papiere und dergleichen aufhören. Und ich will ja nicht mehr, als daß Du notfalls auch allein zurechtkommst. Die Vorstellung, daß Du in Deinem eigenen Dreck umkommst, wenn Du eine eigene Wohnung hast, ist mir unerträglich.
Lieber Holger, fange jetzt und hier an, das zu lernen und zu üben, was Du bald brauchen wirst. Tu es nicht nur mir zuliebe, sondern tu es in erster Linie für Dich.

Deine Mutter

Brief einer Mutter an ihren fast erwachsenen Sohn Holger

Liebe Brigitte,

ich muß Dir unbedingt zu Deinem großartigen Sohn gratulieren. Mein Mann und ich sind ganz begeistert, wie selbständig und gewissenhaft Holger sich neulich bei seinem Besuch hier verhalten hat.
Wie Du weißt, wurde unser Ältester 18 Jahre alt. Der Geburtstag wurde Sonnabend groß gefeiert mit mindestens 30 geladenen Gästen. Walter und ich sind vorsichtshalber für den Abend ausgezogen. Wir haben bei meiner Mutter übernachtet und sind erst sonntags zurückgekommen. Mit bangen Gefühlen haben wir die Haustür aufgeschlossen.
Um so größer war unser Erstaunen über das, was wir dann vorfanden: alle Räume sauber, ordentlich, aufgeräumt. Alles abgewaschen und weggestellt. Nirgends leere Flaschen, kein einziger voller Aschenbecher. Ich konnte es gar nicht glauben. So etwas hatten unsere Söhne ja noch nie gemacht. Wie sich später herausstellte, war es Holger, der morgens um vier darauf bestanden hatte, nicht eher ins Bett zu gehen, bis alles wieder an Ort und Stelle war. Die Gäste waren natürlich alle schon gegangen, und so haben Holger und unsere beiden die ganze Arbeit allein gemacht. Toll! Dabei hatte Holger mir schon vorher bei den Vorbereitungen tüchtig geholfen, während sich meine Söhne dazu nicht in der Lage sahen …

Brief einer Freundin an Holgers Mutter

Holgers Mutter kann offensichtlich ganz beruhigt sein. Auch wenn ihr Sohn zu Hause so tut, als hätte alle Erziehung nichts genützt, so zeigt er sich in anderer Umgebung von seiner besten Seite: selbständig, zuverlässig, verantwortungsbewußt, entscheidungsfähig. Ein Phänomen, über das vielleicht auch eure Eltern staunen?

1. Lest beide Briefe: Was beklagt die eine Mutter, was lobt die andere?
2. Versucht Gründe zu finden, warum sich der Sohn zu Hause anders verhält als außerhalb der elterlichen Wohnung.
3. Welche Erklärung habt ihr dafür, daß die Mutter ihrem Sohn einen Brief schreibt?

3. Notfälle und Haushaltsführung

Ein (Not)-Fall

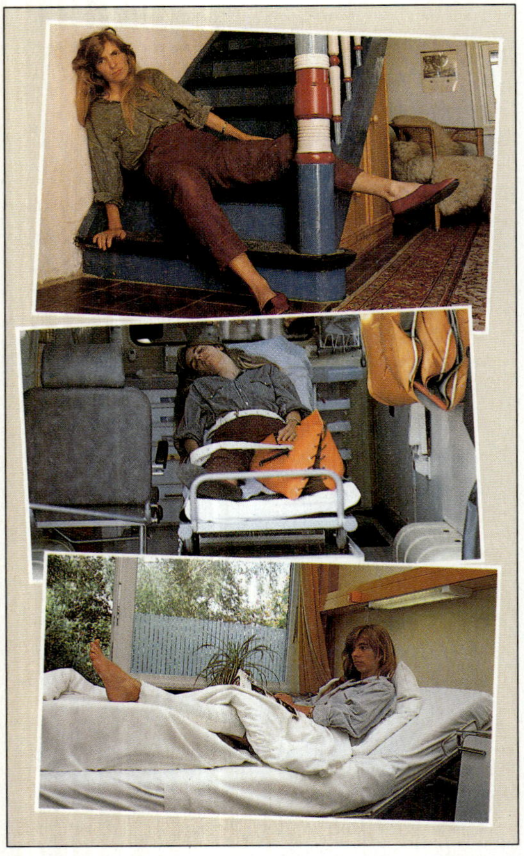

Der Fall ist klar: Frau Gerdes wird mit ihrem komplizierten Beinbruch voraussichtlich vier Wochen im Krankenhaus liegen müssen. Frau Gerdes ist verheiratet und Mutter von drei Kindern: Veronika (19 Jahre alt, Verwaltungsangestellte im Nachbarort, 20 Minuten vom Wohnort entfernt, wohnt noch zuhause), Susanne (10 Jahre alt) und Lars (14 Jahre alt, besucht dieselbe Schule wie seine Schwester ganz in der Nähe der elterlichen Wohnung).

Das Verhältnis zwischen den Geschwistern ist gut. Sie streiten sich zwar ab und zu, aber wenn es darauf ankommt, halten sie zusammen. Alle Kinder haben bisher nur wenig im Haushalt geholfen, weil Frau Gerdes nicht berufstätig ist und ihren Haushalt am liebsten allein führt. Außerdem sind die Töchter und der Sohn immer sehr mit ihren Hobbys beschäftigt.

Herr Gerdes arbeitet wochentags auswärts. Er fährt montags früh weg und kommt erst am Freitag nachmittag wieder nach Hause. Darum braucht er jeden Montag einen Koffer voll frischer Wäsche. Herr Gerdes verdient als Angestellter relativ gut, aber die Familie verfügt über keine großen Ersparnisse.

Familie Gerdes wohnt in einem kleinen eigenen Haus mit Garten. Zur Nachbarschaft bestehen gute Kontakte. Auch Freunde und Verwandte leben im selben Ort. Aber niemand von ihnen kann zusätzlich zum eigenen den Haushalt von Familie Gerdes führen oder alle Kinder vorübergehend zu sich nehmen. Lediglich für Herrn Gerdes bestünde die Möglichkeit, an den Wochenenden bei seiner Schwester zu bleiben, die in der Nähe wohnt.

Veronika könnte notfalls für vier Wochen zu ihrer Freundin und deren Eltern ziehen. Aber Lars und Susanne wären unversorgt.

Ihr wollt Familie Gerdes helfen, eine Lösung für diese außergewöhnliche Haushaltssituation zu finden. Welche zusätzlichen Informationen haltet ihr für erforderlich?

Erste Entscheidungen

Als Susanne und Lars mittags nichtsahnend aus der Schule kommen, öffnet ihr Vater die Haustür. Umgehend war er vom Unfall seiner Frau benachrichtigt worden. Er ist sofort nach Hause gefahren. Nachdem der erste Schreck vorüber ist, setzen sich die Drei zusammen und beraten, wie es weitergehen soll. Als Veronika am Spätnachmittag nach Hause kommt und von der Sachlage erfährt, haben ihr Vater und die Geschwister schon verschiedene Lösungsvorschläge überlegt:

Vorschläge

Vorschlag 1
Jedes Haushaltsmitglied geht vorläufig in einen anderen Haushalt.

Vorschlag 2
Alles bleibt wie bisher. Gerdes holen eine Hilfe ins Haus, entweder eine Mitarbeiterin einer Sozialstation, die stundenweise helfen würde, oder eine ganztägige Haushaltshilfe.

Vorschlag 3
Alles bleibt wie bisher. Die Kinder übernehmen die Arbeit selbst und vergeben einen Teil. Der Vater hilft am Wochenende.

Pro und Contra: Von der Schwierigkeit, eine Entscheidung zu treffen

Vorschlag 1
- ▷ Zu wem sollen Herr Gerdes Kinder gehen?
- ▷ Was wird aus Haus und Garten, wenn wochenlang niemand da ist?
- ▷ Jeder wird versorgt.
- ▷ Absprachen zwischen den Familienmitgliedern sind telefonisch möglich.
- ▷ Herr Gerdes kann seine Frau im Krankenhaus nur selten besuchen.
- ▷ Jeder muß für die lange Zeit den größten Teil seiner Sachen mitnehmen.

Vorschlag 2
- ▷ Eine Haushaltshilfe kostet Geld. Wer trägt die Kosten?
- ▷ Woher bekommt man so schnell eine Haushaltshilfe?
- ▷ Sie kennt sich im Haushalt nicht aus und muß sich erst einarbeiten.
- ▷ Eine fremde Person ist im Hause.
- ▷ Die drei Kinder brauchen kaum etwas zu tun.
- ▷ Herr Gerdes kann montags beruhigt wegfahren.

Vorschlag 3
- ▷ Alle können in der gewohnten Umgebung bleiben.
- ▷ Herr Gerdes und die Kinder kennen sich mit Hausarbeit nicht aus und müssen vieles erst lernen.
- ▷ Sie müssen alle mehr im Haushalt arbeiten als bisher.
- ▷ Die minderjährigen Kinder sind tagsüber ohne Aufsicht.
- ▷ Herr Gerdes kann sich am Wochenende nicht so erholen wie bisher.
- ▷ Man braucht keine fremde Hilfe in Anspruch zu nehmen.

1. Welche Konsequenzen ergeben sich für Susanne, Lars, Veronika und Herrn Gerdes aus den einzelnen Lösungsvorschlägen?
2. Für welche Lösung würdest du dich beim derzeitigen Stand der Dinge entscheiden? Begründe deine Meinung.
3. Informiert euch über die Arbeit der Sozialstationen der verschiedenen Wohlfahrtsverbände. Wer trägt die Kosten für die einzelnen Hilfsangebote?

Susanne, Lars & Co.: Das Haushaltsteam

Die Entscheidung ist gefallen: Vater und Kinder wollen den Haushalt allein weiterführen. Susanne und Lars werden nach der Schule Hausarbeit erledigen, Veronika nach Dienstschluß, und Herr Gerdes wird am Wochenende mithelfen. Gartenarbeit wird in den nächsten vier Wochen nur gemacht, sofern noch Zeit dafür übrigbleibt. Die Überlegungen gehen jetzt aber erst richtig los: Was muß im einzelnen alles getan werden? Herr Gerdes, Veronika, Lars und Susanne stellen zunächst eine Liste mit den anfallenden Arbeiten auf. Diese Liste wird sehr lang.

Jetzt, wo es ernst wird, merken Herr Gerdes und die Kinder schnell, wo sie überall Wissenslücken haben. Die Tatsache, daß Frau Gerdes sich bisher allein um alles gekümmert hat, war den übrigen Familienmitgliedern bis zu diesem Zeitpunkt durchaus angenehm. Aber nun stehen sie vor dem Dilemma, sich unverzüglich die fehlenden Informationen beschaffen zu müssen – woher und wie?

- Sollen sie die Mutter im Krankenhaus fragen?
- Sollen sie Freundinnen und Freunde mit Erfahrungen im Haushalt zu Rate ziehen?
- Sollen sie Nachbarinnen und Nachbarn um Auskunft bitten?
- Ist es sinnvoll, Kochbücher für die Kinder zu beschaffen?
- Kann sich Lars im Hauswirtschaftsunterricht dies und das zeigen lassen?
- Welche anderen Möglichkeiten gibt es?

1. Beschreibe einige Auswirkungen, die die getroffene Entscheidung für die drei Geschwister und Herrn Gerdes hat.
2. Nenne Probleme, die sich deiner Meinung nach zusätzlich ergeben.
3. Wie könnte Frau Gerdes zu dem Entschluß ihrer Familie stehen?

Hilfs- und Beratungseinrichtungen bei Notfällen

Die Zahl möglicher Notfälle in einem Privathaushalt ist erheblich. Auch die Ursachen sind vielfältig: Beispielsweise können Witterungsbedingungen das Haushaltsgeschehen stören (Wasserrohrbruch nach starkem Frost, überschwemmter Keller nach heftigen Regenfällen). Nicht selten verursachen Haushaltsmitglieder selber kleine oder große „Katastrophen“, die schnelles Handeln oder Hilfe von außen erfordern (brennende Weihnachtsbäume!). Bei den nachfolgenden Überlegungen geht es jedoch um Unfälle oder Krankheiten als Ursache:

In einer Familie kann ein Notfall dadurch entstehen, daß Kinder erkranken und ins Krankenhaus eingeliefert werden müssen. Gerade bei Kleinkindern oder Säuglingen möchten die Eltern den kleinen Patienten nicht gern allein lassen.

Aber auch für Alleinlebende ergeben sich im Krankheitsfall Schwierigkeiten. Wer versorgt sie, kauft für sie ein, erledigt wichtige Behördengänge?

Und wie kommen ältere Menschen, die an einem Gebrechen leiden – z. B. einer Gehbehinderung –, in ihrem Haushaltsalltag zurecht? Welche Hilfe können sie in Anspruch nehmen?

Telefon-Notrufnummern

Jugend-Drogenberatung	**1 44 35**
Umweltschutz	**1 69-55 55**
Städt. Beratungsstelle	**1 68-52 52**
Sorgentelefon Altenhilfe (Montag bis Freitag von 8.30 bis 14 Uhr).	**1 68-23 45**
Sorgentelefon für Kinder und Jugendliche (Montag bis Freitag von 13 bis 18 Uhr).	**1 74 75**
Telefonseelsorge	**1 11 01**
Frauen-/Kinderschutzhaus (Tag und Nacht)	**69 86 46**

1. Die Abbildungen weisen auf Hilfseinrichtungen hin. Welche anderen Institutionen dieser Art kennt ihr noch?
2. Unter welchen Bedingungen und wie helfen die einzelnen Einrichtungen privaten Haushalten? Informiert euch in Zweier- oder Dreier-Gruppen.

4. Haushalte und Haushaltsführung im Wandel

Alleinlebende auf dem Vormarsch?

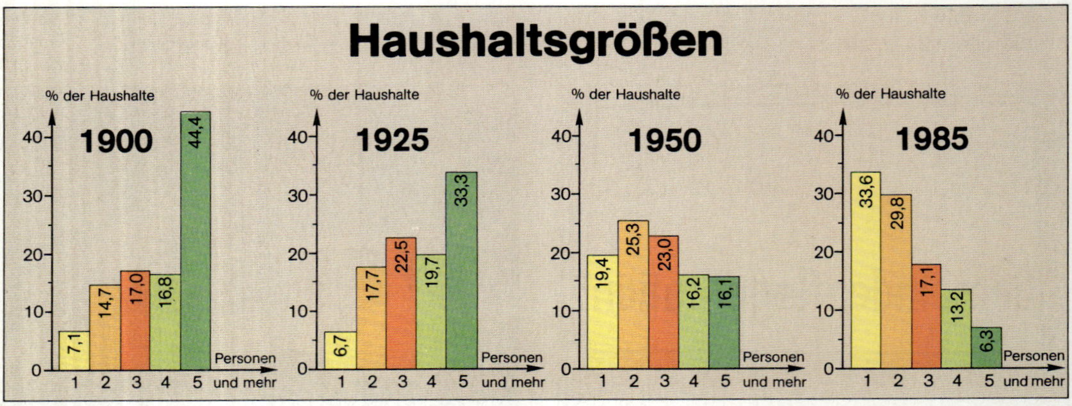

(nach: Datenreport 1987, Hrsg.: Statistisches Bundesamt)

Die Grafik zeigt, daß sich in den letzten 90 Jahren ein Wandel weg von 5-und-mehr-Personen-Haushalt hin zum 1- und 2-Personen-Haushalt vollzogen hat. Früher lebten unter einem Dach häufig mehrere Generationen zusammen: Großeltern, Eltern und zahlreiche Kinder. Dazu kamen oft unverheiratete Familienangehörige (z. B. Tanten und Hausangestellte).

Heute herrscht die Kleinfamilie – Eltern mit ihren Kindern – vor. Die Kinderzahl pro Familie nahm in den letzten Jahrzehnten darüber hinaus stetig ab. Gleichzeitig ist ein kontinuierlicher Zuwachs der 1-Personen-Haushalte zu verzeichnen. Das liegt z. B. mit daran, daß junge Erwachsene heutzutage früher ihr Elternhaus verlassen. (Am Rande: Der Wunsch, allein zu leben, ist bei jungen Frauen heute stärker ausgeprägt als bei jungen Männern!) Die gestiegenen Scheidungsraten haben gleichfalls zu diesem Anstieg beigetragen, ebenso die Fortschritte in der Medizin und das dadurch erhöhte Lebensalter. Viele 1-Personen-Haushalte werden von verwitweten älteren Leuten geführt.

Die sich wandelnde Haushaltsgröße und die damit verbundene steigende Zahl von Haushalten hat vielfältige Auswirkungen, die auch von gesellschaftlicher Bedeutung sind. So ergibt sich als Folge z. B. ein erhöhter Wohnraumbedarf (mehr kleine Wohnungen, mehr altengerechte Wohnungen). Aus der veränderten Zusammensetzung der Haushalte bezüglich ihrer Mitglieder ergeben sich auch Veränderungen in den Aufgabenstellungen der privaten Haushalte. Eltern finanzieren beispielsweise die Ausbildung und den Lebensunterhalt ihrer volljährigen, alleinlebenden Kinder.

Neben der vollständigen Familie haben sich in den vergangenen Jahren verstärkt andere Formen des Zusammenlebens herausgebildet. Ein-Eltern-Familien (auch unvollständige Familien genannt) gehören dazu. Manche alleinerziehenden Mütter und Väter sind verwitwet oder geschieden. Ebenso zählt die nichteheliche Lebensgemeinschaft (früher Konkubinat oder „wilde Ehe" genannt) zu den heute existierenden Formen des Zusammenlebens. Auch sie ist keine Erfindung der Neuzeit. Zu allen Zeiten haben Paare mit oder ohne Kinder unverheiratet zusammengelebt, entweder aus finanziellen Erwägungen heraus oder weil die geltenden Heiratsgebote und -verbote ihnen eine Eheschließung nicht gestatteten.

In einem Haushalt können also Menschen zusammenleben, die nicht miteinander verwandt sind. Daraus ergeben sich unter Umständen schwierige rechtliche Verhältnisse, z. B. wenn es um die Unterhaltspflicht, um die Erziehungsberechtigung oder um Mietverträge geht.

Neben den verschiedenen Paar- und Eltern-Kind-Beziehungen gibt es Wohngemeinschaften. Studierende oder junge Leute in anderer Ausbildung probieren diese Lebensform ebenso aus wie Alleinerziehende oder Eltern. Trotz aller Schwierigkeiten, die in einer WG auftreten können (z. B. Streit um die Erledigung von Hausarbeit), bieten sie auch erfreuliche Erfahrungen. Dazu Sigrid, die in einem solchen Haushalt lebt.:

„Also, im Augenblick leben in unserem Haus sechs Erwachsene mit Beruf beziehungsweise in der Ausbildung wie Katrin und Danny, unser Student. Und auf der anderen Seite fünf Kinder beziehungsweise Jugendliche, teils in der Schule, so wie ich, teils noch zu klein. Aber meistens sind wir mehr Leute in der Junioren-Fraktion, weil fast immer jemand eine Freundin oder seine Freunde zum Essen oder zum Spielen mitbringt. Am Wochenende und in den Ferien schlafen die hier auch. Oder Austauschschüler wohnen bei uns für länger. Hier sind alle dafür, daß man jemanden mit nach Hause bringen darf. Das stört keinen. Platz genug haben wir ja auch. Und wenn man keine Lust hat, allein zu sein, trifft man immer irgendwen irgendwo im Haus oder im Garten – zum Reden oder Toben oder weil man gerade ein Problem loswerden will."

Drei Fotos – drei Familien?

1. Nennt typische Beispiele für 1-Personen-, 2-Personen- und 4-Personen-Haushalte.
2. Beschreibt heutige Lebensformen.
3. Diskutiert Vor- und Nachteile der einzelnen Formen des Zusammenlebens.

Mädchen wissen heute, was sie morgen wollen

Verschiedene Untersuchungen der vergangenen Jahre bestätigen es: Mädchen sind selbstbewußter geworden. Sie wissen, was sie wollen. Sie sagen, was sie denken – auch über ihre Zukunft. Für sie, die mehr schulische Bildung erhalten haben als je eine Frauengeneration zuvor, ist Berufstätigkeit selbstverständlich. Das schließt aber nicht aus, daß junge Frauen nicht auch irgendwann heiraten möchten. Es muß ja nicht sofort nach dem Schulabschluß sein und nicht „der Erstbeste“. Langfristig gesehen jedoch gehören Mann und Kinder zur Vorstellung vom Lebensglück vieler Mädchen.

Von ihren zukünftigen Partnern erwarten Mädchen, daß die Arbeit im Haushalt zu gleichen Teilen von Mann und Frau erledigt wird. Dies gilt besonders dann, wenn ein Kind da ist. Und genau an diesem Punkt scheiden sich die Geister: Die meisten gleichaltrigen Jungen haben zwar nichts gegen Ehe und Familie, aber nur wenige möchten eine berufstätige Ehefrau. Die Mehrzahl sieht es lieber, wenn die Frau zu Hause und bei den Kindern bleibt. Die Bereitschaft der Männer, sich an der Hausarbeit zu beteiligen, hat sich im Laufe der letzten Jahre zwar verstärkt, aber nur solange die Ehefrau berufstätig ist und keine Kinder da sind. Gibt die Frau ihren Beruf zugunsten der Familie auf, ziehen sich die Männer aus den hauswirtschaftlichen Tätigkeiten zurück.

Ist in dieser Entwicklung nicht schon ein Konflikt vorprogrammiert? Auf der einen Seite möchten die Mädchen sowohl Beruf als auch Haushalt und Familie mit Hilfe ihres Partners miteinander vereinbaren. Auf der anderen Seite wünschen sich die Jungen ihre zukünftigen Ehefrauen als Nur-Hausfrauen. Verfügen die jungen Frauen über genügend Selbstbewußtsein, um ihre Wünsche durchzusetzen, dann sind die jungen Männer gefordert, ihre Einstellung zu weiblicher Berufstätigkeit und partnerschaftlicher Arbeitsteilung bei der Hausarbeit zu überdenken und möglicherweise zu ändern. Vorreiter dafür gibt es bereits – siehe Seiten 36 und 37. Leicht wird es Mädchen allerdings nicht gemacht, ihre Vorstellungen zu verwirklichen, wie die Sprechblasen oben zeigen.

Im Sinne des Ehe- und Familienrechts ist Hausarbeit Frauen- *und* Männersache (vgl. Seite 22/23). Aber ein echtes partnerschaftliches Verhältnis zwischen den Geschlechtern läßt sich nur schaffen, wenn beide Seiten über die Sache Bescheid wissen, um die es geht. Also, Kenntnisse und Fähigkeiten im Bereich Haushaltsführung einschließlich Hausarbeit für *jeden* Jungen und *jedes* Mädchen?

Wenn *beide* Geschlechter gut auf ihre Rollen vorbereitet wären – sowohl auf die in Haushalt und Familie als auch auf die im Beruf –, bestünde für alle Mädchen und Jungen, für alle Frauen und Männer die Möglichkeit, frei zu entscheiden: Will ich allein oder zu zweit oder mit anderen zusammen in einer Familie leben? Will ich lieber im Beruf oder im Haushalt arbeiten? Oder will ich beides?

1. Nimm Stellung zu den Untersuchungsergebnissen. Wie kommen die unterschiedlichen Vorstellungen zustande?
2. Es gibt Ansichten, wie eine „richtige“ Frau zu sein hat. Woher stammen solche Ansichten? Welche Einstellungen stecken dahinter?
3. Nenne Gründe, die es Mädchen erschweren, ihren Wunsch nach Berufstätigkeit zu verwirklichen.
4. Was spricht eurer Meinung nach dafür, daß auch Jungen Haushaltsführung lernen?

Auch Hausmänner haben es nicht leicht

(aus: Julia Bauer: „Stell dich doch nicht so an!" Lappan Verlag, Oldenburg 1987)

1. Welchen Vorurteilen sieht sich dieser Hausmann mit Kind ausgesetzt?
2. Warum wird seine Arbeit wohl nicht ernst genommen?

Neue Männer braucht das Land

Männer, die etwas Ungewöhnliches versuchen, werden als Pioniere einer neuen Zeit gefeiert. Sie und ihre Partnerinnen haben keine Vorbilder, an denen sie sich orientieren können. Sie betreten Neuland und müssen sich ihren Weg allein suchen.

Hausmänner haben einen Rollentausch vorgenommen: Sie verdient den Unterhalt, und er versorgt den Haushalt und die Kinder. Ob diese neue Rollenverteilung aus innerer Überzeugung oder durch den Verlust des Arbeitsplatzes erfolgt, ändert nichts daran, daß Hausmänner sehr zwiespältig Erfahrungen machen: Ihre Arbeit wird ebenso wenig anerkannt wie die von Hausfrauen. Sie leiden unter der Kurzlebigkeit ihrer mühevoll getanen Hausarbeit genau wie Frauen. Hausmänner fühlen sich ebenfalls isoliert, finden bei ihren weiblichen „Berufskolleginnen" aber keine Solidarität. Das Zusammensein mit ihren zumeist kleinen Kindern eröffnet ihnen aber auch ganz neue, ungeahnte Erfahrungen. Auf Befragen äußern fast alle Hausmänner, daß sie die Haushaltstätigkeit für sich nur als vorübergehenden Zustand betrachten. Sie wollen später wieder in das Berufsleben zurück. Wird ihnen der Wiedereinstieg in die Erwerbstätigkeit dann auch solche Schwierigkeiten bereiten, wie vielen Hausfrauen?

Unter den erwerbstätigen Vätern findet man heute mehr und mehr Männer, die ganz bewußt weniger Stunden im Beruf arbeiten, um sich an der Betreuung der Kinder und der Hausarbeit partnerschaftlich zu beteiligen. Sie möchten nicht nur „Freizeitväter" sein, die ihre Kinder lediglich spät abends oder am Wochenende sehen. Diese „neuen Väter" wollen teilhaben an der Entwicklung ihres Nachwuchses und selber erleben, welche Fortschritte ihre kleinen Töchter und Söhne tagtäglich machen. Dafür nehmen sie finanzielle Einbußen in Kauf. Sie müssen mit dem Unverständnis leben, das ihnen Vorgesetzte und Arbeitskollegen entgegenbringen, und beruflicher Aufstieg wird für sie doppelt schwer.

Ob Hausmann oder „neuer Vater":

- Die hauswirtschaftlichen Tätigkeiten machen diesen Männern weniger Spaß als die Versorgung und Betreuung der Kinder.
- In unserer Gesellschaft bilden diese Männer noch die Ausnahme.
- Ihre Partnerinnen können ihren Wunsch nach Beruf und Familie durch diese aktive Unterstützung besser verwirklichen.
- In der Verwandtschaft, im Freundeskreis und am Arbeitsplatz begegnet ihnen mehr Mißtrauen als Zustimmung.

Nicht nur beim Zusammenleben mit einer Partnerin und mit Kindern stellen Männer unter Beweis, daß sie von Haushaltsführung etwas verstehen. Viele junge Männer widerlegen das weitverbreitete Vorurteil von der „Männerwirtschaft". Jürgen ist so ein Hausmann, der sich in vielen Haushaltsfragen auskennt.

1. „Hausarbeit ist Frauensache!" Diese Einschätzung stimmt offensichtlich nicht. Was tun Männer und Jungen heute schon im Haushalt? Nenne Beispiele.
2. Nimm Stellung zu den Modellen, bei denen sich Männer um eine partnerschaftliche Arbeitsteilung bemühen.
3. Versuche Gründe zu finden, warum Teilzeitarbeitsplätze für Väter seltener zu finden sind als für Mütter.
4. Warum ist es für einen Jungen schwierig, sich in puncto Haushaltsführung wie Jürgen zu verhalten? Begründe deine Meinung mit Hilfe von konkreten Alltagssituationen.

Partnerschaft auf dem Prüfstand

Das sind Susanne und Henning: Beide sind jung und mögen sich. Sie haben vor kurzem geheiratet und leben seit ein paar Wochen zusammen in ihrer ersten gemeinsamen Wohnung. Sie haben sich vorgenommen, alles zu teilen – die Rechte, aber auch die Pflichten. Ihr Zusammenleben soll ohne Streit um Haushaltsgeld, ohne althergebrachte Rollenverteilung, ohne gegenseitige Bevormundung verlaufen. Sie wollen ihre Beziehung partnerschaftlich gestalten und anfallende Arbeiten gemeinsam erledigen.

Beide haben einen Beruf, der ihnen Spaß macht und mehr bedeutet als nur „Geldverdienen". Ein Teil ihrer Einkommen geht in die gemeinsame Haushaltskasse. Die ersten Erfahrungen zeigen, daß der Umgang mit dem Geld gut klappt. Aber wie sieht es mit der Partnerschaft bei der Arbeitsteilung aus! Klappt es da auch?

Henning: Wo stehen die Gläser? Ich will den Tisch decken.

Susanne: Meine Güte, im Schrank natürlich!

Henning: Was hast du denn? Du brauchst dich doch nicht so aufzuregen, nur weil ich was gefragt habe. Das wird man ja wohl noch dürfen!

Susanne: Na, hör mal! Jedesmal fragst du mich, wo die Gläser stehen. Dabei hast du sie beim Einzug selber eingeräumt. Ich komme mir langsam vor wie eine Auskunftei: Wo ist dies? Wo ist das? Kannst du denn nicht selber nachsehen?

Henning: Ist ja schon gut. Ich sag' auch nichts mehr.

Partnerschaftliche Haushaltsführung stellt hohe Anforderungen an Hausfrauen und Hausmänner. Man sollte

- über alles reden und sagen, was man denkt
- bereit sein, von den eigenen Maßstäben abzugehen; die oder der andere erledigt Aufgaben vielleicht anders, aber doch nicht unbedingt schlechter
- sein eigenes Anspruchsniveau überprüfen
- den anderen Menschen mit seinen Vorstellungen akzeptieren
- den Partner oder die Partnerin gewähren lassen und niemandem etwas aus der Hand nehmen, nur weil man es selber vielleicht schneller oder besser kann
- Verantwortung abgeben und auch annehmen können
- Arbeiten übernehmen, die neu sind, die man erlernen muß, die vielleicht sogar unangenehm sind
- der oder dem anderen Zeit für eigene Interessen und Hobbys zubilligen.

1. Erkläre mit Hilfe von Beispielen, welche Anforderungen an die Haushaltsmitglieder bei partnerschaftlicher Haushaltsführung gestellt werden.
2. Welche Vorteile und/oder Nachteile hat es deiner Ansicht nach, wenn in einer Zweierbeziehung die Partner auch eigenen Interessen nachgehen?

Arbeit im Haushalt

Die tägliche Versorgung der Haushaltsmitglieder hängt zu einem großen Teil von der Bewältigung der Hausarbeit ab, für die es keine objektiven Maßstäbe gibt. Jeder Haushalt entscheidet nach seinen Vorstellungen, Ansprüchen und Fähigkeiten über das Maß und die Notwendigkeit von Hausarbeit. Dabei sind Fragen der Planung und Erleichterung von Hausarbeit wichtig. Wie und mit welchem Einsatz von Fremdleistungen und technischen Geräten soll Hausarbeit erledigt werden? Ist es dabei beliebig, wie man sich entscheidet? Welches haushälterische Wissen und Können kann helfen, Hausarbeit sachgerecht und haushaltsangemessen zu erledigen?

1. Hausarbeit als Aufgabe der Haushaltsführung

Für viele ist Hausarbeit etwas so Selbstverständliches und Alltägliches, daß sie kaum darüber nachdenken. Macht man sich aber Gedanken darüber, stellen sich schnell Fragen: Warum erledigt man jeden Tag Hausarbeit? Geht es vielleicht auch mit weniger Hausarbeit? Man könnte zum Beispiel seltener putzen, sich erst um die Wäsche kümmern, wenn der Schrank wirklich leer ist und nur „aus der kalten Küche" oder außer Haus essen. Warum nicht?

Das Nachdenken über diese Fragen zeigt: Hausarbeit muß gemacht werden. Ohne Hausarbeit funktioniert kein Haushalt. Durch Hausarbeit wird die tägliche Versorgung sichergestellt. Wieviel Hausarbeit allerdings erforderlich ist und mit welcher Sorgfalt sie erledigt werden sollte, darüber kann man durchaus sehr unterschiedlicher Meinung sein.

Viele verbinden mit dem Wort Hausarbeit nur Arbeiten wie Putzen, Waschen, Kochen. Aber ist das alles, was Hausarbeit ausmacht? Die Abbildungen machen deutlich, daß Hausarbeit mehr sein kann. Manche rechnen die Gestaltung der Wohnung und des Zusammenlebens ebenso zur Hausarbeit wie die Kontaktpflege innerhalb und außerhalb der Familie. Hausarbeit umfaßt also mehr, als manchmal mit diesem Wort gemeint ist. Zur Hausarbeit gehört auch Arbeit, die mit Erziehung, Bildung, Gesundheit, Fürsorge und Zuwendung zu tun hat.

Welchem Bereich von Hausarbeit eine größere Bedeutung zukommen sollte, entscheidet jeder Haushalt nach seinen Vorstellungen, Ansprüchen und Fähigkeiten. Der Erfolg von Hausarbeit zeigt sich an der Zufriedenheit und dem Wohlbefinden der versorgten Haushaltsmitglieder.

1. Aus welchen Gründen ist Hausarbeit erforderlich?
2. „Hausarbeit ist mehr als Putzen, Kochen und Waschen!" Erläutere diese Aussage.
3. Welchem Bereich von Hausarbeit mißt du besondere Bedeutung zu? Begründe!

Hausarbeit lernen – muß das sein?

Ute (16 Jahre)

Otto Berg

Karl Hansen

Petra (20 Jahre)

Früher gab es keinen Zweifel daran: Hauswirtschaftliche Tätigkeiten mußten gründlich gelernt werden, denn es gab kaum Möglichkeiten, Hausarbeit zu vergeben. Man erledigte fast alles selbst. Heute sieht das anders aus. Mancher Haushalt, der es sich finanziell leisten kann, nutzt Fremdleistungen. Die Haushaltsmitglieder haben keine Zeit, umfangreiche Arbeiten selbst zu erledigen oder einfach keine Lust zur Hausarbeit.

Daneben gibt es aber auch viele Haushalte, die sich Fremdleistungen finanziell kaum leisten können oder sie nicht wollen. In solchen Haushalten macht man Hausarbeit selbst, etwa weil man

- Wert darauf legt, selbständig und möglichst unabhängig zu sein,
- durch eigenes häusliches Tun einen Ausgleich und Entspannung findet,
- es aus erzieherischen Gründen für wichtig hält, den Kindern durch eigenes Tun Kenntnisse und Fertigkeiten in der Hausarbeit zu vermitteln,
- dadurch Geld sparen kann,
- so mehr Einfluß auf Ordnung, Sauberkeit, Sparsamkeit und Umweltschutz hat,
- so die individuellen Wünsche und Ansprüche der Haushaltsmitglieder besser berücksichtigen kann.

Im Durchschnittshaushalt nimmt Hausarbeit einen breiten Raum ein. Hausarbeiten wie Fenster putzen, Oberhemden und Blusen bügeln oder gesundheitsbewußt kochen sind gar nicht so einfach zu erledigen, wie mancher glaubt. Wer anderer Meinung ist, sollte die Probe aufs Exempel machen.

Im elterlichen Haushalt, bei Freunden und im Hauswirtschaftsunterricht gibt es Möglichkeiten genug, Hausarbeit zu lernen. „Aber warum das alles?" mag sich mancher Jugendliche fragen. Über Hausarbeit Bescheid zu wissen und sie ohne Schwierigkeiten erledigen zu können, erleichtert später den Start im eigenen Haushalt. Was man kann, bereitet weniger Mühe. Das gilt auch für die Hausarbeit.

1. Worin siehst du den Sinn, Hausarbeit zu lernen?
2. Wie stellst du dir die Erledigung von Hausarbeit vor, wenn kein Haushaltsmitglied Hausarbeit gelernt hat?

Hausarbeit – Aufgabe für wen?

Herr Laub ist KFZ-Mechaniker. Er arbeitet montags bis freitags von 8 bis 17 Uhr in einer Werkstatt, 20 Autominuten entfernt. Herr Laub ist Vorsitzender eines hiesigen Vereins und außerdem aktiv in der Kommunalpolitik tätig. Dienstags und donnerstags abends ist er deshalb außer Haus.

Jens, 14 Jahre, besucht die Hauptschule täglich von 8 bis 13.30 Uhr, außer samstags. Jens ist begeisterter Sportler: Fußball, Schwimmen, Tischtennis. Seine Trainingszeiten: Montag 16 bis 17.30 Uhr, Mittwoch 19 bis 20 Uhr, Freitag 17 bis 18.30 Uhr.

Frau Laub arbeitet halbtags in einem Supermarkt. Ihre Arbeitsstelle erreicht sie mit dem Fahrrad in 15 Minuten. Ihre Arbeitszeiten: montags bis mittwochs von 8 bis 12 Uhr, donnerstags und freitags von 13.30 bis 18.30 Uhr und jeden zweiten Sonnabend von 8 bis 13 Uhr.

Familie Laub – eine Familie wie viele andere: Die Wäsche ist gewaschen und gebügelt, die Zimmer sind aufgeräumt, das Essen steht pünktlich auf dem Tisch. Alle benutzen das gereinigte Badezimmer, alle essen die zubereiteten Speisen, alle nehmen sich gebügelte Wäsche aus dem Schrank. Daß sie das können, verdanken sie Frau Laub, die trotz Berufstätigkeit jeden Tag ihre Familie versorgt. Das Beispiel macht deutlich: Hausarbeit wird für alle Haushaltsmitglieder gemacht und kommt täglich allen zugute. Warum aber macht Frau Laub – wie viele andere Frauen auch – die Hausarbeit allein?

Sicher spielt hier die Erziehung zu einem traditionellen Rollenverhalten eine Rolle: Der Mann verdient außer Haus den Lebensunterhalt, die Frau betreut die Familie und kümmert sich um die Hausarbeit. Diese Rollenverteilung erweist sich heute häufig als problematisch, und auch der Gesetzgeber hält eine solche Rollenverteilung für nicht mehr angebracht (siehe dazu Seite 23).

Obwohl auch Frau Laub diese Meinung vertritt, überlegt sie, ob sie nicht besser ihren Beruf aufgeben und sich ganz der Familie widmen sollte. Das hätte natürlich finanzielle Konsequenzen, die nicht unbedingt im Interesse der Familie lägen. Man denke nur an die schmalere Haushaltskasse, das geringere Taschengeld und die vielen Extras, die dann nicht mehr „laufen". Neben finanziellen Auswirkungen würde das Aufgeben des Berufes für Frau Laub auch einen Verlust an Kontakten, Selbstbestätigung und Selbstverwirklichung bedeuten. Möglicherweise könnte ein Aussteigen aus dem Beruf sogar dazu führen, den eigenen Anspruch auf Rente zu verlieren.

„Die augenblickliche Arbeitsbelastung ist mir zwar zu groß", überlegt Frau Laub, „aber warum die Vorteile aus der Berufstätigkeit aufgeben, wenn schon die Mitarbeit der anderen Familienmitglieder dieses Problem lösen würde. Wer sagt eigentlich, daß Männer- und Kinderhände für Hausarbeit ungeeignet sind?"

Die Wirklichkeit in Haushalt und Schule beweist: Hausarbeit kann jeder lernen. Teamwork im Haushalt bedeutet nicht nur eine Arbeitsentlastung für die Frau, sondern auch ein Dazulernen für die ganze Familie. Auch Kinder können entsprechend ihrem Alter Hausarbeiten übernehmen. Sie können ohne Hilfe manches allein machen und werden dadurch früher selbständig.

1. Welche Vorteile bringt es, wenn alle Familienmitglieder bei der Hausarbeit helfen?
2. „Hausarbeit für alle!" Was könnte gegen diese Forderung sprechen?

Maßstäbe für Hausarbeit – gibt's so etwas?

Leitbild „Sauberkeit" in der Werbung

- In jeder Woche müssen bestimmte Tage für Waschen, Nähen, Stricken und Putzen festgesetzt sein.
- Das Wohnzimmer muß täglich zweimal mit dem Haarbesen gekehrt und gelüftet werden – nach dem Frühstück und nach dem Mittagessen.
- Nach dem Frühstück und dem Spülen beginnt man die Reinigung des Schlafzimmers mit dem Bettmachen. Unterbett oder Matratze müssen täglich umgewendet werden.
- Alle 14 Tage müssen die Fenster geputzt werden.
- Zweimal im Jahr muß die ganze Wohnung bis in jede Ecke hinein einer besonderen Reinigung unterzogen werden.
  Alles Bettzeug wird mit einem Rohrstock gehörig ausgeklopft und den ganzen Tag über in die Sonne gehängt.

Aus dem Jahr 1881: „Maßstäbe guter Haushaltsführung"

Am Beispiel „Wohnungs- und Wäschepflege" läßt sich ein Problem aufzeigen, das insgesamt für die Hausarbeit und darüber hinaus für die gesamte Haushaltsführung gilt. Welche Maßstäbe gibt es zur Beurteilung von Hausarbeit? Kann man Hausarbeit mit Noten beurteilen?

In früheren Zeiten hat es Versuche gegeben, den Weg zur „guten Haushaltsführung" durch Regeln aufzuzeigen.

Maßstäbe aber verändern sich. So manche Regel aus vergangener Zeit würde man heute belächeln. Heute entscheidet jeder Haushalt selbst, was er unter „guter Haushaltsführung" versteht. Der wichtigste Maßstab ist das eigene Urteil. Allerdings ist das eigene Urteil nicht frei von Außeneinflüssen. Da wirken von den Eltern oder anderen Vorbildern übernommene Vorstellungen ebenso mit wie der Wunsch, von Freunden, Nachbarn und Fremden als gute Hausfrau/guter Hausmann anerkannt zu werden. Um das zu erreichen, orientiert man sich an dem, was andere denken könnten. Auch die Werbung trägt in nicht geringem Umfang mit dazu bei, heimliche Leitbilder entstehen zu lassen. Manche haben den Wunsch, die Hausarbeit perfekt zu erledigen. Erst wenn die Wohnung aussieht wie ein Bild aus einem Möbelkatalog, sind sie, total ermattet von der Arbeit, zufrieden. Dabei kann es allerdings geschehen, daß andere Aufgaben der Haushaltsführung aus dem Blick geraten. Ein „vernünftiges" Maß an Ordnung und Sauberkeit zu finden, ist sicherlich eine Kunst. Weder Ordnungsfanatismus noch Putzsucht, weder Schlampigkeit noch chaotisches Durcheinander dürften ein Maßstab für Hausarbeit sein. Jedoch sollte man bedenken, daß Gesundheits- und Sicherheitsgrundsätze im Haushalt nicht vernachlässigt werden.

Hausarbeit ist nur ein Teil der Haushaltsführung. Eine gute Haushaltsführung aber verlangt die Bewältigung aller Aufgaben. Vielleicht sind Putzen und Wäschepflege nicht einmal die wichtigsten ...

1. Was machen die „Maßstäbe guter Haushaltsführung" aus dem Jahre 1881 deutlich?
2. Warum gibt es für die Beurteilung von Hausarbeit keine allgemeingültigen Maßstäbe?
3. Für Hausarbeit hat jeder seinen eigenen Maßstab. Welche Faktoren begründen bzw. beeinflussen diesen Maßstab?

Viele Hausfrauen haben Probleme damit, „nur" Hausfrau zu sein. Fragt man nach, woher das getrübte Selbstbewußtsein kommt, dann zeigt sich schnell: Die Arbeit einer Hausfrau (für Hausmänner gilt entsprechendes!) wird nicht sonderlich hoch geachtet. „Richtige" Berufstätigkeiten haben in der Einschätzung einen viel höheren Stellenwert. Weil Hausarbeit kein hohes Prestige hat, fühlen sich auch die Hausfrauen und Hausmänner gering geachtet.

Es gibt natürlich auch eine andere Sichtweise. So wissen es viele Hausfrauen (und auch viele der wenigen Hausmänner, die es gibt) zu schätzen, daß Hausarbeit eine Arbeit ist, bei der man keinen Chef und keine Chefin vor der Nase hat. Was gemacht wird, wann das geschieht, mit welchem Eifer und welchem Arbeitseinsatz, das bestimmt allein derjenige, der die Hausarbeit auch ausführt. Auch die Arbeitszeiten lassen sich mit Einschränkungen selbst festlegen. Denn natürlich erwarten zum Beispiel die aus der Schule heimkehrenden Haushaltsmitglieder pünktlich ihr warmes Essen. Im Tätigkeitsfeld privater Haushalt gibt es insgesamt aber mehr Möglichkeiten, selbst über seine Zeit zu verfügen als in vielen bezahlten Berufen.

In manchen Berufen ist Eintönigkeit ein großes Problem. Putzen, Einkaufen, Essen zubereiten, Kinder betreuen: Das ist zwar auch „immer wieder dasselbe", aber insgesamt gibt es hier mehr Abwechslung und Gestaltungsmöglichkeiten als für jemanden, der eine Tätigkeit am Fließband ausübt oder den ganzen Tag Daten in einen Computer eingibt. Oder?

Hausarbeit schafft Milliardenwerte

Hausarbeit im eigenen Haushalt wird zwar nicht bezahlt, dennoch entstehen in den Haushalten durch die Hausarbeit Werte in nicht vorstellbaren Größenordnungen.

Allein die täglich produzierten Mahlzeiten haben, in Geld gerechnet, einen höheren Wert als alle in Restaurants, Schnellgaststätten und anderen Verpflegungsstätten an einem Tag verkauften Speisen. Durch die Heimwerkertätigkeiten entstehen Werte, auf die Handwerksbetriebe stolz sein könnten, wären sie ein Ergebnis ihrer Tätigkeit. Selbst die traditionelle Arbeit mit Nadel, Faden, Stoff und Strickgarnen ist so wertschaffend, daß sie für die betreffenden Industrien eine spürbare Konkurrenz darstellt, wenn das auch in den einzelnen Bereichen sehr unterschiedlich ist. Für die Strickwarenindustrie ist hier zum Beispiel eine andere Situation gegeben als für die Oberbekleidungsindustrie.

Noch wesentlich größer wird das Wertekonto der privaten Haushalte, wenn man in die Berechnungen auch Dienstleistungen einbezieht. Im Bereich der Wohnungspflege zum Beispiel, die ja der Werterhaltung dient, schlagen die privaten Haushalte die entsprechenden Dienstleistungsunternehmen bei weitem. Zusammengefaßt kann man sagen, daß die Tätigkeit in den privaten Haushalten volkswirtschaftlich gleichwertig zur Erwerbstätigkeit eingeschätzt werden kann.

Wieviel ist eine Hausfrau wert?

Wie hoch ist der Schaden, der entsteht, wenn eine Hausfrau ausfällt? Mit dieser komplizierten Frage mußte sich kürzlich die Justiz auseinandersetzen. Grund dafür war ein Unfall mit Todesfolgen, bei dem eine Hausfrau und Mutter von zwei Kindern das Opfer war.

Der hinterbliebene Ehemann hatte Schadensersatzansprüche gestellt. Er wollte Ersatz für den „Schaden", der entstand, weil die Ehefrau und Mutter nicht mehr in ihrer Rolle als Hausfrau zur Verfügung war.

Das Gericht ließ von Sachverständigen eine Aufstellung erarbeiten. Diese belegt die von einer Hausfrau üblicherweise zu verrichtenden Arbeiten. Für die entsprechenden Tätigkeiten waren die durchschnittlichen wöchentlichen und monatlichen Tätigkeiten angegeben. Das Gericht legte zur Bewertung den Tätigkeiten im Haushalt entsprechende Berufstätigkeiten zugrunde – zum Beispiel für die Nahrungszubereitung die Tätigkeit eines Kochs, für die Kinderbetreuung die Tätigkeit einer Erzieherin, für die Krankenpflege die Tätigkeit einer Krankenschwester usw. Auf dieser Berechnungsgrundlage ergaben sich die „Kosten" einer Hausfrauentätigkeit. Ergebnis: Die vom Gericht anerkannte Schadenersatzforderung wurde auf 2400 DM monatlich festgelegt.

Richter tadelt: Gesellschaftliche Bedeutung der Erziehungsarbeit in Familienhaushalten zu wenig beachtet

Bei einer Tagung von Jugendrichtern im Kongreßzentrum unserer Stadt hat Richter Dr. Gertmann eine Lanze für Familienhaushalte gebrochen. In seinem Referat wies er darauf hin, daß Familien durch ihre Erziehungs- und Betreuungsarbeit der Gesellschaft einen großen Dienst erweisen. „Ohne die Bemühungen um die Erziehung Jugendlicher und ohne das Schaffen eines wirklichen Zuhauses", sagte Dr. Gertmann, „wäre die Jugendkriminalität mit Sicherheit wesentlich höher. Das aber kommt die Gesellschaft teuer zu stehen", sagte Dr. Gertmann. Und: „Jugendkriminalität betrifft nicht nur die Opfer, sondern uns alle, und zwar als Steuerzahler. Hinzu kommt", fuhr der Jugendrichter fort, „daß ein gutes Zuhause nicht nur Jugendkriminalität vorbeugt, sondern auch Erwachsenenkriminalität eindämmt. Denn wer zum Beispiel als Jugendlicher gelernt hat, daß mit Gewalt keine Probleme gelöst werden können und daß Gewalt kein guter Weg ist, um sich durchzusetzen, der läuft weniger Gefahr, als Erwachsener wegen Körperverletzung vor Gericht zu stehen."

1. Beschreibe, wie man Hausarbeit sehen und bewerten kann.
2. Wie schätzen Hausfrauen ihre Tätigkeit im Haushalt ein? Begründe diese Einschätzungen.
3. Vergleiche den Stellenwert der Haushaltstätigkeit mit anderen beruflichen Tätigkeiten.
4. „Private Haushalte schaffen durch Produktionstätigkeiten Millionenwerte."
   Erkläre diese Aussage.
5. Wonach würdest du den Wert von Hausarbeit bemessen?

2. Möglichkeiten und Formen rationeller Arbeit im Haushalt

Rationell arbeiten – warum und wie?

Bevor Hausarbeit zum Frust wird, sollte man über Arbeitserleichterungen nachdenken. Die Hausarbeit kann man sich erleichtern, indem man rationell arbeitet. Das bedeutet, mit Überlegung und Verstand vorzugehen, oder anders ausgedrückt: Zuerst denken, dann handeln!

Zunächst sollte man sich Gedanken darüber machen, wie man eine Aufgabe möglichst schnell, mit geringem Arbeitsaufwand und dennoch gutem Ergebnis erledigen kann. Diese Denkarbeit lohnt sich, weil man so unnötigen Kraft- und Zeitaufwand vermeidet. Oft verhindern gerade Gedankenlosigkeit, Gleichgültigkeit und eingeschliffene Gewohnheiten rationelles Arbeiten. Das Ergebnis ist dann oft, daß Hausarbeit zur lästigen und ungeliebten Pflicht wird.

Dabei lassen sich besonders alltägliche Hausarbeiten schon mit ein bißchen Überlegung spürbar erleichtern. So ist zum Beispiel ein stark verschmutzter Kochtopf oder ein Kuchenblech schnell gereinigt, wenn man sinnvoll vorarbeitet (Einweichen des Topfes oder Kuchenbleches) und arbeitserleichternde Hilfsmittel nutzt (Topfschwamm, milde Scheuermilch).

Auf weitere Möglichkeiten, die Arbeit im Haushalt rationell zu gestalten, weist die Zeichnung hin. Aber das alles sind nur Empfehlungen zur Erleichterung von Hausarbeit, und rationelles Arbeiten ist auch nicht unbedingt immer sinnvoll. Es gibt Situationen im Haushalt, wo die Freude am eigenen Tun wichtiger als die schnelle Erledigung der Arbeit ist.

1. Was will man durch rationelle Arbeit im Haushalt erreichen?
2. Erläutere mit Beispielen, wie man Hausarbeit rationell gestalten kann.
3. Überlege, in welchen Situationen rationelles Arbeiten im Haushalt nicht unbedingt angebracht ist.

Durchdachte Arbeitsverfahren – ein Weg zu rationeller Arbeit

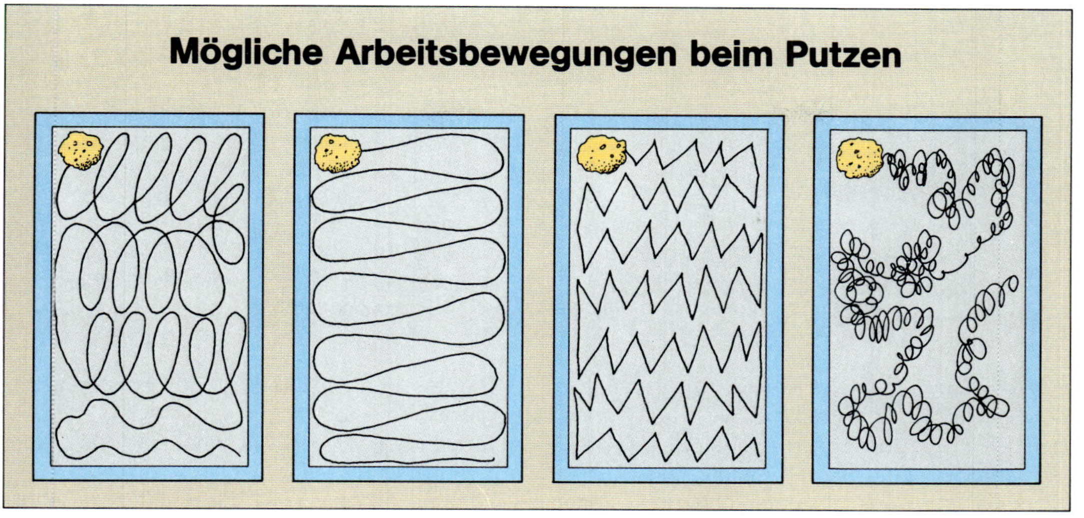

So manche Hausarbeit wäre halb so schlimm, wenn man sie nicht so umständlich machen würde. Aber was heißt schon umständlich arbeiten? Da gibt es sehr unterschiedliche Meinungen. Was für den einen umständlich ist, empfindet der andere als sinnvoll. Viele erledigen Hausarbeit in gewohnter Arbeitsweise, ohne darüber nachzudenken, ob die angewandte Arbeitstechnik einfach, schnell und wirkungsvoll ist. Die gleiche Arbeit kann meistens auf unterschiedliche Weise und mit unterschiedlichen Arbeitsmitteln durchgeführt werden. Der Unterschied zeigt sich dann allerdings in dem benötigten Kraft- und Zeitaufwand und auch in der erreichten Arbeitsqualität.

Ein Beispiel: Man kann eine Fläche mit Zick-Zack-Bewegungen, kreis- oder bogenförmigen Bewegungen oder völlig ungeordneten Bewegungen reinigen. Man kann rechts, links oder in der Mitte der Fläche beginnen. Als Arbeitsmittel kommen in Betracht: Leder-, Schwamm-, Baumwolltuch, Küchenpapier; scharfes, mildes, umweltschonendes Reinigungsmittel; viel oder wenig Wasser. Der Kraft- und Zeitaufwand wird abhängig von der gewählten Arbeitsweise und den gewählten Arbeitsmitteln unterschiedlich sein, ebenso das Arbeitsergebnis. Will man rationell arbeiten, sind Arbeitstechnik und Arbeitsmittel also nicht beliebig.

Es gibt allerdings nur wenige Hausarbeiten, bei denen sich eine bestimmte Arbeitsweise oder ein bestimmtes Arbeitsmittel aufzwingen. Meistens sind verschiedene Arbeitstechniken denkbar und auch sinnvoll einsetzbar. Es gibt Kriterien, mit denen man die Zweckmäßigkeit einer Arbeitstechnik und eines Arbeitsmittels überprüfen kann. Man sollte prüfen:

- Sind die eingesetzten Arbeitsmittel zweckentsprechend und arbeitserleichternd?
- Ist die Arbeitshaltung bequem (körpergerecht) oder kostet sie unnötig Kraft?
- Sind die Arbeitsbewegungen wirksam und wenig anstrengend?
- Kann die Arbeit so in einer angemessenen Zeit erledigt werden?
- Erbringt die geleistete Arbeit ein qualitativ gutes Arbeitsergebnis?

1. Nimm Stellung zu den Skizzen über mögliche Arbeitsbewegungen beim Putzen.
2. Nenne Kriterien, mit denen man die Zweckmäßigkeit von Arbeitstechniken und Arbeitsmitteln überprüfen kann.
3. Beschreibe anhand von Beispielen rationelle Arbeitstechniken.

Planung von Arbeit im Haushalt

Will man die Vielzahl der Arbeiten im Haushalt in den Griff bekommen, muß man die Arbeit planen. Das heißt: Man überlegt im voraus, welche Arbeiten wann erledigt werden sollen. Das ist von Haushalt zu Haushalt unterschiedlich. Jeder Haushalt entscheidet für sich, ob zum Beispiel das Badezimmer täglich oder dreimal wöchentlich gereinigt wird, ob die Fenster alle 14 Tage oder in unbestimmten Zeitabständen geputzt werden. Solche Überlegungen sind schon eine wichtige Entscheidung für die Arbeitsplanung. Dennoch muß man sich fragen: Ist Planen wirklich notwendig? Schließlich weiß man aus Erfahrung, was zu tun ist. Aber es gibt auch so etwas wie „Betriebsblindheit“. Schon von daher kann Planung auch für erfahrene Hausfrauen und Hausmänner sinnvoll sein. Planung hilft dabei

- wichtige, termingebundene Arbeiten nicht zu vergessen,
- Arbeitsüberlastung zu vermeiden,
- Arbeiten rechtzeitig fertig zu stellen,
- mehr freie Zeit zu gewinnen,
- die Mitarbeit der Haushaltsmitglieder überschaubar zu machen,
- Klarheit über die Arbeitsverteilung zu schaffen.

Wer sinnvoll und haushaltsangemessen planen will, muß außer den Wünschen und Ansprüchen der Haushaltsmitglieder auch die Rahmenbedingungen des jeweiligen Haushalts berücksichtigen:

- Berufs- und Schulzeiten der Haushaltsmitglieder,
- Erreichbarkeit von Geschäften, Behörden, Schulen . . .,
- Öffnungszeiten von Geschäften, Behörden . . .,
- sonstige Verpflichtungen,
- Anzahl der Haushaltsmitglieder,
- Größe der Wohnung,
- Ausstattung des Haushalts mit technischen Geräten,
- Anzahl der Mahlzeiten,
- Zeitpunkt der warmen Mahlzeiten,
- haushälterische Fähigkeiten und Fertigkeiten der einzelnen Haushaltsmitglieder,
- Belastbarkeit der Haushaltsmitglieder.

Grundlage für das Planen der Hausarbeit in einem bestimmten Zeitraum – für einen Tag, für mehrere Tage, für eine Woche oder für einen Monat – sind die täglich wiederkehrenden Tätigkeiten. Diesen Wiederholungsarbeiten ordnet man die anderen Arbeiten zeitlich zu. Dabei stellt sich die Frage nach der Reihenfolge der noch zu erledigenden Arbeiten, die bestimmt wird von

- der Dringlichkeit und Notwendigkeit der einzelnen Arbeiten,
- dem Umfang und Schwierigkeitsgrad,
- dem Zeitbedarf und
- der Möglichkeit der Verschiebung.

1. Nenne Rahmenbedingungen bei der Planung und Durchführung von Hausarbeit.
2. Nenne Gründe für eine Arbeitsplanung im Haushalt.
3. Erstelle eine Übersicht über Hausarbeiten, die in kleineren und größeren Abständen erledigt werden müssen (z. B. tägliche Wiederholungsarbeiten, wöchentliche Arbeiten, . . .).

Arbeitsplanung der Familie Laub – ein Beispiel

Familie Laub ist sich einig: Die Hausarbeit soll ab sofort gemeinsam mit Hilfe eines Arbeitsplanes erledigt werden. Wie aber soll sie verteilt werden? Wer übernimmt welche Arbeiten?

Um einen fairen Arbeitsplan aufzustellen, ermitteln die Laubs zunächst ihre haushaltseigenen Rahmenbedingungen und tragen feststehende Verpflichtungen in einen Zeitplan ein. Die noch nicht verplante Zeit ist leicht ablesbar. Hier muß die erforderliche Hausarbeit untergebracht werden, aber auch die Freizeit – insbesondere die für Frau Laub. Damit das Vorhaben auch klappt, sollten wichtige Gesichtspunkte für die Verteilung von Arbeit berücksichtigt werden.

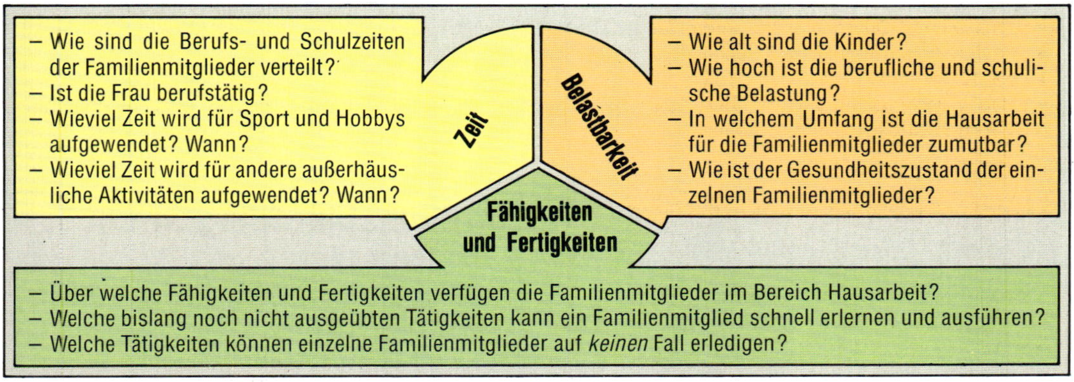

Rahmenbedingungen für die Verteilung von Hausarbeit – eine Auswahl

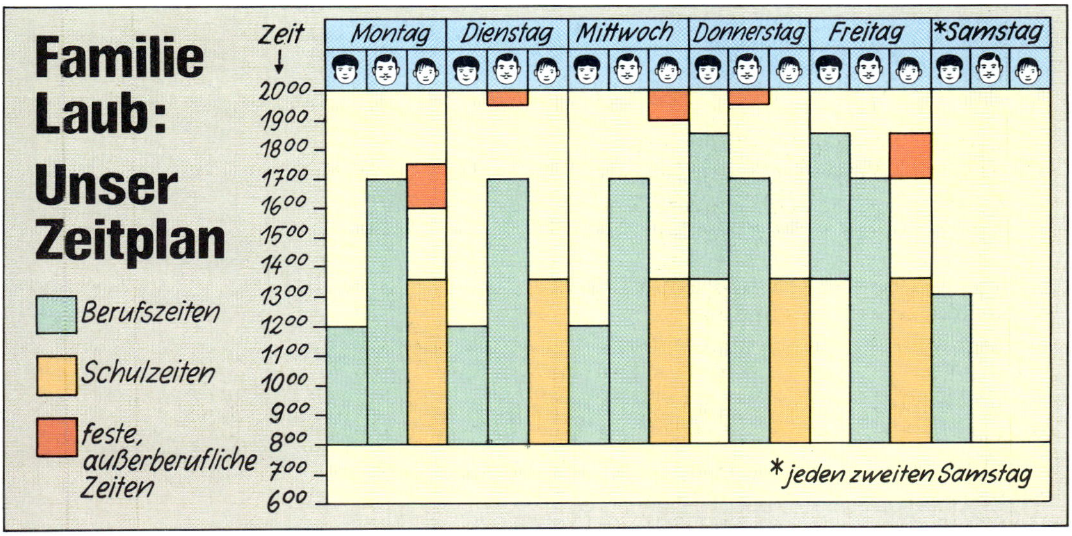

Organisation der Hausarbeit mit Hilfe eines Zeitplanes

1. Nenne Gesichtspunkte, nach denen eine Arbeitsverteilung organisiert werden kann.
2. Welche Vorteile bietet eine organisierte Arbeitsverteilung?
3. Erstellt für Familie Laub einen Wochenarbeitsplan, der eine faire Arbeitsverteilung für alle Haushaltsmitglieder verdeutlicht. Legt vorher die Rahmenbedingungen fest.

Arbeitsablaufplanung

Bereitet man zuerst die Möhrenrohkost zu und setzt dann die Pellkartoffeln auf? Ist es egal, wie man anfängt, oder hat die Reihenfolge der Arbeitsschritte Auswirkungen auf Arbeitshektik, Zeitbedarf und Qualität des Arbeitsergebnisses? – Eine Arbeitsaufgabe soll Antwort auf die Fragen geben. Ihr sollt die Zubereitung einer Mahlzeit in einer sinnvollen Reihenfolge planen. Erfahrungen und Wissen über Arbeitsplanung könnt ihr bei dieser Aufgabe unter Beweis stellen.

Vorbereitende Arbeiten für das Arbeitsablaufdiagramm

- zwei DIN-A4-Blätter (kariert) untereinander zusammenkleben
- an dem linken Rand eine Zeitskala (1 cm = 1 Minute) markieren
- ca. 10 Papierstreifen (2 cm × 10 cm, unliniertes Papier) schneiden
- zwei verschiedene Farbstifte bereitlegen: eine Farbe für die Zubereitung der Speisen, eine Farbe für die Vor- und Nachbereitungsarbeiten

Hinweise für die Erstellung des Arbeitsablaufdiagramms

Planung der Aufgabe: zu zweit
Durchführung: eine(r) beobachtet, eine(r) kocht

- zunächst die notwendigen Arbeitsschritte für die Zubereitung der Speisen überlegen (ungeordnet auf einen Zettel schreiben)
- Arbeitsschritte noch einmal überdenken und auf Papierstreifen schreiben (ein Streifen für jeden Arbeitsschritt)
- Arbeitsschritte für die Vor- und Nachbereitungsarbeiten auf Papierstreifen schreiben (andere Farbe)
- sinnvolle Reihenfolge aller Arbeitsschritte überlegen, ggf. Papierstreifen austauschen
- Papierstreifen so an die Zeitleiste anlegen, daß man ablesen kann, zu welchem Zeitpunkt welcher Arbeitschritt beginnt (siehe nebenstehendes Beispiel)
  - überlegen, wie lange ein Arbeitsschritt dauert
  - Reihenfolge und Zeitdauer der einzelnen Arbeitsschritte noch einmal kritisch überprüfen, dann Papierstreifen aufkleben
  - Achtung: Die Dauer der einzelnen Arbeitsschritte bestimmt ihre zeitliche Zuordnung – nur so ist eine sinnvolle Verknüpfung aller Arbeitsschritte möglich.

Arbeitsablaufdiagramm am Beispiel: Möhrenrohkost, Frikadellen, Pellkartoffeln

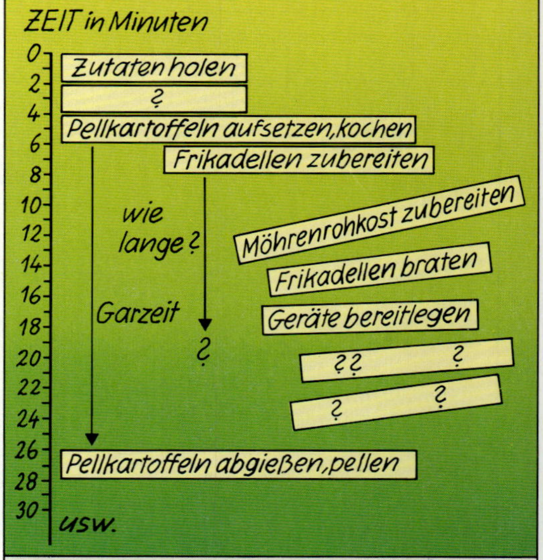

Beobachtungen:

1. Nenne Gesichtspunkte, die man bei der Planung einer größeren Arbeit berücksichtigen sollte.
2. Welche Vorteile bringt eine durchdachte Arbeitsplanung?
3. Plant eine weitere Arbeitsaufgabe.

Mahlzeitenplanung

Die tägliche Versorgung mit Mahlzeiten ist für unser Wohlbefinden und unsere Leistungsfähigkeit sehr wichtig. Man sollte deshalb diese Aufgabe ernst nehmen. Wer Mahlzeiten plant, schafft Übersicht über das tägliche Speisenangebot und darüber, wie die Vorbereitung und Zubereitung der Mahlzeiten organisiert werden soll. Bei der Planung sind verschiedene Faktoren zu berücksichtigen.

Der Zeitfaktor

- Wann soll gegessen werden?
- Wann kann die Mahlzeit zubereitet werden?
- Wieviel Mahlzeiten soll es täglich geben?
- Wann kann eingekauft werden?

Bei diesen Überlegungen sind die Berufs- und Schulzeiten der Haushaltsmitglieder, ihre Freizeitaktivitäten und die Ladenöffnungszeiten zu berücksichtigen.

Die Gestaltung des Speiseplans

- Was soll es „geben"?

Das hängt sowohl von der verfügbaren Arbeitszeit als auch von Gesichtspunkten wie Geschmack, Gesundheit, finanzielle Möglichkeiten, Vorräte, Resteverwertung und Ausstattung mit Haushaltsgeräten ab. Auch die Fähigkeiten und Fertigkeiten der Haushaltsmitglieder beeinflussen die Gestaltung des Speiseplans.

Die Fähigkeiten und Fertigkeiten der Haushaltsmitglieder

- Welche Speisen kann man zubereiten?
- In welcher Zeit kann man sie zubereiten?

Sind zum Beispiel die Kinder für die Zubereitung einer Mahlzeit zuständig, muß man ihre küchentechnischen Fertigkeiten bei der Auswahl der Speisen berücksichtigen.

Auch wenn die Planung von Mahlzeiten zunächst zusätzliche Arbeit ist – vor allem für Anfänger – lohnt sie sich aus den nachfolgenden Gründen dennoch:

- Eine pünktliche Fertigstellung der Speisen wird eher gewährleistet.
- Auch bei Zeitmangel wird eine ausgewogene und gesunde Ernährung sichergestellt.
- Der Ausgleich zwischen zeitaufwendigen und weniger zeitaufwendigen Speisen wird besser überlegt. Dies führt zur Vermeidung von Arbeitshektik.
- Die Essenswünsche aller Haushaltsmitglieder lassen sich besser und gerechter berücksichtigen.
- Das Angebot der Speisen wiederholt sich nicht so oft.
- Eine einseitige Ernährung läßt sich so besser vermeiden.
- Saisonangebote und eigene Vorräte werden besser genutzt. Das schont die Haushaltskasse.
- Der Einkauf von Lebensmitteln kann besser geplant werden: Ausgleich von teuren und preiswerten Lebensmitteln, kein Fehlen von Zutaten.
- Der Einsatz von Eigen- und Fremdleistung ist ausgewogener.
- Die küchentechnischen Fertigkeiten der Haushaltsmitglieder werden besser berücksichtigt.

Wochenspeiseplan – ein Beispiel

Mo: Linsensuppe, Quarkspeise mit Früchten — HIER MUSS ES SCHNELL GEHEN

Di: Frikadellen, Pellkartoffeln, Möhrenrohkost — PREISWERT UND GESUND

Mi: Gemüsereistopf, gemischte Früchte mit Joghurtsoße

Do: Bunter Salat, gedünstetes Fischfilet, Pellkartoffeln — FISCH WAR MAL WIEDER DRAN

Fr: Rohkost, Gemüse-Hirse-Auflauf, Obstsalat — FLEISCHLOSER TAG

Sa: Bunter Salat, Vollkornpizza, Milchmix — LIEBLINGSESSEN DER KINDER

So: Bunter Salat, Paprikaschnitzel, gebackene Pellkartoffel mit Kräuterquark, Apfelsinen-Joghurt-Creme

Manchmal zeigt sich bei der Planung, daß an manchen Tagen keine Zeit für die Zubereitung einer ‚vernünftigen‘ Mahlzeit vorhanden ist. Dann kann Vorkochen eine sinnvolle Möglichkeit sein. Allerdings bedeutet Vorkochen ein hohes Maß an Organisation und die Bereitschaft, zunächst Mehrarbeit auf sich zu nehmen. Die gesamte Arbeitsplanung muß mit Blick auf das Vorkochen so organisiert werden, daß an einem arbeitsarmen Tag oder abends in größeren Mengen vorgekocht und portionsweise eingefroren wird. Zwar erreicht man einen nennenswerten Zeitgewinn nur bei Gerichten mit längerer Vorbereitungs- und Garzeit, dennoch kann Vorkochen auch in Verbindung mit dem Einsatz eines Mikrowellengerätes eine sinnvolle Möglichkeit sein, eine ausgewogene Mahlzeitenversorgung sicherzustellen. Mit Einschränkungen kann bei Zeitmangel auch die Verwendung von Fertigprodukten sinnvoll sein.

1. Welche Gründe sprechen für die Planung von Mahlzeiten?
2. Nenne Gesichtspunkte, die bei der Mahlzeitenplanung berücksichtigt werden sollten.
3. Stellt Vor- und Nachteile des Vorkochens von Speisen gegenüber.
4. Stellt in Partner- oder Gruppenarbeit einen Wochenspeiseplan nach ausgewählten Gesichtspunkten zusammen.

3. Fremdleistungen – eine Möglichkeit der Arbeitserleichterung

Fremdleistungen – ein Marktangebot an Haushalte

Der Markt hat im Laufe der Jahre eine Vielzahl von Angeboten hervorgebracht, die die traditionelle Hausarbeit erleichtern sollen. In verlockender und vielversprechender Weise machen die Anbieter ihre Leistungen den Haushalten schmackhaft. Die Entscheidung ist nicht leicht. Soll man z. B. Wäsche schrankfertig machen und Fenster putzen lassen? Soll man bei der Nahrungszubereitung Fertigprodukte verwenden oder zumindest weitgehend vorbereitete Lebensmittel kaufen? Eine genaue Antwort kann man nur im Einzelfall geben. Denn auch hier muß man wissen, was man will, und vor allem, was man bezahlen kann. Jede Fremdleistung hat ihren Preis. Da lohnt es sich, genauer hinzusehen und zu überlegen.

Dazu ein Beispiel: Wer möchte nicht Feste feiern, ohne viel Arbeit zu haben? Zahlreiche Anbieter haben hier eine Marktlücke erkannt und reagiert: Sie bieten die Ausrichtung von Feiern und Festen an. Da fällt manchem die Entscheidung schwer. Soll die Geburtstagsfeier mit komplettem Service zu Hause oder im Gasthaus gefeiert werden, und wie soll's bitte schön sein? Die Angebote reichen von gut bürgerlich über rustikal, italienisch, chinesisch bis luxuriös.

Für viele Haushalte ist die Vergabe von Arbeit bei festlichen Anlässen schon fast eine Selbstverständlichkeit. Warum selbermachen und sich vor allem vor und während einer Feier abhetzen? Das fragt sich mancher und entscheidet sich aus diesem Grund für Fremdleistung. Andere haben nicht die notwendigen Kenntnisse und Fertigkeiten, um kalte Platten oder andere schmackhafte Dinge selbst herzustellen. Sie würden sich bei eigenen Versuchen nur blamieren und nehmen deshalb gern die Angebote professioneller Partyausrichter an. Bei Kindergeburtstagen ist die Fete im Schnellrestaurant beliebt. Wie ist so etwas zu beurteilen?

Grundsätzlich sollte jede Arbeitserleichterung im Haushalt bejaht werden. Jedoch stellt sich dabei die Frage nach Preis, Wert und Qualität der zu kaufenden Arbeitserleichterung. Noch etwas anderes spielt eine Rolle. Es gibt Haushalte, die Fremdleistungen für die Gestaltung eines Festes ablehnen, weil sie nicht das „vorgefertigte Einheitsfest" wollen. Für sie haben das eigene Tun, die individuelle Note und das „Sich-selbst-Kümmern" einen hohen Wert. Dafür nehmen sie gern Mehrarbeit auf sich.

Im Zusammenhang mit Festen bietet sich neben der Eigentätigkeit auch die Möglichkeit, mit Freunden und Bekannten gemeinsam etwas nach eigenen Ideen auszuprobieren. Das regt die Phantasie und Kreativität an und verleiht dem Fest einen besonderen Stil.

1. Mache an Beispielen Möglichkeiten der Arbeitserleichterung durch Fremdleistung deutlich.
2. Nimm Stellung zur Vergabe von Arbeit bei Geburtstagsfeiern und ähnlichen Anlässen.
3. Wie könnte man zusammen mit Freunden eine (Geburtstags-) Feier planen und selbst durchführen?

Eigenleistung oder Fremdleistung?

pro ▷	Fremdleistung ◁ contra
– weil es bequem ist – weil die Arbeit keinen Spaß macht – weil man dann mehr Freizeit hat – weil die Arbeit zu kraft- und zeitaufwendig ist – weil die Arbeit zu kompliziert ist – weil man die Arbeit selbst nicht kann	– weil die Qualität nicht den eigenen Ansprüchen entspricht – weil der Preis oft zu hoch ist – weil die Arbeitserleichterung zu gering ist – weil so bestimmte Fähigkeiten und Fertigkeiten im häuslichen Bereich verlorengehen

Die Entscheidung über Eigen- oder Fremdleistung muß jeder Haushalt sorgfältig abwägen und entsprechend seinen Gegebenheiten selbst treffen. Was für den einen Haushalt goldrichtig ist, kann für den anderen Haushalt unsinnig sein. Manchmal bedeutet Eigenleistung Sparen am falschen Ende. Wer zum Beispiel Arbeiten übernimmt, die er mehr schlecht als recht kann, weil handwerkliche Geschicklichkeit, Fachkenntnisse und erforderliche Fähigkeiten fehlen, darf sich nicht wundern: Hoher Arbeitseinsatz, Ärger, Streß und ein miserables Ergebnis sind der „Erfolg“ der Eigenleistung. Aber es gibt auch den anderen Fall: Wer zum Beispiel Wert auf vollwertige, möglichst schadstoffarme Kost legt, wird vieles selbst machen. Die Angebote der Lebensmittelindustrie genügen möglicherweise nicht den eigenen Ansprüchen an die Qualität von Produkten.

Auch Geschmack, Aussehen, Geruch und Preis beeinflussen die Entscheidung über Eigen- oder Fremdleistung. Deshalb ist es ratsam, arbeitserleichternde Industrieprodukte unter die Lupe zu nehmen. Ob dann so manche Versprechen der Werbung noch den eigenen Maßstäben standhalten, wird sich feststellen lassen.

Probieren geht über studieren! Wann und unter welchen Gegebenheiten die Inanspruchnahme von Marktangeboten sinnvoll ist, läßt sich im Hauswirtschaftsunterricht kritisch überprüfen, zum Beispiel so: Bereitet einen Gemüseeintopf und eine Quarkspeise mit Früchten (für 1 Person) zu und vergleicht die Eigenprodukte mit möglichst annähernd gleichen Produkten der Industrie. Teilt die Arbeiten entsprechend sinnvoll unter euch auf. Notiert eure Beobachtungen laut Tabelle und vergleicht sie. Bewertet die Eigen- und Fremdleistung und ermittelt Gesichtspunkte für eine Entscheidungshilfe.

Vergleich von Eigen- und Fremdleistung

Fertigungsstufe	Ausgaben in DM	Vorbereitungszeit in Min.	Tätigkeitszeit in Min.	sonstiger Zeitbedarf	Arbeitsaufwand *	Geschmack	Aussehen
Beispiel: Gemüseeintopf für eine Person							
Gemüsetopf aus frischem Gemüse (Dampfdrucktopf)							
Gemüsetopf aus Tiefkühlgemüse (Dampfdrucktopf)							
Gemüsetopf tiefgefroren, Fertiggericht							
Gemüsetopf aus der Dose							
Beispiel: Quarkspeise mit Früchten für eine Person							
Quarkspeise aus frischem Quark und Obst							
Quarkspeise aus Instant-Quarkpulver und Dosenobst							
Quarkspeise: verzehrfertiges Industrieprodukt							

* sehr gering, gering, groß, sehr groß

Hier wird vorrangig der Vergleich von Arbeitszeit berücksichtigt. Daneben gibt es aber im Haushaltsalltag noch andere Bestimmungsfaktoren bei der Auswahlentscheidung, zum Beispiel: Fähigkeiten, Lust zum Arbeiten, ökologische Gesichtspunkte (Art und Menge des Abfalls), gesundheitliche Gesichtspunkte.

Vielfalt der Tiefkühlangebote

1. Fremdleistungen – ja oder nein? Diskutiert diese Frage.
2. Welche Fragen können bei der Inanspruchnahme von Fremdleistungen hilfreich sein?
3. „Halb- und Fertigprodukte sind wegen der Arbeitserleichterung empfehlenswert." Reicht diese Aussage für eine Kaufentscheidung aus? Begründe!

4. Arbeitserleichterung durch technische Geräte

Haushaltstechnik – ein Weg zur Arbeitserleichterung

Wer das nötige Kleingeld hat, kann heute seinen Haushalt voll technisieren. Kaum ein Wunsch bleibt da unerfüllt. Ob Wäsche- oder Bodenpflege, Abwaschen oder Kochen – für diese und ähnliche Hausarbeiten hat die Technik eine Vielzahl an Haushaltsgeräten entwickelt. So wird die Wäsche in der elektronisch gesteuerten Waschmaschine gewaschen und anschließend im Wäschetrockner mit vollelektronischer Programmsteuerung getrocknet. Das Geschirr wandert in die Geschirrspülmaschine, bei der ein Computer nach entsprechender Eingabe von Daten das optimale Programm errechnet. Der Sonntagsbraten gart automatisch im Multifunktionsbackofen mit Speisenthermometer, das den optimalen Garzustand über einen Mikroprozessor bestimmt.

Unaufhaltsamer Fortschritt in der Haushaltstechnik hat das Ziel, Hausarbeit zu vereinfachen, zu erleichtern oder gar zu verbessern. Daß Technisierung Arbeitserleichterung bedeuten kann, wird niemand bestreiten. Ob aber ein technisches Gerät im Einzelfall die Hausarbeit wirklich erleichtert, hängt von der Leistungsfähigkeit des Gerätes und von seinem Einsatz ab. Was heißt das?

Ein Gerät kann nach wissenschaftlichen Erkenntnissen ausgezeichnete Gebrauchswerteigenschaften haben, die zum Beispiel aus Berichten der Stiftung Warentest zu entnehmen sind. So erlauben die Überprüfung von Leistung, Funktionsfähigkeit und Qualität des Arbeitsergebnisses eine objektive Bewertung. Wie groß allerdings der subjektive Gebrauchswert des Gerätes

Damit wir es im Haushalt leichter haben . . . – aus der Werbung für Haushaltsgeräte

für den einzelnen Haushalt ist, wie sich der Einsatz des Gerätes auf das Arbeitsgeschehen im Haushalt auswirkt, welchen effektiven Nutzen das Gerät letztlich bringt, das hängt von dem individuellen Einsatz des Gerätes ab. Dazu ein Beispiel: Bei sachgerechtem Einsatz eines Dampfdrucktopfes kann man etwa mit 80 % Zeit- und 60 % Energieersparnis garen. Wer aber den Dampfdrucktopf vorrangig wie einen normalen Kochtopf einsetzt (den Deckel nicht fest verschließt), der nutzt die technischen Funktionen zu wenig und erreicht somit auch kaum eine echte Arbeitserleichterung. Ob Verringerung des Arbeits- oder Zeitaufwandes, ob Arbeitsvereinfachung oder gedankliche Entlastung – immer bestimmt der sinnvolle Einsatz der Technik das Maß der Arbeitserleichterung. Die Auswirkungen der Technisierung auf das gesamte Arbeitsgeschehen im Haushalt können vielseitig sein. Im Einzelfall entscheiden dabei Kenntnisse und Fähigkeiten der Benutzer technischer Geräte, z. B. in Fragen der Arbeitsorganisation.

Waschmaschine

Wasserkocher

Eierkocher

Elektrischer Allesschneider

Einige Beispiele:
- Der Arbeitsaufwand kann durch vollautomatische Geräte wesentlich verringert werden (z. B. Wasch-, Spülmaschine).
- Bestimmte feste Zeitrhythmen entfallen, die Unabhängigkeit wächst (z. B. Garen mit Automatik, Nutzung eines Mikrowellengerätes).
- Man gewinnt mehr Freiräume und kann sich anderen Aufgaben zuwenden.
- Der gesamte Zeitbedarf einer Arbeit kann verringert werden, da längere Bedienungs- und Überwachungszeiten wegfallen.
- Die Zubereitungstätigkeiten für mehrere Mahlzeiten können auf einen Arbeitsgang konzentriert werden, wenn größere Mengen vorgekocht und eingefroren werden (Nutzung eines Gefriergerätes).
- Der automatische Abschaltvorgang der Geräte bringt eine gedankliche Entlastung, die sich positiv auf die geistig-nervöse Beanspruchung des Menschen auswirkt.
- Arbeitsabläufe werden durch die Vereinfachung der Arbeit ruhiger (z. B. Kneten des Brotteigs mit der Küchenmaschine).

Soll man denn seinen Haushalt technisieren? Die Überlegungen dazu sind vielschichtig und von Haushalt zu Haushalt aufgrund unterschiedlicher Bedingungen und Zielvorstellungen anders. In der Regel entscheidet sicherlich das „Portemonnaie". Denn eine Technisierung des Haushalts ist nicht billig, dies gilt für Anschaffung wie auch Gebrauch. Aber auch ökologische Überlegungen sowie soziale oder gesundheitliche Gesichtspunkte können bei der Entscheidung ausschlaggebend sein. Für Behinderte zum Beispiel wäre manches ohne die Hilfe der Technik kaum möglich. Die Entscheidung, ob und wieviel Technik im Haushalt eingesetzt wird, muß jeder im Einzelfall für seinen Haushalt selbst treffen.

1. Beschreibe Möglichkeiten der Arbeitserleichterung durch Technisierung im Haushalt.
2. Wie kann sich der sinnvolle Einsatz von Technik im Haushalt auswirken?
3. Nenne Gründe, die gegen eine Technisierung im Haushalt sprechen.

Elektrogerät oder Handgerät?

Bei der heutigen Arbeitsbelastung im Beruf wie im Haushalt ist jeder für Möglichkeiten der Arbeitserleichterung dankbar. Neben einer sinnvollen Arbeitsplanung und Inanspruchnahme von Fremdleistungen gewinnt der Einsatz technischer Geräte immer mehr an Bedeutung für die Arbeitserleichterung im Haushalt. Zumindest verspricht die Werbung eine Kraft- und Zeitersparnis und leichtes Arbeiten im Handumdrehen. Das kaum noch überschaubare Angebot an elektrischen Klein- und Großgeräten für den Haushalt beweist, wie stark die Technik in Sachen Haushalt vorgedrungen ist. Dabei stellt sich allerdings die Frage: Sind elektrische Geräte immer arbeitserleichternd und für jeden Haushalt sinnvoll?

Das kommt darauf an, um welches Gerät es sich handelt und für welchen Zweck es eingesetzt werden soll. Schon bei alltäglichen Zubereitungsarbeiten wie zum Beispiel Zerkleinern von Obst und Gemüse oder Schlagen von Sahne und Eiweiß kann der Einsatz des „richtigen" Gerätes eine nicht zu unterschätzende Arbeitserleichterung bedeuten. Damit solche Entscheidungen sinnvoll getroffen werden, kann man überprüfen, wann der Einsatz eines Handgerätes sinnvoll ist, und wann das elektrische Gerät eine Arbeitserleichterung bringt.

Wir testen eine Handreibe und ein elektrisches Schnitzelgerät anhand einer kleinen und einer größeren Menge Möhren und Äpfel. Ein/e Schüler/in führt die Arbeitsaufgabe durch (siehe Tabelle), und ein/e anderer/andere Schüler/in nimmt die Zeit und trägt die Beobachtungen in die Tabelle ein. Damit der Vergleich von Hand- und Elektrogerät auch klappt, lest zunächst die Gesichtspunkte in der Tabelle genau durch. (Aus den geriebenen Möhren und Äpfeln läßt sich nach dem erarbeiteten Ergebnis schnell eine Möhrenrohkost zubereiten).

	Handreibe 200 g Möhren 1 Apfel		**E-Gerät** 200 g Möhren 1 Apfel		**Handreibe** 400 g Möhren 2 Äpfel		**E-Gerät** 400 g Möhren 2 Äpfel	
Gerät betriebsbereit machen	Min.	Sek.	Min.	Sek.	Min.	Sek.	Min.	Sek.
Reiben	Min.	Sek.	Min.	Sek.	Min.	Sek.	Min.	Sek.
Gerät säubern	Min.	Sek.	Min.	Sek.	Min.	Sek.	Min.	Sek.
Gesamtzeit								
Kraftaufwand*								
Qualität des Arbeitsergebnisses**								

* nicht anstrengend, anstrengend, sehr anstrengend

** gut, befriedigend, nicht so gut

1. Vergleiche die Eintragungen in der Tabelle von beiden Geräten. Was stellst du fest?
2. Welche Bedeutung hat die zu bearbeitende Menge bei der Auswahl des Gerätes?
3. Wann ist der Einsatz des elektrischen Gerätes sinnvoll? Verdeutliche dies mit Beispielen.

Elektroherd – mit viel oder wenig Technik?

Wer sich heute einen neuen Herd anschaffen möchte, wird sich zunächst über die Vielfalt an Neu- und Weiterentwicklungen genau informieren müssen. Aus dem herkömmlichen freistehenden Standgerät mit vier gußeisernen Kochplatten, einer weißemaillierten Kochmulde und einem Backofen sind Elektroherde in unterschiedlichen Größen (für Ein-, Zwei- und Mehrpersonenhaushalte), mit unterschiedlichen Kochplatten und mit einer großen Auswahl an technischen Raffinessen entwickelt worden. Man kann zum Beispiel zwischen herkömmlichen gußeisernen Kochplatten, Glaskeramik-Kochfeld und Induktions-Kochfeld, zwischen Backofen mit Ober- und Unterhitze, Backofen mit Umluft, Backofen mit kombinierter Ausstattung oder Backofen mit integriertem Mikrowellenteil wählen.

Bevor man eine Entscheidung trifft, sollte man sich über seine eigenen Koch- und Backgewohnheiten im klaren sein. Einen Herd, mit dem man kochen, braten, backen und grillen kann, gibt es schon für ca. 500 Mark – man kann dafür aber auch 4000 Mark ausgeben. Wie teuer der Herd wird, hängt zum Beispiel davon ab, welchen Wert man auf das äußere Design, eine unkomplizierte, übersichtliche und sichere Bedienung, Komfort und technische Neuheiten und Raffinessen legt.

Technische Einrichtungen wie herausziehbarer Backwagen, Bratautomatik, Zeitschaltautomatik, elektrischer Drehspieß, automatisches Speisenthermometer und katalytische Backofenreinigung sind dem einen wichtig, bedeutet dem anderen aber nur wenig. Ob der Backofen in gebückter Körperhaltung (Standgerät) oder in aufrechter Arbeitshaltung (eingebauter Backofen in Sichthöhe) bedient und saubergemacht werden muß, ist sicher für die arbeitende Person ein Unterschied. Der Hobbykoch wird zum Beispiel die Bratautomatik kaum benutzen, während sie für Berufstätige eine Arbeitserleichterung bedeuten kann. Man muß im Einzelfall abwägen, welche technischen Einrichtungen am Elektroherd für die eigenen Ansprüche und Gewohnheiten nützlich und arbeitserleichternd sind, und welchen Preis man dafür zahlen will.

1. Mache an Beispielen die Vielfalt der technischen Ausstattung von heutigen Elektroherden deutlich.
2. Welche Gesichtspunkte können helfen, eine sinnvolle Kaufentscheidung für einen Elektroherd zu treffen?
3. Worin siehst du eine Arbeitserleichterung bei einem Elektroherd mit viel Technik?

Dampfdrucktopf oder Kochtopf?

Viele Haushalte haben einen Dampfdrucktopf, der zwischen 90 und 150 Mark kostet. Ein herkömmlicher Kochtopf kostet dagegen zwischen 20 und 50 Mark. Bei einem so hohen Preisunterschied stellt sich die Frage nach den Vorteilen des Dampfdrucktopfes. Bringt dieser Topf für die Hausarbeit wirklich eine Erleichterung und Ersparnis?

1. Für welchen Topf würdest du dich entscheiden? Begründe deine Entscheidung.
2. Warum sind einige Hausfrauen gegen den Gebrauch des Dampfdrucktopfes, obwohl sie selbst so ein Gerät im Schrank stehen haben?
3. Lohnt sich der Einsatz eines Dampfdrucktopfes immer?
   Welche Gründe sprechen dagegen?

Bedienung des Dampfdrucktopfes – Schritt für Schritt

① *Flüssigkeit einfüllen, mindestens ¼ l*

② *Dreifuß in den Topf setzen, Einsatz mit Lebensmittel daraufstellen*

③ *Dichtungsring kontrollieren, fest in den Deckel drücken*

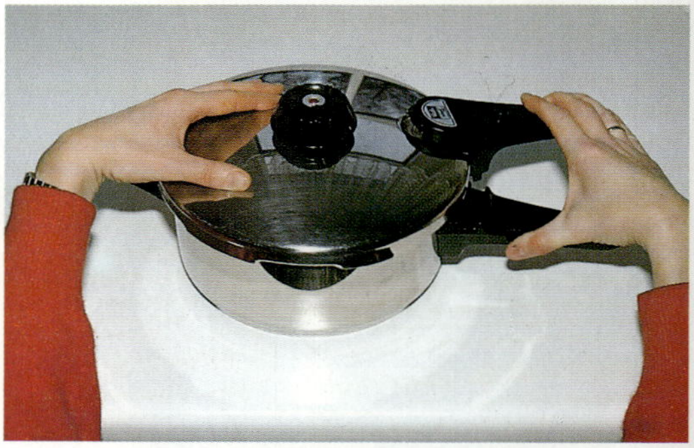

④ *Deckel aufsetzen, leicht andrücken, Deckelgriff bis zum Topfgriff ziehen*

⑤ *Topf aufsetzen, Herdplatte hochschalten, wenn Druckanzeigestift sichtbar:* **zurückschalten!** *Tip:* Kurzzeitwecker stellen

⑥ Garzeit beenden (Signal: Kurzzeitwecker) Topf unter kaltem Wasser abdampfen, mit dem Öffnungsschieber öffnen

1. Sieh dir die einzelnen Bedienungsschritte des Dampfdrucktopfes auf den Fotos genau an. Versuche mit Hilfe der Informationen, einen Dampfdrucktopf zu bedienen. Übe zunächst die Bedienungsschritte 1 bis 4 ohne Inhalt.
2. Wann lohnt sich der Einsatz eines Dampfdrucktopfes? Was meinst du?

Das Mikrowellengerät – ein Alleskönner?

„Das Mikrowellengerät: schnell, vielseitig und energiesparend!“ Solche Werbeversprechen verlocken immer mehr Haushalte dazu, die „Zauberkiste“ zu kaufen. Alle drei Vorteile treffen auch in der Praxis zu, allerdings mit Einschränkungen. Was ist dran an dem Mikrowellengerät? Was kann die Mikrowelle wirklich?

Schnell ist sie – es fragt sich nur, wobei? Ein Teller Suppe ist in 2 Minuten heiß, eine Portion Kartoffeln (250 g) in 6 Minuten gar, ein tiefgefrorenes Hähnchen in einer halben Stunde aufgetaut. Und mal eben zwischendurch schnell eine heiße Tasse Kakao und ein warmes Käse-Sandwich auftischen – auch das ermöglicht ein Mikrowellengerät. Wer will da auf die neue Technik verzichten, wo Zeit doch Mangelware ist? Außerdem bleiben durch die kurze Garzeit Vitamine, Mineralstoffe und andere wertvolle Inhaltsstoffe weitgehend erhalten, und der Energieverbrauch ist gering.

Diese positiven Merkmale gelten allerdings nur für kleine Mengen. Wenn größere Mengen (3–4 Portionen) erwärmt oder gegart werden, büßt die Mikrowelle ihre Vorteile oft ein, und ihr Einsatz lohnt sich kaum noch. Dazu ein Beispiel: Beim Erwärmen von 1000 g Linseneintopf ist die Mikrowelle (14 Minuten) nicht nur dem Dampfdrucktopf (7 Minuten) unterlegen, sondern auch dem Edelstahltopf auf der Herdplatte (10 Minuten).

Dennoch bleibt eine stattliche Liste von positiven Punkten. Die Mikrowelle eignet sich besonders gut

- zum schnellen Auftauen von Tiefkühlkost,
- zum schnellen Erwärmen von Speisen (Tellergerichte, Babykost),
- zum Schmelzen von Butter, Schokolade u. a.,
- zum Garen von Gemüse und Fisch.

Die gute Auftauleistung der Mikrowelle eröffnet Möglichkeiten einer neuen Essensplanung. So kann man ohne viel Aufwand kleine Zwischenmahlzeiten auf den Tisch bringen oder spontane Entschlüsse, etwas Leckeres aus dem Gefriergerät zu genießen, schnell verwirklichen. Da lohnt es, unterschiedliche Gerichte planvoll vorzukochen und portionsweise einzufrieren. Bei Bedarf kann in kürzester Zeit Selbstgekochtes gegessen werden. Eins kann ein Mikrowellengerät ohne Grill aber nicht: richtig knusprig braten.

Das Mikrowellengerät ist – bis zum jetzigen Zeitpunkt – ein Zusatzgerät. Es kann den Herd und Backofen nicht ersetzen. Bleibt die Frage: Welches der weit über hundert unterschiedlichen Geräte sollte man sich anschaffen – wenn überhaupt? Da gibt es schon Geräte für knapp 300 Mark, aber auch für 1500 Mark. Was macht den Unterschied aus? Drei Dinge: die Wattzahl, die Garraumgröße und die technische Ausstattung. Die wichtigste Kenngröße für Mikrowellengeräte ist die Ausgangsleistung in Watt. Die meisten Fachleute sind sich einig: Ein Mikrowellengerät muß wenigstens 500 Watt Ausgangsleistung haben. Sind es weniger, lohnt sich die Anschaffung eigentlich nicht, da das Gerät kaum noch die erwünschte Zeitersparnis bringt. Jeder Käufer sollte also besonders bei Niedrigpreisgeräten aufpassen, da es sich meistens um leistungsschwache Modelle handelt.

Ein Gerät mit höherer Leistung (750 Watt) und mit mehreren Leistungsstufen ist dann von entscheidendem Vorteil, wenn in dem Gerät häufig gegart werden soll. Für das Auftauen und Erwärmen bringt die große Leistung und ein Mehrstufenprogramm keinen wesentlichen Vorteil. Neben der technischen Ausstattung, die häufig eine Erleichterung der Bedienung bedeutet, ist die Größe des Garraumes von Wichtigkeit. Reicht ein Mini-Gerät aus oder muß es größere Ausmaße haben? Auch dies ist eine wichtige Überlegung vor der Anschaffung. Spitzengeräte können auch backen und grillen. Sie enthalten entsprechende Zusatzeinrichtungen.

1. Nenne Vor- und Nachteile eines Mikrowellengerätes.
2. Welche Gesichtspunkte sollte man beim Kauf eines MIkrowellengerätes berücksichtigen?

Gefahrenquellen im Umgang mit Elektrogeräten

- unsachgemäße Installation
- Nutzung von Elektrogeräten in Naßräumen
- unsachgemäße Reinigung und Pflege
- Nutzung defekter Geräte
- unsachgemäße Bedienung
- Kauf von nicht sicherheitsgeprüften Geräten
- unsachgemäße Reparatur
- Nutzung defekter Steckdosen

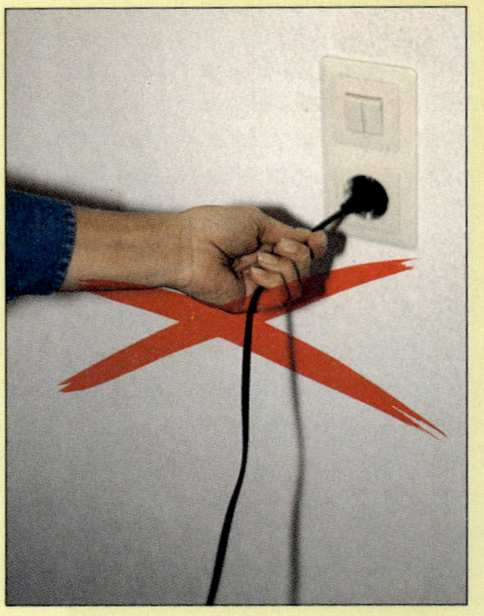

Die tägliche Nutzung von Elektrogeräten und elektrischem Strom ist so selbstverständlich, daß man sich kaum noch Gedanken über mögliche Gefahren macht. Aber gerade Gedankenlosigkeit und Gewohnheitshandeln im Umgang mit Elektrogeräten können zu Unfällen führen. Beispiele dafür gibt es genug. Wie oft kann man beobachten, daß der Stecker eines Elektrogerätes einfach durch Ziehen am Kabel aus der Steckdose gerissen wird. Ebenso unüberlegt werden die Rührstäbe aus dem elektrischen Handrührgerät gelöst, während der Stecker noch in der Steckdose steckt. Andere reparieren defekte Kabel, Stecker oder Steckdosen im Do-it-yourself-Verfahren, ohne die notwendigen Fachkenntnisse zu haben. Selbst das Benutzen defekter Elektrogeräte ist keine Seltenheit.

Nicht nur Leichtsinn und Unvernunft führen zu solchen gefährlichen Handlungsweisen, manchmal ist es auch reine Unkenntnis oder das Verkennen einer Gefahr. Manche wissen wirklich nicht, wie gefährlich elektrischer Strom bei einer Normalspannung von 220 Volt sein kann. Die Schutzvorschrift für elektrisches Kinderspielzeug, die nur eine Kleinspannung von maximal 42 Volt erlaubt, macht die Gefahr im Umgang mit Elektrogeräten deutlich. Lebensgefährlich wird elektrischer Strom in Verbindung mit Feuchtigkeit. Diese Warnung sollte wirklich jeder sehr ernst nehmen. Das heißt: Niemals ein Elektrogerät, zum Beispiel angeschlossene Elektrogeräte wie Fön, Rasierapparat oder Radio auf den Rand der Badewanne legen, in der man sitzt, oder gar in der Badewanne benutzen!!

Umsichtiger Umgang mit Elektrogeräten schützt vor Unfällen!

1. Welche Gefahrenquellen gibt es im Umfang mit Elektrogeräten?
2. Nenne Maßnahmen für sicherheitsbewußtes Arbeiten im Umgang mit Elektrogeräten.

5. Arbeitsplatz Küche – Ausstattung und Einrichtung

Küchen im Wandel

Küche im Mittelalter

Küche um 1910

Küche um 1940

Küche 1990

Trotz erheblicher Veränderungen in ihrem äußeren Erscheinungsbild im Laufe der Jahrhunderte hat die Küche ihre wesentliche Funktion bis in die heutige Zeit behalten: Sie ist vorrangig ein Ort der Nahrungszubereitung. Aber auch von ihrer traditionellen Bedeutung als Eß- und Aufenthaltsraum hat sie in vielen Haushalten nur wenig eingebüßt. Wie die Küche in Zukunft aussehen wird, hängt davon ab, welche Bedeutung sie im Zeitalter der Technik und dem Überangebot an Fremdleistung für den Haushalt haben wird.

Es ergeben sich verschiedene Fragen:
- Wie wird sich die Größe der Haushalte verändern (Ein-, Zwei-, Mehrpersonenhaushalte)?
- Wie wird die Lebensweise der Menschen aussehen?
- Wie wird sich der Lebensstandard der Haushalte entwickeln?
- Werden sich die Rollen von Frau und Mann in der Familie und Gesellschaft verändern?
- Welchen Einfluß wird der technische Fortschritt weiterhin auf die Haushalte haben?

1. Beschreibe die abgebildeten Küchen und nenne Gründe für die Veränderungen.
2. Wie wird deiner Meinung nach die Küche der Zukunft aussehen?

Wohn- oder Arbeitsküche?

- kurze Wege zwischen Koch- und Eßplatz
- Treffpunkt aller Haushaltsmitglieder
- gute Beaufsichtigung der Kinder
- gute Kommunikationsmöglichkeiten
- gemütlich und wohnlich

- übersichtlich und pflegeleicht
- wenig Ablenkung durch andere Haushaltsmitglieder
- konzentriertes Arbeiten gut möglich
- kurze Wege, alles griffbereit
- kein Kochgeruch am Eßplatz

- praktisch und bequem
- geringer Arbeits- und Zeitaufwand
- kurze Wege, alles griffbereit
- Frühstück und Zwischenmahlzeit sind schnell auf dem „Tisch"

1. Beschreibe Merkmale einer Wohnküche, einer Arbeitsküche und einer Küche mit Imbißplatz.
2. Welche Faktoren können bei der Entscheidung für eine bestimmte Küche von Bedeutung sein?

100 m Lauf ja – aber warum in der Küche?

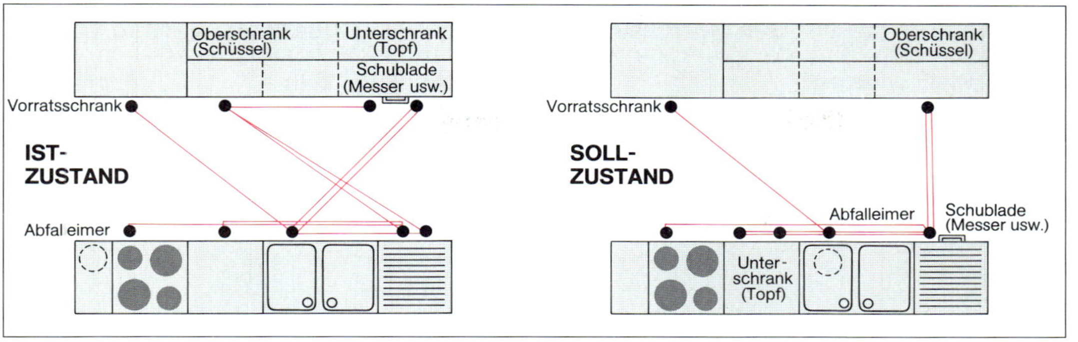

Bei der Küchenarbeit sind Wege nicht zu vermeiden. Ob aber alle zurückgelegten Wege unbedingt notwendig sind, bleibt zu überprüfen. Vier entscheidende Faktoren beeinflussen die „Laufarbeit" in der Küche:

- die Größe der Küche,
- die Anordnung der einzelnen Küchenmöbel,
- die Art ihrer Nutzung und
- die organisatorischen Fähigkeiten der arbeitenden Person (Arbeitsablaufplanung).

Auf die Größe der Küche und die Anordnung der Küchenmöbel haben viele keinen Einfluß, da die Küchen, zum Beispiel in Mietwohnungen, fest installiert sind. Aber Arbeitsgeräte, Hilfsmittel und Vorräte ordnet man selbst in die Schränke ein. Die dabei gewählte Ordnung kann sich im Alltag als sinnvoll oder aber auch als wenig funktionsgerecht erweisen.

Mit Hilfe eines Wegeprotokolls kann das „Innenleben einer Küche" auf seine Zweckmäßigkeit überprüft werden. Dies soll am Beispiel „Pellkartoffeln zubereiten" verdeutlicht werden, wobei der Arbeitsablauf wie folgt festgelegt wird:

1. Kartoffeln aus dem Vorratsbehälter holen
2. Kartoffeln waschen
3. Dampfdrucktopf holen; Wasser, Siebeinsatz und Kartoffeln hineingeben
4. Topf auf die Herdplatte stellen, kochen, Uhr einstellen
5. Topf unter kaltem Wasser abdampfen, auf die Abtropffläche stellen, öffnen
6. Abfallteller, Schüssel, Pellkartoffelgabel, kleines Küchenmesser holen
7. Kartoffeln auf der Abtropffläche pellen, in die Schüssel geben
8. Abfallteller leeren
9. Arbeitsgeräte auf die Abstellfläche rechts von der Spüle stellen

Bei der Beurteilung des Fadendiagramms sind folgende Punkte zu berücksichtigen:

- Wo gibt es lange Verbindungswege?
- Wo sind die Wege besonders kurz?
- Wo sind mehrere Wege an gleicher Stelle zurückgelegt worden?
- Wie lang ist die gesamte Wegstrecke?

Es kann sein, daß viele Wege vermieden werden können, wenn Arbeitsgeräte, Vorräte und Reinigungsmittel dem Arbeitsplatz entsprechend sinnvoll zugeordnet werden. Ein Umräumen lohnt sich oft, da auf Dauer viele Wege in der Küche gespart werden.

Hinweise für das Wegeprotokoll

Versuchsperson: Anwendungsaufgabe: Pellkartoffeln zubereiten (wie beschrieben)
Beobachter/in A: Nimm einen Faden, dicke Nadeln, Heftzwecken, eine Weichholz- oder Styroporplatte und den Küchengrundgriß der Schulküche (Maßstab 1:10). Ermittle durch Spannen des Fadens die zurückgelegten Wege deiner Versuchsperson. Miß zum Schluß den Faden mit einem Metermaß ab, und errechne die zurückgelegten Wege.

1. Wie lang war die ganze Wegstrecke?
2. Welche Wege können eingespart werden? Welcher Vorteil ergibt sich dadurch?

Anforderungen an eine Küche

Punkte, auf die bei der Einrichtung einer Küche u.a. geachtet werden sollte

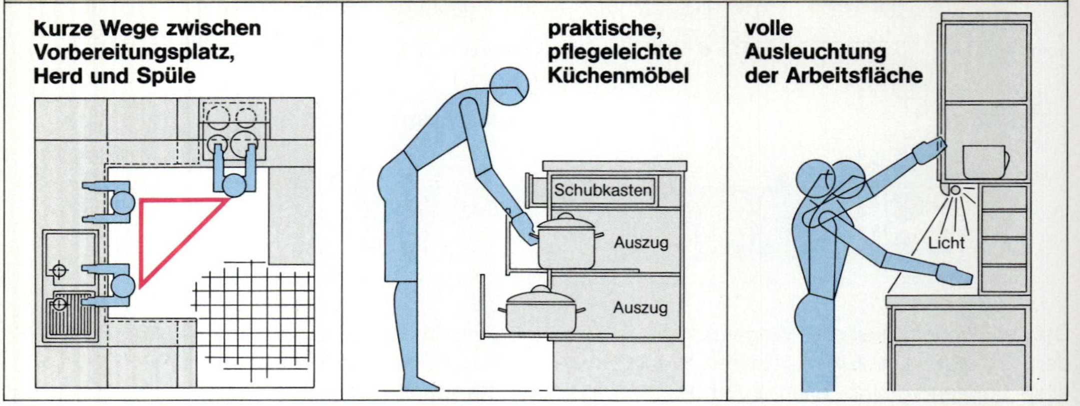

Manche behaupten, die Küche sei der wichtigste Arbeitsplatz in einem Haushalt. Vielleicht haben sie gar nicht so unrecht, wenn man bedenkt, was täglich in vielen Küchen geleistet wird. Von daher ist es nicht unwichtig, wie die Küche ausgestattet ist. Ein zweckmäßig eingerichteter Arbeitsplatz „Küche“ erleichtert die Arbeit, spart Kraft, Zeit und Wege und vermindert das Unfallrisiko. Außerdem macht die Arbeit in einer bedienungsfreundlichen, optisch ansprechenden und übersichtlichen Küche mehr Spaß.

Die drei Arbeitsschwerpunkte Vorbereitungsplatz, Herd und Spüle sollten sinnvoll angeordnet werden. Dabei ist zu bedenken, daß bei der Küchenarbeit zwischen diesen wichtigen Arbeitsbereichen viele Wege zurückgelegt werden müssen, die Wege aber so kurz wie möglich sein sollten. Genauso wichtig ist die Anordnung der Schränke und Elektro-Großgeräte. Soll der Topfschrank direkt neben dem Herd stehen? Wo ist der günstigste Platz für den viel benutzten Kühlschrank? Solche und ähnliche Fragen sollte man bei der Planung einer Küche gut überlegen.

Eine ebenfalls wichtige Rolle spielt das Innenleben der Schränke und Schubladen. Wohin mit den Arbeitsgeräten, den Elektro-Kleingeräten, dem Geschirr, dem Besteck, den Vorräten? Folgender Grundsatz kann helfen: Häufig benutzte Arbeits- und Elektro-Geräte in Griffnähe und/oder Augenhöhe plazieren. Selten benutzte Dinge an weniger bequem zu erreichenden Stellen unterbringen.

Arbeitserleichterung kann auch durch den Einbau von Geräten in bequemer Arbeitshöhe erreicht werden. Zum Beispiel ist ein eingebauter Kühlschrank oder Backofen in Augenhöhe übersichtlicher und bedienungsfreundlicher als ein Standgerät, das in gebückter Haltung bedient werden muß. Allerdings müssen solche Geräte fachlich einwandfrei installiert werden.

Anforderungen an eine Küche:

- genügend Steckdosen und Wasseranschluß an der richtigen Stelle
- zweckmäßige Anordnung der Hauptarbeitsplätze
- optimale Raumnutzung, vor allem bei kleinen Küchen (möglichst Stauraum bis an die Decke)
- pflegeleichte Küchenmöbel
- kratzfeste, hitzebeständige Arbeitsplatten
- rutschfester und pflegeleichter Fußbodenbelag
- gute Lüftungsmöglichkeit (Abzugsmöglichkeit)
- gute Beleuchtung, vor allem an den Arbeitsschwerpunkten
- ausreichende Arbeits- und Abstellflächen

1. Welche Anforderungen sollten an eine Küche gestellt werden?
2. Nenne Gründe für die Anforderungen.

Sicherheit am Arbeitsplatz

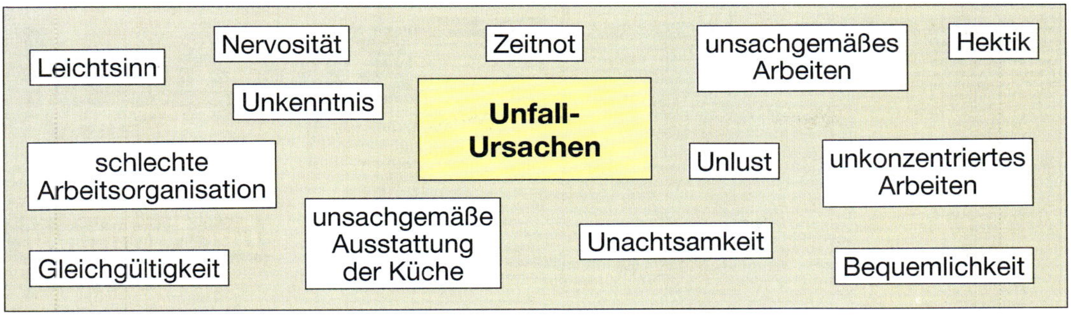

Die Küche ist ein Arbeitsplatz, der nicht ungefährlich ist. Auch wenn die meisten Unfälle dort nicht zu den folgenreichen Unfällen gehören, sollte dennoch in der Küche Arbeitssicherheit einen hohen Stellenwert haben. Das schützt vor unnötigen Schmerzen und vor dem großen Unfall.

Arbeitsunfälle in der Küche können, wie die Grafik oben zeigt, verschiedenartige Ursachen haben. Erst wenn man Gefahrenquellen kennt, kann man ihnen wirksam begegnen. Menschliches Fehlverhalten trägt in erheblichem Maße zu Unfällen bei. Bequemlichkeit, Gleichgültigkeit, Unachtsamkeit und Leichtsinn sind Beispiele dafür. Durch unbedachte Verhaltensweisen gefährdet man sich selbst und oft auch seine Mitmenschen. Das muß nicht sein. Oft genügt eine kleine Tat, um Unfälle zu vermeiden, zum Beispiel sich zu bücken und die heruntergefallene Bananenschale aufzuheben oder die Fettspritzer vom Boden zu wischen. Das gilt auch in der Schulküche. Wer meint, er gelte dann als pedantisch oder super ordentlich, der irrt. Andere und sich selbst vor Unfällen zu bewahren, zeigt Charakterstärke.

Gefahrenmomente können durch unsachgemäßen und unbedachten Umgang mit Küchengeräten (z. B. Dampfdrucktopf, Herd) und vor allem mit siedenden Flüssigkeiten (Wasser, Fett) entstehen. Unsachgemäßes Arbeiten ist ebenso wie der Einsatz von unzweckmäßigen Arbeitsgeräten eine häufige Unfallursache. Aber auch Unkenntnis und Unfähigkeit im Umgang mit Küchengeräten führen zu Unfällen.

Besonders unfallträchtig ist hektisches, unüberlegtes Arbeiten. Oft werden Hektik, Nervosität und Zeitnot durch eine schlechte Arbeitsplanung und -organisation hervorgerufen. Viele Unfälle lassen sich vermeiden, wenn man bereit ist, sich selbst und andere durch sicherheitsbewußtes Verhalten zu schützen. Es kostet nur ein wenig Mühe und Sachkenntnis.

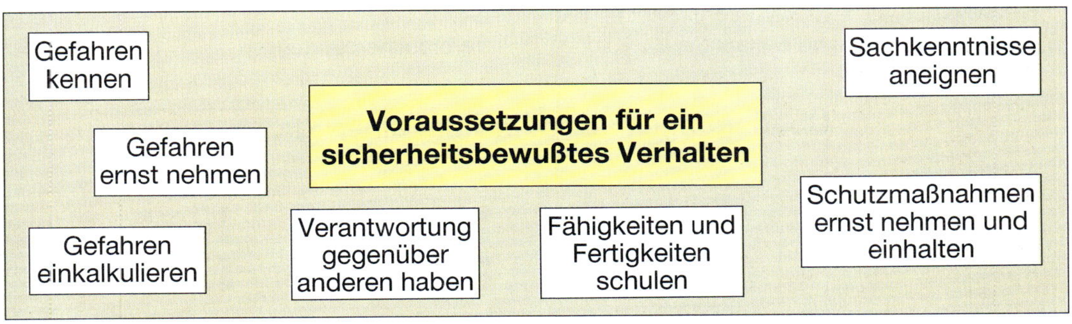

1. Beschreibe Unfallursachen in der Küche anhand von Beispielen.
2. „Ein sicherheitsbewußtes Verhalten setzt Denkarbeit voraus.“ Erläutere diese Aussage.

Informationen vor dem Küchenkauf

Wer sich heute eine Küche einrichten will, findet eine Produktpalette vom einfachen Einzelmöbel über Möbel aus dem Selbstbaumarkt bis hin zur hochwertigen Einbauküche im High-Tech- oder Profi-Look vor. Da sollte man schon wissen, was man will und was man sich leisten kann.

Wie sieht es mit den eigenen handwerklichen Fähigkeiten und Fertigkeiten aus? Kann man vielleicht seine Wunschküche aus Fertigelementen selbst preiswerter erstellen? Doch hier ist wirkliches Können erforderlich, damit die Küche den Arbeitsbedingungen und Sicherheitsbestimmungen gerecht wird. Unter Umständen kann im Endeffekt der preiswerte Selbstbau den Do-it-yourself-Bastler sehr teuer kommen.

Sicher ist es sinnvoll, sich zunächst bei den Eltern, bei Freunden und Bekannten die Küchen anzusehen und Erfahrungen auszutauschen. Dabei können sich schon erste wichtige Hinweise und Empfehlungen ergeben. Preis- und Qualitätsvergleiche bei verschiedenen Küchenanbietern sollte man unbedingt vornehmen. Dabei ist auch die Frage nach den Serviceleistungen wichtig. Oft muß bei Billigangeboten die Montage zusätzlich bezahlt werden. Als weitere Informationsmöglichkeiten sollte man nutzen:

- Broschüren der Arbeitsgemeinschaft „Moderne Küche“
- Küchenzeitschriften
- Zeitschrift „test“
- Prospekte verschiedener Küchenfirmen
- Kundenberatung der Elektrizitäts- bzw. Stadtwerke
- Verbraucherberatung

Überlegungen vor dem Kauf einer Küche

- Einbauküche
- Anbauküche
- Küchenzeile
- Selbstbauküche aus Fertigelementen

- Wohnküche
- Arbeitsküche
- Küche mit Imbißplatz

- Größe der Küche
- Ausstattung
- Material, Farbe
- Kosten

- Qualität
- Funktionalität
- Funktionssicherheit
- Ästhetik

1. Welche Überlegungen sollte man vor einem Küchenkauf anstellen?
2. Nenne Möglichkeiten, sich über Küchenfragen zu informieren.

Ernährungsverhalten und seine Einflußfaktoren

Optimale Gesundheit und Leistungsfähigkeit erreichen und erhalten wir nur durch eine vollwertige und gesunde Ernährung – diese alte Schulweisheit kennt jeder. Wie gut oder schlecht unsere Ernährung tatsächlich ist, hängt sehr viel stärker von unseren Lebensbedingungen als von unserem Wissen über Ernährung ab. Dabei zeigt sich heute – gerade auch unter jungen Menschen – ein Trend zurück zu gesunder und vollwertiger Ernährung. Das bedeutet leider nicht, daß Ernährungsfehler und mit ihnen die Gefährdung unserer Gesundheit der Vergangenheit angehören. Ernährungsfehlverhalten und als Folge Über- und/oder Mangelernährung sowie die Entwicklung ernährungsabhängiger Krankheiten sind immer noch weit verbreitet.

1. Ernährungsverhalten im Wandel

Was hat Ernährung mit Kultur zu tun?

Die Zeiten ändern sich und in ihnen die Sitten, auch die Ernährungssitten. Ernährungsverhalten war immer schon ein Ausdruck der jeweiligen Kultur. Alle alten Hochkulturen – von den Assyrern und den Sumerern über die Römer und Griechen bis hin zum Mittelalter – kannten zahllose Ernährungsbräuche und spezielle Tischsitten. Oft waren diese Ernährungssitten mit religiösen Vorstellungen verbunden – man denke nur an das Fasten oder den freitäglichen Fleischverzicht im Christentum. Im Mittelalter gehörten das Schlürfen der Suppe ohne Löffel, Schmatzen bei Tisch und Essen mit den Fingern zum feinen Benehmen. Erst im Rokoko und Biedermeier wurde es schließlich „ruhig" beim Essen, und Messer und Gabel hielten als Eßwerkzeuge Einzug.

Pizza und Spaghetti: Konkurrenz für's Wiener Schnitzel

Natürlich waren die verschiedenen Ernährungsstile immer abhängig von den vorhandenen Lebensmitteln. Fleisch galt dabei in fast allen Kulturen als Luxusnahrungsmittel und Besonderheit, doch nie war es in derartigen Mengen vorhanden und wurde in solchem Ausmaß verzehrt, wie heute in den Wohlstandsstaaten.

In unserer heutigen Zeit erleben wir eine immer größere Verfügbarkeit selbst exotischer Nahrungsmittel und vor allem durch unsere Reiselust und die Außer-Haus-Verpflegung gleichzeitig eine immer größere Verbreitung der verschiedensten Ernährungsstile. In jeder Kleinstadt kann man heute schon zwischen einem „Italiener", einem „Spanier" und/oder einem „Griechen" wählen. Diese Entwicklung ist sicher eine Bereicherung. Das Kennenlernen fremder Speisen und Getränke kann immerhin neben dem Genuß, der damit verbunden ist, auch ein erster Schritt zum Kennenlernen und Verstehen fremder Kulturen sein.

1. Beschreibe unsere heutigen Ernährungs- und Tischsitten.
2. Nenne Gerichte und Lebensmittel, die aus anderen Kulturkreisen kommen und schon heute aus unserer Ernährung nicht mehr wegzudenken sind.
3. Hilft uns unsere Vorliebe für fremde Speisen und Getränke wirklich, auch die dazugehörigen Menschen zu verstehen? Denkt an die Gastarbeiter – Türken, Italiener, Griechen, Spanier.

Ernährungsverhalten gestern und heute

Einerseits gehört das Ernährungsverhalten zu unseren stabilsten Verhaltensweisen, weil es uns schon in der frühesten Kindheit im wahrsten Sinn des Wortes ‚in Fleisch und Blut übergeht'. Andererseits hat sich unsere Ernährung über die letzten drei Generationen hinweg unglaublich verändert.

❞Zu unserer Zeit gab's höchstens eimal pro Woche Fleisch. Mehr konnte man sich damals gar nicht leisten. Wir waren froh, daß wir genug Brot hatten. Statt Aufschnitt mußten wir Marmelade nehmen. Kartoffelsuppe und Bohnen- oder Linseneintopf – aber ohne Würstchen! – gab's mindestens einmal die Woche. ❞

Als Großmutter noch jung war, ernährten sich die Menschen in erster Linie von pflanzlichen Lebensmitteln. Geld war bei den meisten Menschen knapp, und Fleisch galt als Luxusnahrungsmittel. Brot, Kartoffeln und Gemüse machten den Hauptanteil der Nahrung aus.

❞Zu einem vernünftigen Essen gehört ein gutes Stück Fleisch! Dazu Kartoffeln, eine schöne Soße und ein bißchen Grünzeug, das sättigt und gibt Kraft. Bei dem Körnerfraß, den die Jugend heute ißt, kann aus denen schließlich gar nichts werden. ❞

Viele aus der Elterngeneration schwören auf ‚gutbürgerliche Küche' und Hausmannskost. Das panierte Schnitzel mit Pommes Frites in einer schönen Jägersoße ist noch immer das Paradebeispiel für diese Ernährungsform. Es ist auch die Ernährungsform, die von den Ernährungswissenschaftlern mit der Bewertung *„Zu viel und zu fett!"* kritisiert wird.

❞So ein Müsli zum Frühstück find ich einfach toll! Außerdem ist dieses viele Fleisch gar nicht gut. Aber wenn ich ehrlich bin, eß ich natürlich auch gern mal einen Hamburger. Na ja, und mit der Schokolade und der Cola is' das so 'ne Sache. Ab und zu laß ich mich da schon verführen. ❞

Bei jungen Leuten ist das Ernährungsverhalten inzwischen zum Abbild des ‚modernen' Lebensstils und Lebensgefühls geworden. Erlaubt ist, was gefällt:
- mal Vollkornprodukte, Müsli und Obst
- mal Fast food aus dem Schnellimbiß
- mal „vom Feinsten".

Das alles ist so lange in Ordnung, wie der einzelne darauf achtet, daß die Ernährung abwechslungsreich bleibt und weder Gesundheit noch Brieftasche überstrapaziert werden.

1. Vergleiche die Ernährungsgewohnheiten von deinen Großeltern und Eltern mit deinen eigenen Vorlieben. Arbeite die Unterschiede heraus.
2. Stimmt es, daß viele Leute heute mehrere Ernährungsstile („Gesundheitsstil", „Fast-food-Stil" und „Genießerlust") nebeneinander praktizieren? Nenne Beispiele.

„Schokella“ – Gesundheit, die schmeckt?

Schätzungsweise 80% aller Lebensmittel, die auf unseren Tisch kommen, stammen aus der Lebensmittelindustrie. Die massive Werbung für viele dieser Produkte in Zeitungen, Rundfunk und Fernsehen beeinflußt natürlich auch unser Ernährungsverhalten.

Eigentlich weiß es jedes Kind: Süßigkeiten schaden den Zähnen und machen, im Übermaß genossen, dick. Die Werbung hilft uns, das zu vergessen. In vielen Fällen will die Süßigkeitenwerbung weismachen, daß wir dem Körper mit den süßen Sachen auch noch Gutes tun.

Werbung will verführen, und wir fallen oft genug darauf herein. Große, fettgedruckte Anzeigen, schöne Bilder und originelle Grafiken werden eingesetzt, um unsere Aufmerksamkeit zu wecken. Je stärker diese Reize wirken, desto wahrscheinlicher ist es, daß wir das Produkt schließlich auch kaufen. Viele Verbraucher bevorzugen Produkte, mit denen sie ein angenehmes Gefühl verbinden. Das nutzt die Werbung geschickt aus, indem sie Markennamen, Produktnamen oder Firmensymbole so gestaltet, daß sie unsere Gefühle anspricht oder bestimmte gesundheitliche Erwartungen weckt.

Ein gutes Beispiel dafür ist die Werbung für Lebensmittel, denen künstliche Vitamine zugesetzt werden. Die Etiketten von Knusperreis und Getränkepulver, Kaubonbons und Cornflakes, Frühstücksmüsli und Diätnektar, Milchshakes und Margarine versprechen eine ‚ausgewogene Zusammenstellung lebenswichtiger Vitamine, zur Erhöhung der natürlichen Vitalität und Leistungsfähigkeit beim Sport und im Alltag‘. Etwa ein Viertel aller Produkte im Lebensmittelhandel sind heute bereits vitaminiert. Über den Vitaminzusatz wird Gesundheit versprochen, mit der sich fast jedes Lebensmittel gut verkauft.

Nicht nur Werbung, sondern auch das ‚Image‘ der Lebensmittel verleitet uns zu ihrem Kauf. Das Image ist der Stellenwert, den ein Lebensmittel in der Ansicht der Verbraucher genießt. Jeder Hersteller versucht, das Image seiner Produkte so weit als möglich zu erhöhen. So hat die ‚gute Markenbutter‘ immer noch das höchste Image unter allen Streichfetten. Fleisch hat ein besseres Image als Getreideprodukte, Markenprodukte haben ein besseres Image als ‚die Weißen‘, Produkte also, die qualitativ durchaus hochwertig sind, aber keinen Markennamen tragen.

1. Wie beeinflußt Werbung unser Kaufverhalten bei Lebensmitteln?
2. Wie kann sich solch ein Kaufverhalten auf die Ernährung auswirken?
3. Was versteht man unter dem Image von Lebensmitteln?
4. Mit welchen Mitteln könnte ein Hersteller versuchen, den von ihm produzierten Lebensmitteln ein hohes Image zu verschaffen?
5. Diskutiert über Sinn/Unsinn der Vitaminierung von Lebensmitteln.

Ernährungsverhalten – ein komplexes System

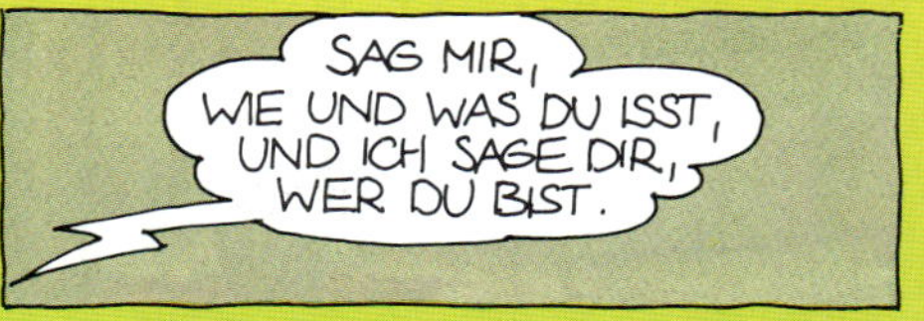

. . . abhängig von unserer **Psyche.** Gute Laune oder schlechte Laune, Freude und Kummer, Streß und Entspannung haben Einfluß auf unseren Appetit und entscheiden mit darüber, ob wir uns richtig oder falsch ernähren, ob wir Dinge ‚in uns hineinfressen' oder entspannt genießen.

. . . geprägt von unserer **Erziehung** und den Menschen, die mit uns zusammenleben: „Wie's die Alten sungen, so zwitschern auch die Jungen." Wie wir uns ernähren, haben wir zum größten Teil schon in der frühesten Kindheit von den Eltern abgeguckt – ohne daß wir uns später noch daran erinnern könnten. Freunde, Ehepartner oder andere Menschen, die einem nahestehen, beeinflussen auch später unser Ernährungsverhalten.

. . . bestimmt durch die **Bedürfnisse unseres Körpers** und von unserem Körper reguliert. Gehirn, Hormone, Verdauungs- und Sinnesorgane melden uns Hunger oder Sättigung und nehmen uns oft unbewußt die Entscheidung über Essen oder Nicht-Essen ab.

Unser Ernährungsverhalten ist . . .

. . . geformt durch unsere **Eßkultur.** Daß wir nicht mit den Händen aus einer großen Schüssel essen, hat etwas mit der Eßkultur zu tun, die ein wichtiger Bestandteil unseres Zusammenlebens ist – und die sich von der Eßkultur anderer, ferner Länder stark unterscheidet: Andere Länder – andere Sitten – anderes Ernährungsverhalten.

. . . bedingt durch gesellschaftliche **Werte und Normen.** Schlankheitsideale beispielsweise können dazu führen, daß sich ganze Generationen junger Frauen in die Fehlernährung hungern.

. . . beeinflußt durch unsere **persönliche Gesamtsituation** und unseren **Lebensstil.** Beruf und Einkommen beeinflussen die Art und Weise unserer Ernährung genauso wie die hektische ‚moderne' Lebensart, die beispielsweise dazu führt, daß immer mehr ‚Fast food' gegessen wird.

1. Was ißt du besonders gern?
2. Nenne Einflußfaktoren auf unser Ernährungsverhalten.
3. Suche weitere Einflußfaktoren, die auf dieser Seite nicht genannt sind.

2. Ernährung und Lebensbedingungen

Risikogruppen: Sie alle brauchen mehr

Was und wieviel wir essen, ändert sich ständig. Ein Grund dafür liegt darin, daß wir verschiedene Lebensphasen durchlaufen und daß sich unsere Lebensumstände ständig wandeln. Einige Lebensphasen bzw. Lebensumstände führen zu einem besonders hohen Bedarf an vielen grundlegenden Nährstoffen. Deswegen unterscheiden die Ernährungswissenschaftler sogenannte „Risikogruppen“, deren Versorgung mit verschiedenen lebenswichtigen Nährstoffen auf Grund der körperlichen und/ oder sozialen Lebenssituation gefährdet sein kann.

Jugendliche

Junge Leute brauchen schon deshalb besonders viele Nähr- und Wirkstoffe, weil sie besonders aktiv sind und sich viel bewegen. Auch Wachstums- und Reifeprozesse steigern den Bedarf an diesen Stoffen. Im Verhältnis zum Erwachsenen braucht der Jugendliche mehr Kalorien, mehr Eiweiß, mehr Vitamine und mehr Mineralstoffe. Zwischen dem 14. und dem 18. Lebensjahr erreicht unser Bedarf an Nahrungsenergie pro kg Körpergewicht seinen Höhepunkt, um mit zunehmendem Alter langsam wieder geringer zu werden. Wer in diesem Alter extreme Hungerkuren oder Diäten durchführt, kann dadurch leicht in gefährliche Mangelsituationen geraten.

Schwangere, Stillende und ihre Babys

Zur optimalen Versorgung des Ungeborenen mit allen wichtigen Aufbaustoffen braucht die werdende Mutter eine Ernährung, die nicht nur mehr Energie als unsere Alltagskost hat, sondern auch einen besonders hohen Gehalt an Wirkstoffen aufweist. Gerade bei werdenden Müttern und stillenden Müttern stellen Ernährungswissenschaftler immer wieder Unterversorgung an bestimmten Nährstoffen – beispielsweise Vitaminen – fest. Apropos „Stillen“: Muttermilch ist die natürlichste und beste Ernährung für den Säugling. Keine Fertigmilch ist so optimal zusammengesetzt und auf die Bedürfnisse des Babys abgestimmt. Säuglinge sollten möglichst vier bis sechs Monate lang Muttermilch erhalten.

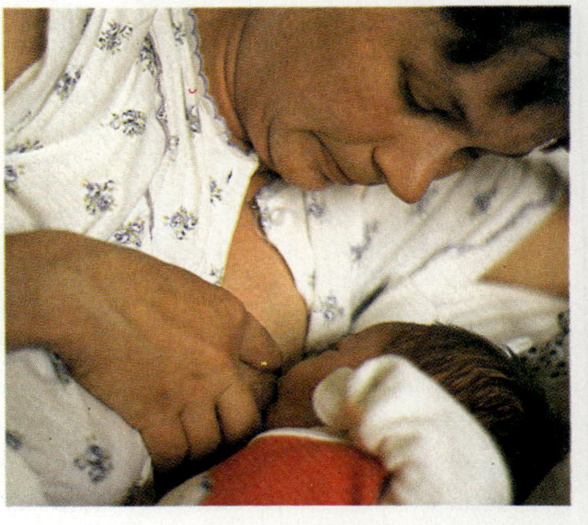

Alte Menschen

Wer älter wird, braucht zwar weniger Kalorien, dafür aber um so mehr Wirkstoffe. Weil die Knochen brüchig werden, haben alte Menschen einen besonders hohen Bedarf an Calcium. Ein hoher Arzneimittelverbrauch, Zahn- und Verdauungsprobleme und zurückgezogene Lebensweise beeinflussen insbesondere den Vitaminhaushalt. Vor allem die Versorgung mit den Vitaminen C, D und Folsäure ist bei vielen alten Menschen schlecht und muß über eine entsprechende Ernährung ausgeglichen werden.

Menschen mit niedrigem Einkommen

Es ist leider wahr: Wer arm ist, wird auch leichter krank. Ein Grund dafür: Menschen mit niedrigem Einkommen ernähren sich schlechter als der Durchschnitt der Bevölkerung. Für eine richtige und vollwertige Ernährung fehlen nicht nur Geld und Kenntnisse, sondern oft auch das Interesse, weil finanzielle und soziale Probleme Denken und Handeln beherrschen. Deshalb ist es gerade bei dieser Gruppe und unter diesen Lebensumständen besonders schwierig, den Ernährungszustand zu verbessern.

Kranke und Genesende

Krankheit macht schwach. Viele Krankheiten gehen mit Appetitlosigkeit und Gewichtsverlust einher und bei vielen Erkrankungen verliert oder verbraucht der Körper auch besonders viele Wirkstoffe. Deswegen muß in der Heilungs- und Genesungsphase auf eine besonders vollwertige und gesunde Ernährung geachtet werden, um diese Verluste wieder auszugleichen.

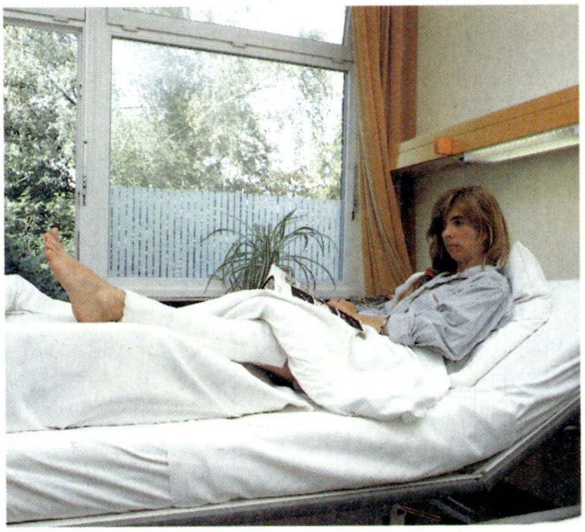

1. Ergänze die Beschreibung der einzelnen Risikogruppen: Warum sind sie besonders gefährdet?
2. Jugendliche und Schüler gehören auch zu den Risikogruppen. Was tut ihr, um das Risiko einer Fehlernährung zu vermindern?

Jugendernährung: Wie die Alten sungen . . .,

In der Kindheit lernen wir, was man ißt und wie man ißt, indem wir das Ernährungsverhalten der Eltern übernehmen und kopieren. Die Eltern bestimmen weitgehend, was und wie gegessen wird. Wenn Eltern so kochen, wie sie selbst es schon von ihren Eltern gelernt haben, schleichen sich sehr bald Ernährungsfehler ein. Wir gewöhnen uns an süßes und fettes Essen. Und auch sonst wollen wir „Mutters Küche", gleichgültig wie zeitgemäß sie noch ist.

Der Jugendliche hat die familiären Ernährungsgewohnheiten weitgehend übernommen. Während der Schulzeit wird unser Eßverhalten zusätzlich durch unsere Freunde beeinflußt. Man zieht nicht nur an, was die anderen anziehen, sondern ißt auch, was sie essen. Wenn man zusammen mit Freunden loszieht, dann geht man ja auch ab und zu etwas essen – leider nicht immer das Richtige!

Bei vielen kommt das (manchmal böse) Erwachen mit der Ablösung vom Elternhaus. Für viele schließt sich heute an die behütete Phase am heimischen Herd über kurz oder lang ein Single-Dasein an. Das Alleine-Leben bietet nun bei allen Schwierigkeiten die Chance, Unabhängigkeit und Selbständigkeit zu lernen – auch in der Ernährung.

Ernährungswissenschaftler stellen heute einen Trend zu mehr Obst, Gemüse und Getreideprodukten in unserer Ernährung fest. Zu dieser positiven Entwicklung tragen auch die vielen jungen Leute bei, die sich durch das Alleine-Leben aktiv mit Fragen der Ernährung auseinandersetzen.

Leider haben sich die Männer, was die Ernährung betrifft, immer noch nicht ausreichend emanzipiert. Sie neigen eher dazu, alte Ernährungsfehler, die von zu Hause übernommen wurden, beizubehalten. Wer Fehl- oder Mangelernährung mit Folgen wie Konzentrationsschwäche und schlappes Allgemeingefühl vermeiden will, sollte aus der Not eine Tugend machen und selbst für eine zeitgemäße Ernährung sorgen. „Ein Junge braucht doch nicht zu kochen!" – Dieses alte Vorurteil gilt heute nicht mehr.

Gezielter Nahrungseinsatz bei Kindern und Jugendlichen
(Durchschnittswerte, kein Spitzenbedarf)

	Kleinkinder 4–6 Jahre		Schulkinder 7–9 Jahre		Schulkinder 10–12 Jahre		Schulkinder 13–14 Jahre		Jugendliche 15–18 Jahre	
Nahrungsmittel	g/Wo	g/Tg	g/Wo	g/Tg	g/Wo	g/Tg	g/Wo	g/Tg	g/Wo	g/Tg
1. Fleisch und Fisch	210	30	350	50	560	80	560	80	560	80
2. Milchsorten	3500	500	3500	500	3500	500	3500	500	3500	500
3. Käse bis 45 % F.i.T.	70	10	140	20	140	20	175	25	210	30
4. Magerquark	105	15	105	15	140	20	175	25	210	30
5. Ei ganz	70	10	70	10	105	15	175	25	175	25
6. Kochfette	–	–	21	3	35	5	35	5	35	5
7. Pflanzenöle	49	7	49	7	49	7	70	10	70	10
8. Butter oder Margarine	105	15	105	15	140	20	140	20	210	30
9. Brot (vorzugsweise Vollkorn)	700	100	1050	150	1400	200	1575	225	1750	250
10. Getreideprodukte	420	60	280	40	280	40	280	40	350	50
11. Kartoffeln	1050	150	1225	175	1400	200	1750	250	1750	250
12. Hülsenfrüchte	–	–	35	5	35	5	70	10	70	10
13. Sojaprodukte	–	–	–	–	35	5	70	10	70	10
14. Frischobst	1050	150	1400	200	2800	400	2800	400	2800	400
15. Frischgemüse	1050	150	1400	200	2100	300	2100	300	2100	300
16. Trockenobst	105	15	105	15	105	15	105	15	105	15
17. Nüsse	35	5	35	5	35	5	35	5	35	5
18. Schokolade	35	5	35	5	35	5	70	10	70	10
19. Zucker oder Honig	175	25	175	25	175	25	210	30	280	40
20. Konfitüre	70	10	70	10	70	10	105	15	105	15
Zugeführte Kalorien:	1610		1850		2290		2570		2800	

(aus: Holtmeier, H.-J.: Gesunde Ernährung von Kindern und Jugendlichen, Stuttgart/New York 1986, S. 70)

1. Welche Faktoren wirken auf das Ernährungsverhalten Jugendlicher ein?
2. „Auch im Ernährungsverhalten gibt es Modeerscheinungen."
   Läßt sich eine solche Aussage beweisen?

. . . so zwitschern auch die Jungen

„Leider neigen junge Leute dazu, sich weniger Gedanken über die richtige Nahrungswahl zu machen als ihre Großeltern. Sie nehmen Salat, frisches und gekochtes Gemüse, Obst und Brot oft weniger oft zu sich als die ältere Generation. Auf der anderen Seite konsumieren Jugendliche häufiger Wurstwaren, Schokolade, Süßwaren, Zucker, salzen ihr Essen zusätzlich und trinken öfter Limonade und andere Erfrischungsgetränke. Diese Ernährungsgewohnheiten spiegeln sich bei Untersuchungen leider auch im schlechten Versorgungszustand der Jugendlichen mit Wirkstoffen."

(aus: Ernährungsbericht 1984)

Kein Wunder: Der Typ ist runter! Er ißt vielleicht genug, aber trotzdem falsch. Wahrscheinlich weiß er nicht, daß es sich bei diesen Nahrungsmitteln, die er gern und häufig verzehrt, in erster Linie um sogenannte ‚leere' Energieträger handelt. Es sind hauptsächlich fett- und kohlenhydratreiche Lebensmittel, die kaum oder keine wichtigen Wirkstoffe wie zum Beispiel Vitamine und Mineralstoffe enthalten und obendrein ballaststoffarm sind.

Gerade für Jugendliche ist eine ausgewogene vollwertige Ernährung besonders wichtig. Jugendliche haben
- einen erhöhten Energiebedarf und
- einen erhöhten Bedarf an Vitaminen und Mineralstoffen.

Sie brauchen insbesondere sehr viel Kalzium zum Aufbau der Knochen, und sie brauchen viel Flüssigkeit: Kinder und Jugendliche haben im Vergleich zu ihrem Körpergewicht einen weitaus höheren Flüssigkeitsbedarf als Erwachsene. 1,5 Liter Flüssigkeit pro Tag ist für Jugendliche normal.

Wer sich vollwertig ernähren will, sollte möglichst viele Nahrungsmittel mit hoher ‚Wirkstoffdichte' zu sich nehmen. Solche Lebensmittel enthalten im Verhältnis zu ihrem Kaloriengehalt besonders viele Wirkstoffe wie Mineralstoffe und Vitamine. Vollkornbrotsorten, Gemüse und Obst sind solche vollwertigen Lebensmittel. Übrigens: Zigaretten und Alkohol sind ‚Wirkstoffräuber'. Wer raucht und/oder Alkohol trinkt, hat deswegen einen besonders hohen Wirkstoffbedarf.

Schon bei den Jugendlichen sind also die ‚Hauptenährungssünden' – **zu viel, zu fett, zu süß** – weit verbreitet. Wer fit bleiben will, sollte frühzeitig etwas dafür tun. Dabei kann man sich an folgender Grundregel orientieren: Je naturbelassener ein Lebensmittel, desto vollwertiger und gesünder ist es. Milch oder Erdbeeren sind also wesentlich vollwertiger als Milchschokolade bzw. Erdbeerkonfitüre. Wer über diesen Satz nachdenkt, dem wird dann auch schnell klar, daß ein natürlicher Fruchtsaft gesünder und vollwertiger ist als die Chemiemixtur von Limonaden.

1. Beschreibe Ernährungsfehler, die Jugendliche häufig begehen.
2. Wie soll eine jugendgerechte Ernährung aussehen?
3. Hat der Ernährungsbericht mit der hier wiedergegebenen Feststellung recht? Diskutiert diese Frage mit Blick auf eure eigene Ernährung.
4. Warum stehen vollwertige Lebensmittel wie Vollkornbrot und knackige Gemüse bei vielen Jugendlichen nicht hoch im Kurs?

Schöne Haut durch Korn und Kraut?

Eine mögliche Ursache für unreine Haut und Pickel kann eine falsche Ernährung sein. Wenn man zu viel, zu fett und zu süß ißt, kann es sein, daß der Körper mit den Schlacken aus dem Abbau dieser Fehlernährung nicht mehr fertig wird. Die Schlacken suchen sich dann ein Ventil über die Haut: Die Pickel sprießen.

Ein heißer Tip: Wer Probleme mit Pickeln hat, sollte zumindestens einmal den Versuch starten, sich eine Zeitlang anders zu ernähren. Und wie?

Versucht's mal so: Süßigkeiten weglassen, ganz wenig Fleisch essen und darauf achten, daß kaum Fett gegessen wird. Statt dessen viel Obst, Gemüse und Vollkornprodukte. Zwischendurch mal einen reinen Obsttag oder einen reinen Safttag (mit Obst- und/oder Gemüsesäften) einlegen. Das Ganze nach Möglichkeit 10 bis 14 Tage durchhalten. Wenn dann plötzlich die Pickel verschwinden oder weniger werden, hat sich die Mühe doch gelohnt, oder?

Wer seine Pickel auch dadurch nicht wegkriegt, sollte es nicht mit tausend Cremes und Salben versuchen. Das kann alles noch viel schlimmer machen. Am besten ist in diesem Fall, zu einem guten Hautarzt zu gehen. Nur der kann beurteilen, welche Behandlungsmaßnahme dann richtig ist. Das ist in jedem Fall besser, als irgendeiner Reklame zu vertrauen.

1. Beschreibe mögliche Zusammenhänge zwischen Hautunreinheiten und Ernährung.
2. Wie sollte eine Ernährung ‚für die reine Haut' aussehen?
3. Warum kann Hautunreinheit für Jugendliche zum Problem werden?

Essen Sportler anders?

Wer Leistungssport betreibt, muß besonders auf seine Ernährung achten. Wenn sich ein Leistungssportler nicht optimal ernährt, wird er das in einem Nachlassen seines Leistungsvermögens spüren. Beim Fußballer z. B. wird die Laufkondition geringer. Auch bei allen Kraftsportarten ist die Ernährung wichtig, denn sie liefert die Substanz für die Ausbildung der Muskeln. Gewichtheber, Ringer oder Boxer, die sich nicht nähr- und wirkstoffreich ernähren, bleiben beim Wettkampf am besten gleich zu Hause.

Der Zehnkämpfer Harald K. erzählt, worauf ein Sportler bei der Ernährung achten muß:

„Ist das denn wirklich so wichtig für Sie, sich ganz bewußt zu ernähren?“
H. K.: „Eins ist klar: Wenn ich darauf nicht achten würde, könnte ich meine Erfolge abschreiben. Die Ernährung ist doch der Treibstoff für meine Leistungen und Erfolge. Das ist im Prinzip wie bei einer Maschine: schlechter Treibstoff – schlechte Leistung.“

„Und wie sieht das jetzt im einzelnen aus?“
H. K.: „Als Leistungssportler verbrauche ich mehr Energie und Nährstoffe als andere Menschen. Ich muß dafür sorgen, daß ich diesen Mehrbedarf decke. Darüber hinaus ist es wichtig, daß mein Körper über große Reserven an den wichtigen Vitaminen und Mineralstoffen verfügt. In dem Moment, wo die Höchstleistung von mir gefordert ist, verbraucht mein Körper auch besonders viel von diesen Stoffen. Die muß ich über eine vollwertige Ernährung vorher in den Körper gebracht haben.“

„Dann essen Sie sicher auch große Mengen Fleisch?“
H. K.: Früher hieß es immer: Fleisch ist Kraftnahrung. Aber das ist eigentlich Unsinn. Wichtig ist, daß meine Eiweißversorgung gesichert wird. Aber schließlich gibt es noch andere hochwertige Eiweißträger außer Fleisch. Beispielsweise kann ich Fleisch durch Milchprodukte – etwa Quark – oder pflanzliches Eiweiß, z. B. Hülsenfrüchte, ersetzen. Unsere Sportmediziner raten uns heute dazu immer mehr, weil man zusammen mit dem pflanzlichen Eiweiß sehr viel mehr Wirkstoffe wie zum Beispiel Vitamine und Mineralstoffe aufnimmt, als das beim Fleischverzehr der Fall ist.“

„Und wie fühlen Sie sich mit dieser Ernährung?“
H. K.: Sehen Sie doch! Absolut fit!“

Sportler brauchen also, um völlig fit zu sein, eine natürliche, vollwertige, eiweiß- und energiereiche Ernährung – aber keinesfalls besondere Hilfsmittel, etwa die Einnahme bestimmter Präparate oder Nährstoffkonzentrate. Auch das alte Vorurteil, daß für Sportler eine fleischreiche Ernährung besonders wichtig sei, gehört zum alten Eisen. Mit pflanzlichem Eiweiß oder über Milchprodukte läßt sich der Eiweißbedarf genausogut decken, wobei diese Lebensmittel darüber hinaus noch erhebliche Mengen an anderen wichtigen Nährstoffen mit sich bringen.

1. Zähle Grundzüge einer Sportlerernährung auf.
2. Auf welche Aspekte muß ein Sportler in seiner Ernährung besonders achten?

3. Fehl- und Mangelernährung

Falsches Ernährungsverhalten und seine Folgen

Falsches Ernährungsverhalten ist ein entscheidender Risikofaktor für viele Zivilisationskrankheiten. Herzinfarkt, Bluthochdruck, Karies, Zukkerkrankheit und viele andere Erkrankungen können durch falsche Ernährung verursacht oder verschlimmert werden. Der verbreitetste Ernährungsfehler ist wohl immer noch das Übergewicht. Fast ein Drittel der Deutschen wiegen mehr, als sie sollten. Übergewicht ist oft der erste Schritt auf dem Weg zur ernährungsabhängigen Krankheit. Weniger offensichtlich als die Überernährung ist die Fehlernährung. Wer – beispielsweise auf Grund von Extremdiäten oder einseitiger Kost – über längere Zeit zu wenige lebenswichtige Nährstoffe zu sich nimmt, riskiert ebenfalls gesundheitliche Schäden. Falsches Ernährungsverhalten und die daraus entstehenden Krankheiten kosten jedes Jahr Milliarden. Doch die Folgen der Fehlernährung sind nicht nur körperlich, häufig leidet auch die Psyche: Oft stehen übergewichtige Jugendliche abseits, und auch unter Erwachsenen gelten Dicke nicht immer nur als gemütlich.

Warum ernähren sich viele Menschen immer noch so falsch? Die Wohlstandsgesellschaft hat den Menschen ein ‚Weniger' an körperlicher Arbeit bei gleichzeitigem Überfluß von Nahrungsmitteln gebracht. Das riesige Angebot an energiereichen, wohlschmeckenden Lebensmitteln verleitet viele dazu, mehr zu essen, als der Körper braucht. Übrigens: Wer sich ansieht, wie sich der Lebensmittelverzehr in Deutschland in den letzten 200 Jahren geändert hat, der hat auch schon die Gründe für die vielen ernährungsabhängigen Krankheiten vor Augen. Auf einen Nenner gebracht lassen sich diese Veränderungen in wenigen Schlagworten zusammenfassen: zu viel, zu fett, zu süß, zu salzig, zu energiereich und zu ballaststoffarm.

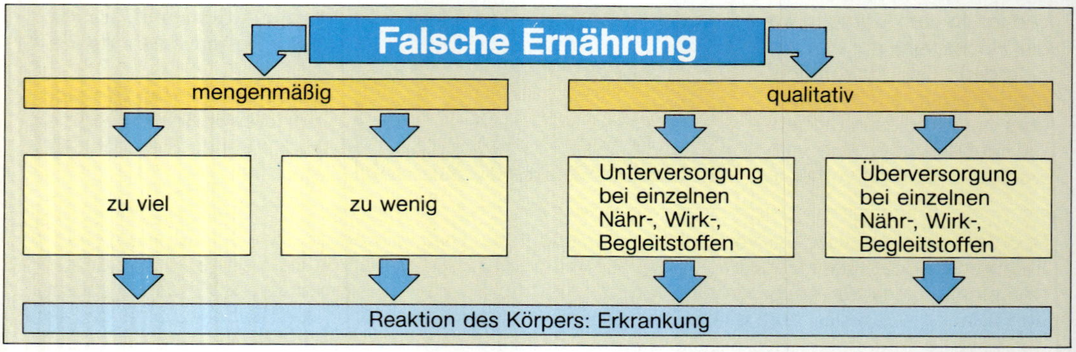

1. Kennt ihr Menschen, die an ernährungsabhängigen Krankheiten leiden und sich mit Schonkost ernähren müssen? Welche Probleme entstehen dadurch?
2. Diskutiert über die gesundheitlichen und psychischen Schwierigkeiten, mit denen dicke Menschen leben müssen.

Normalgewicht – was ist das eigentlich?

Wer zuviel wiegt, hat meistens zuviel gegessen. Doch hinter dem ‚zuviel' an Nahrung stehen oft vielschichtige Ursachen für das Übergewicht. So hört man oft den Spruch: „Bei dem ist das Übergewicht Veranlagung." Das ist dann meistens als faule Entschuldigung gemeint. Tatsächlich kann auch die Vererbung eine Rolle für die Entstehung von Übergewicht spielen. Wenn beide Eltern übergewichtig sind, kriegen fast immer auch die Kinder Probleme mit dem Gewicht – auch wenn sie als Kind noch normalgewichtig sind. Trotzdem heißt das noch lange nicht, daß das Übergewicht bei solchen Menschen ‚angeboren' ist. Vieles ist dabei auch angelerntes Ernährungsverhalten, das später kritiklos und oft unbewußt übernommen wird. Unzählig sind die psychischen Anreize und Einflüsse auf unser Ernährungsverhalten, die zur Entstehung des Übergewichts beitragen: „Wenn du brav bist, gibt's noch ein Stück Schokolade", so fängt das schon bei kleinen Kindern an: Gute Taten werden mit Essen, insbesondere Süßigkeiten, belohnt. Erwachsene, die keiner mehr lobt, belohnen sich dann möglicherweise selbst mit Süßigkeiten – und gehen dabei auf wie Pfannekuchen. Essen tröstet, Essen ist gemütlich und sozial – all das verleitet uns zum Essen, und die Folgen sind fatal.

Auszug aus einem Gespräch mit einer Ernährungsberaterin:

„Kann man sich eigentlich auf Gewichtstabellen verlassen? Die geben oft so unterschiedliche Werte an!"

„Als Faustregel für Erwachsene gilt:
Körpergröße (in cm) – 100 = Normalgewicht.
Das rechnen wir mal für dich aus: du bist 1,68 groß, weniger Hundert ist 68. Mit 68 Kilo hast du also dein Normalgewicht. Lange Zeit galt das Idealgewicht, das noch etwa 10-15 % unter diesem Normalgewicht liegt, als das erstrebenswerteste Gewicht. Heute warnen Ernährungswissenschaftler schon davor, das Gewicht zu stark nach unten zu drücken. Wer beispielsweise schweren Knochenbau hat, wäre beim Erreichen des Idealgewichts viel zu mager. Außerdem führt langandauerndes Hungern zwangsläufig zu schweren Krankheiten."

„Und was ist der beste Weg, um abzunehmen, wenn man nun *doch* eindeutig übergewichtig ist? Was raten Sie dann?"

„Gerade für Jugendliche, die noch im Wachstum sind, kann es sehr schädlich sein, wenig oder gar nichts mehr zu essen. Dann kann es leicht zum Mangel an wichtigen Nährstoffen wie Vitaminen und Mineralstoffen kommen, die der jugendliche Körper im Wachstum besonders nötig braucht. ‚Essen und Trimmen – beides muß stimmen'. Am besten ist es, etwas weniger fett und süß, statt dessen mehr Obst und Gemüse zu essen. Schon diese kleine Änderung, verbunden mit Spiel und Sport, kann das Gewicht auf die optimale Höhe bringen. Übrigens ist das eine im Unterschied zu manchen Werbeangeboten unschädliche Maßnahme."

1. Nenne Gründe und Ursachen für die Entstehung von Übergewicht.
2. Vergleiche dein Normalgewicht und Idealgewicht mit deinem tatsächlichen Gewicht.
3. „Idealgewicht" – ein merkwürdiges Wort. Aus wessen Sicht kann ein bestimmtes Körpergewicht „ideal" sein?

Schlankheitskuren machen schlank – vor allem den Geldbeutel

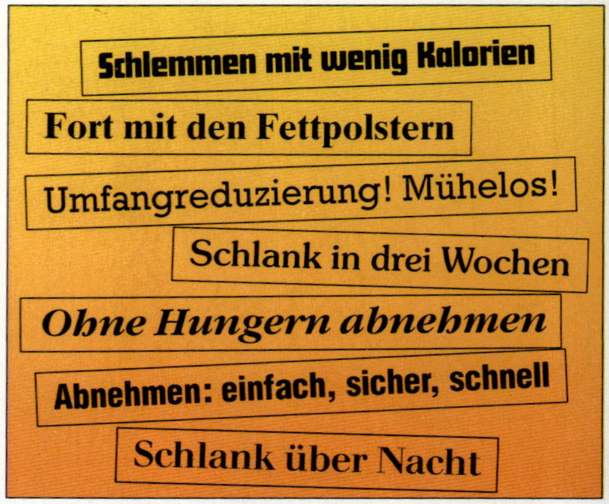

Seriöse Angebote?

Nach dem Ende von Diättagen oder -wochen hat Antje immer ganz schnell wieder zugenommen. Antje ist kein Einzelfall. Tausende junger Mädchen hungern hierzulande, um ihr ‚Traumgewicht' zu erreichen, das sie dann doch nicht halten. Wahrscheinlich können sie es auch gar nicht halten, weil ihr Körper vielleicht auf ein etwas höheres Gewicht „eingestellt" ist.

In Amerika werden beispielsweise pro Jahr schätzungsweise 10 Milliarden US-Dollar für Diätbücher, Antifett-Pillen und Appetitzügler ausgegeben. Und auch in Deutschland dürften die Ausgaben dafür in die Milliarden gehen. So wird vor allem der Geldbeutel schlank . . .

Die meisten Diäten beruhen auf dem Prinzip, ein Lebensmittel (oder einige wenige) zu erlauben – oft in jeder beliebigen Menge – und alles andere zu verbieten. Daraus erklärt sich allerdings auf ganz banale Weise der ‚Erfolg' vieler dieser Kuren: Wer nur Sauerkraut, Eier oder Spaghetti essen darf, bringt es kaum fertig, soviel Energie damit aufzunehmen, wie er es bei gemischter Kost normalerweise tun würde. Werden solche Kuren länger durchgehalten, kann das zu Mangelerscheinungen führen, da die einseitige Kost in den seltensten Fällen den Bedarf an allen Nährstoffen deckt. Aber wem gelingt es schon, sich monatelang von Eiern oder Nudeln zu ernähren?

Welche Diät also kann man empfehlen? Der einzig erfolgversprechende Weg besteht darin, sein Ernährungsverhalten in kleinen Schritten zu ändern, und das mit Konsequenz. Erst einmal auf die halbe Tafel Schokolade täglich zu verzichten oder statt dessen nur noch eine Rippe zu essen, ist wesentlich sinnvoller, als das Ausprobieren der neuesten Extremdiät. Völlig abzuraten ist von sensationellen Schlankmachern wie Tabletten, Tees oder gar Kleidungsstücken, „die das Fett dahinschmelzen lassen."

1. Berichte von eigenen Erfahrungen oder den Erfahrungen von Bekannten mit Diäten.
2. Welche Gefahren stecken in der Durchführung extremer Diäten?
3. Wie erklärt ihr euch den großen Publikumserfolg vieler Extremdiäten?
4. Beschreibt den Versuch der Gewichtsabnahme in kleinen Schritten.

Wenn Mädchen nicht mehr essen wollen

Gabi, 18 Jahre, ist seit zwei Jahren Auszubildende in einem Großhandelsbetrieb. Die Arbeit macht ihr Spaß. In letzter Zeit aber gab es eine Menge privaten Ärger und Probleme. Vor einigen Wochen hat sie mit ihrem Freund Schluß gemacht. Seit gut einem Monat hat sie das Gefühl, daß sie nichts mehr essen kann. Auch wenn sie nur kleine Mengen ißt, wird ihr immer sofort schlecht. In den letzten vier Wochen hat Gabi schon fast fünf Kilo abgenommen. Am letzten Wochenende hat sie mit ihrer Mutter, zu der sie ein Verhältnis wie zu einer guten Freundin hat, über das Problem gesprochen. Später lag dann auch noch ein Brief auf Gabis Schreibtisch:

> Liebe Gabi,
> was Du mir da erzählt hast, macht mir große Sorgen. Ich habe inzwischen versucht, etwas über ähnliche Fälle zu erfahren. Vielleicht hängt das alles mit Deinem Gefühlsleben zusammen. Ich muß daran denken, daß Essen ja sowieso mit dem Gefühl zu tun hat. Schließlich reden wir ja davon, daß Liebe durch den Magen geht, oder sprechen vom Kummerspeck oder dem Genuß beim Essen. In einer Zeitschrift habe ich gelesen, daß gerade bei Mädchen in Deinem Alter Eß-Störungen immer häufiger werden. Die sprechen von Magersucht und beschreiben das so ähnlich, wie das, was Du mir von Dir erzählst. Es kommt vor, daß sich solche Mädchen zu Tode hungern! Das hat mich erschreckt. Ich glaube, Du solltest jetzt doch mal zum Arzt gehen, am besten zu einem, der auch psychologische Behandlung macht. In dem Artikel steht nämlich, daß diese Magersucht meistens seelische Ursachen hat.
>
> Viele liebe Grüße und einen Kuß
>
> Deine Mutter

In den letzten Jahren werden zwei Eßverhaltensstörungen immer häufiger beobachtet, die eigentlich zwei Seiten desselben Phänomens sind: Die **Magersucht** (Anorexie) und die **Eßsucht** (Bulimie). Bei beiden Krankheiten, die fast nur bei Frauen zwischen der Pubertät und dem 30. Lebensjahr vorkommen, wehren sich die Betroffenen unbewußt dagegen, als Frau erwachsen zu werden. Frauliche Eigenschaften werden von ihnen dann oft als minderwertig oder sogar abstoßend empfunden. Während sich Magersüchtige manchmal nahe an den Tod heranhungern, denn kein Medikament, höchstens psychotherapeutische Behandlung kann ihnen helfen, stopfen sich die Eßsüchtigen mit irgendwelchen Speisen voll und trinken unmäßig viel – und erbrechen danach.

Der Ernährungspsychologe Prof. Dr. Volker Pudel wertete über 600 Fragebögen aus, die Eßsüchtige über eine Frauenzeitschrift ausgefüllt hatten. Es zeigte sich, daß fast alle Betroffenen vorher niemals mit anderen Menschen über ihre Anfälle von Heißhunger gesprochen hatten. Sie schämten sich. Dabei treten diese Anfälle bei zwei Dritteln dieser Menschen fast täglich auf, zwei Drittel von ihnen erbrechen ebenso oft. Eßsüchtige können dabei bis zum zehnfachen dessen essen, was ein ‚normaler' Esser täglich ißt. Doch durch das ständige Erbrechen sind die meisten Eßsüchtigen schlank.

1. Beschreibe die Probleme der Eßsüchtigen.
2. Überlege dir, warum Schlanksein und Schönheit fast allen so wichtig erscheinen.
3. Magersüchtige brauchen Hilfe von außen. Wer kann ihnen Hilfe bieten?
4. Eßsüchtige verstecken ihr Verhalten vor der Umwelt. Warum wohl?

Wenn der Hafer sticht ...

Lebensmittelallergien auf dem Vormarsch

E.B. Allergien nehmen weltweit zu. Allein in der Bundesrepublik gibt es nach wissenschaftlichen Schätzungen 20 bis 25 Millionen Allergiker. Es gibt heute kaum eine Schulklasse, in der nicht mehrere Mitschüler Heuschnupfen oder eine Nickelallergie auf Schmuck oder die Knöpfe der Jeans haben. Der Heuschnupfen ist vielleicht die bekannteste, zugleich aber eine der harmlosesten Allergien.

Was die wenigsten wissen: Ca. 3,5 Millionen der deutschen Allergiker reagieren auf Lebensmittel bzw. bestimmte Lebensmittelinhaltsstoffe allergisch, und die Erscheinungsbilder dieser Krankheit sind so vielfältig wie die Nahrungsmittel, die sie auslösen können.

Die Krankheit tritt in den verschiedensten Körperregionen auf; mal hier, mal dort, ohne feste Regel und in den unterschiedlichsten Erscheinungformen. Die Nahrungsmittelallergie kann sich mit Übelkeit, Erbrechen, Magenschleimhautentzündung und Entzündungen im Mund und Rachenbereich ebenso ankündigen wie mit Durchfall, Blähungen, Darmgeschwüren und Darmentzündungen. Die Krankheitszeichen bleiben häufig nicht auf Magen und Darm beschränkt, Hautausschläge, heftige Kopfschmerzen und/oder Gelenkschmerzen sind ebenfalls häufig mit Nahrungsmittelallergien verbunden.

Was ist eigentlich eine Allergie? Es ist eine ‚überschießende Reaktion‘ des Abwehrsystems auf normalerweise unschädliche Stoffe. Fast alle Stoffe, vom Katzenhaar bis zum Milcheiweiß, können Allergien auslösen. Die auslösenden Stoffe werden als Allergene bezeichnet – beim Heuschnupfen sind bekanntlich die Blütenpollen die Auslöser der Erkrankung.

Bei der Lebensmittelallergie finden sich die Auslöser in alltäglichen Lebensmitteln, Kuhmilch ist beispielsweise für mehr als die Hälfte aller Nahrungsmittelallergien verantwortlich. In der Hitliste der Allergene folgen Schokolade, Eier, Zitrusfrüchte, Getreide (vor allem Weizen und Hafer) und Schweinefleisch. Dabei sind es nicht die gesamten Lebensmittel, sondern meistens ganz bestimmte Inhaltsstoffe (meistens Eiweißsubstanzen) die für die Allergie verantwortlich sind. Häufig sind auch Begleit- und Zusatzstoffe in unseren Lebensmittel schuld an der Erkrankung) zum Beispiel Schimmelpilze, Farb- oder Konservierungsstoffe. Pilze werden beispielsweise seit jeher zur Herstellung von Käse, Brot, Bier und Wein benutzt. Außerdem sind sie natürliche Begleiter vieler Früchte.

Schlimmstenfalls können bereits winzige Mengen des Allergens zum allergischen Schock führen. Es gibt Menschen, bei denen bereits der Geruch des Lebensmittels bzw. Allergens den Schock mit Kreislaufkollaps und anderen Symptomen auslöst. Schlimm ist für Nahrungsmittelallergiker, daß kaum einer weiß, wo sein Allergen überall vorkommt. Wer weiß schon, daß Milcheiweiß auch bei der Produktion von Brötchen, Margarine oder Wurstwaren eingesetzt wird, daß sich in Campari und bestimmten Rotweinen Reste von Eiklar befinden oder der Pollen im Honig den Heuschnupfen auslösen kann?

Wer glaubt, daß seine Beschwerden von einer Lebensmittelallergie herrühren, kann das in den meisten Fällen nur durch eine sogenannte ‚Suchdiät‘ genau feststellen. Da in der üblichen Tageskost tausende von Allergenen sein können, besteht die Diät aus ganz wenigen Lebensmitteln, die erfahrungsgemäß selten oder nie eine Allergie auslösen. Bessern sich die Beschwerden in der Zeit der ca. 14-tägigen Diät, bestätigt das in der Regel den Verdacht auf die Allergie. Schließlich werden – eins nach dem anderen – die üblichen Lebensmittel wieder in den Speiseplan aufgenommen. Treten mit der Einführung eines Lebensmittels die Beschwerden wieder auf, ist der Übeltäter überführt.

1. Welche Allergien kennst du?
2. Nenne Symptome, die auf eine Nahrungsmittelallergie hinweisen können.
3. Beschreibe, wie man eine Nahrungsmittelallergie feststellen kann.

Genußmittel – ein ungetrübter Genuß?

Kaffee, Tee und Cola gehören – genauso wie die Zigaretten – zu den sogenannten ‚Genußmitteln'. Doch bei all diesen Genußmitteln kann der Genuß ganz leicht zur gesundheitlichen Gefahr werden. Wie problematisch z. B. Kaffee und Cola sind, darauf geht ein Experte, der Ernährungwissenschaftler Dr. Schlau, im folgenden Gespräch mit Schülern ein.

„Stimmt es eigentlich, daß man in Cola ein Stück Fleisch auflösen kann?"

Schlau: „Ja, das stimmt. Die Kohlensäure in der Cola löst das Eiweiß, aus dem das Fleisch aufgebaut ist, langsam auf. Dasselbe würde aber auch bei einer anderen kohlensäurehaltigen Limonade passieren. Cola löst deswegen eure Magenwände nicht auf, aber es greift sie an. Außerdem enthält ein Glas Cola umgerechnet 14 Stücke Zukker! Im übrigen enthält Cola das aufputschende Koffein, und schon deswegen sollte man Cola-Getränke meiden."

„Ist das der Stoff, der auch im Kaffee ist?"

Schlau: „Ja, das ist der gleiche Stoff. Übrigens enthält auch schwarzer Tee Koffein. Der Unterschied zwischen Tee und Kaffee liegt darin, daß das Koffein im Kaffee sofort zur Wirkung kommt. Das Kaffee-Koffein putscht den Körper schon nach wenigen Minuten auf. Im Tee wird das Koffein erst langsam von der Verdauung freigesetzt. Die aufputschende Wirkung des Koffeins im Tee kommt also erst nach einer halben oder dreiviertel Stunde voll zur Geltung."

Zuckergehalt einer Literflasche Limonade

„Kann der Koffein-Genuß denn auch gesundheitsschädlich sein?"

Schlau: „Koffein ist ein Genuß-Gift. Im Übermaß genossen, schadet es dem Körper. Wer als Erwachsener mehr als 5 Tassen Kaffee täglich trinkt, der geht ein erhebliches Risiko ein. Er riskiert damit, seinem Herzen und seinem Kreislauf zu schaden. Jugendliche sollten nach Möglichkeit noch wesentlich geringere Mengen täglich zu sich nehmen. Wer müde ist und sich nicht mehr konzentrieren kann, sollte sich lieber ausruhen, anstatt den Körper mit Kaffee oder Tee (oder auch mit einer Cola) nochmals aufzuputschen. ‚Die Dosis macht das Gift', sagte schon der Arzt Paracelsus im Mittelalter. Ab und zu ein Glas Cola oder eine Tasse Kaffee ist niemandem zu verwehren. Wer koffeinhaltige Getränke jedoch in großen Mengen aufnimmt, kann seiner Gesundheit schaden. Das sollte jeder wissen."

Wie das Koffein im Körper wirkt

- ▷ Koffein scheint in erster Linie auf unser zentrales Nervensystem zu wirken. Dadurch erklärt sich seine aufputschende Wirkung.
- ▷ Koffein führt zur Ausschüttung eines „Streßhormons" in unserem Körper, das normalerweise unsere Leistungsbereitschaft in Belastungssituationen steigert. Wer sich diese Wirkung allerdings in einer Streßsituation zunutze machen will, kann böse Überraschungen erleben: Unruhe, Konzentrationsschwierigkeiten, Schlafstörungen und Schwindelanfälle können bei empfindlichem Nervenkostüm die Folge sein.
- ▷ Das Koffein kann auch auf den Kreislauf schlagen. Wer täglich mehr als fünf Tassen Kaffee trinkt, kann das Risiko, einen Herzinfarkt zu bekommen, verdreifachen.
- ▷ Schon geringe Koffeinmengen können bei empfindlichen Personen Panikzustände und andere psychische Fehlreaktionen auslösen.

1. Welche Wirkungen haben Kaffee, Tee und Cola durch ihren Koffeingehalt in unserem menschlichen Körper?
2. Nenne Alternativen zu koffeinhaltigen Getränken.

Angstträume nach Hamburgern

„Viele amerikanische Wohlstandkinder leiden an einer Mangelerscheinung, die eigentlich nur noch in Entwicklungsländern beobachtet wird: Sie haben zu wenig Thiamin (Vitamin B_1) im Blut.
Der Grund dieser sogenannten „junk food disease" sind die US-üblichen Müll-Mahlzeiten, die vornehmlich aus Hamburgern, Pommes frites, Naschwerk und Cola bestehen – eine Nahrung, die viel Kalorien, aber keinen ausreichenden Nährwert besitzt. Der Thiaminmangel verursacht . . . häufig tiefgreifende Persönlichkeitsveränderungen – Aggressivität, Schlaflosigkeit oder Angstträume. Als den jungen Patienten ausgewogenes Essen verschrieben wurde, verschwanden die Krankheitserscheinungen."

(aus: Der Spiegel, 28. 4. 1980)

„Junk food" aus Ernährungssicht

- ▷ Manche Ausgangsprodukte sind aus Ernährungssicht minderwertig. (Z. B. „Softbrötchen" aus Auszugsmehlen)
- ▷ Es werden stark verarbeitete und z. T. hoch erhitzte Produkte verwendet. Das hat Einfluß auf den Nährstoffgehalt und auf den Gehalt an Ballaststoffen (Würstchen, Frikadellen).
- ▷ Viele Produkte sind sehr fetthaltig. (Pommes frites, Currywurst, Mayonnaise)
- ▷ Viele Produkte sind stark gesalzen oder enthalten viel Zucker. (Hamburger, Würstchen, Pommes frites; Getränke, Eis, „Obsttaschen")
- ▷ Viele Produkte enthalten eine ganze Fülle von Zusatzstoffen.
- ▷ Es fehlt an Vitaminen und Mineralstoffen.

Fast Food – eine neue Ernährungsform setzt sich durch. Milliarden DM geben die Bundesbürger inzwischen für die ‚schnelle Mahlzeit zwischendurch' aus. Zeitmangel durch Berufstätigkeit, günstiger Preis und der ‚gute Geschmack' der Gerichte stellen sich bei Verbraucherbefragungen als Hauptgründe für die nach wie vor wachsende Begeisterung der Bürger für ‚Burger & Co' heraus. Wenn junge Leute besonders häufig Fast Food konsumieren, dann deshalb, weil sie Fast Food-Lokale mit Vorliebe als billigen Treffpunkt nutzen. Wer täglich Fast Food ißt, riskiert allerdings gesundheitliche Schäden. Hamburger, Currywürste, Pommes Frites und zuckerhaltige Limonadengetränke, verbunden mit Süßigkeiten zwischendurch, decken den Bedarf an Vitaminen, Mineralstoffen und Ballaststoffen nur lückenhaft. Stattdessen liefern sie ein Überangebot an Fett, Zucker, Kochsalz und Phosphaten. Das verträgt der Körper auf Dauer nicht.

Auch wenn der Big Mäc schon eine doppelte Portion ist – wer Hunger hat wird davon meist nicht satt. Eigentlich erstaunlich bei den ca. 600 bis 700 Kalorien, die Doppel-Whopper und Bic Mäcs in den Magen bringen.

Das Geheimnis der Kalorien, die nicht satt machen, ist leicht erklärbar. Hamburger legen die menschliche Verdauung rein. Ruck-zuck, gekaut, geschluckt, verdaut vermitteln sie dem Organismus das Gefühl, nur wenig Nahrung bekommen zu haben. Schließlich hat unser Körper keinen Kalorienzähler, und viele Relais-Stationen unseres Hunger-Sättigungsystems werden vom Hamburger einfach übertölpelt. Dehnungs- und Füllungszustand des Magens oder auch Dauer und Intensität des Kauvorgangs sind beim Verzehr der konzentrierten Kalorienbomben nur gering – so gehen der körpereigenen Sättigungskontrolle leicht einige hundert Kalorien durch die Lappen. Verantwortlich für die Täuschung ist in erster Linie ein Mangel an Ballaststoffen, die der Nahrung normalerweise Gewicht und Volumen geben, ohne die Energieaufnahme nennenswert zu erhöhen. Volumen und Gewicht sind aber für die Sättigung sehr wichtig.

Durch das schnell wiederkehrende Hungergefühl sind viele Fast Food-Gerichte nicht nur ein ungesundes, sondern auch ein recht teures Essen. Wer für einen doppelstöckigen Hamburger, eine Portion Pommes und ein Colagetränk knapp zehn Mark hinblättert, hätte anderswo dafür auch eine vernünftige Kleinigkeit kaufen können. Inzwischen bemühen sich die Burger-Ketten und viele kleine Fast Food-Betriebe, durch frische Salate, Obst und Milch um eine gesundheitliche Aufwertung ihres Angebots.

1. „Ich esse Pommes, Currywurst und Hamburger – da ist doch alles drin!“
   Diskutiert diese Meinung eines Jugendlichen?
2. „Jugendliche sind für ihre Ernährung selbst verantwortlich.“ Wie siehst du das?

Alkohol – die verkannte Gefahr

Auch wenn es Florian schwerfällt und an seinen Befürchtungen was dran ist, kann man nur hoffen, daß er standhaft bleibt. Nur allzuoft beginnt der Einstieg in die Droge Alkohol durch das Drängen anderer.

Alkohol ist ein Gift für unseren Körper, und das auch schon in kleinen Mengen. Alkohol tötet den Geist, und mit jedem Rausch werden Millionen von Gehirnzellen unwiederbringlich vernichtet! Die Kopfschmerzen nach zu hohem Alkoholkonsum kommen allerdings nun nicht etwa von den abgetöteten Gehirnzellen. Schließlich hat der Alkohol noch jede Menge anderer gesundheitsschädlicher Wirkungen. Er kann den Blutdruck gefährlich in die Höhe treiben, und von dieser Wirkung auf den Kreislauf können die Kopfschmerzen kommen. Außerdem ist der Alkohol ein Lebergift und kann, im Übermaß genossen, zur Leberzirrhose, einer unheilbaren Erkrankung der Leber, führen. Der Alkohol zerstört nicht nur den Körper, er zerstört auch zwischenmenschliche Beziehungen. Viele Ehen scheitern, weil ein Partner dem Alkohol verfällt.

Vorsicht Alkohol!

Alkohol kann auch in vielen Lebensmitteln enthalten sein, bei denen man gar nicht damit rechnet:

- Puddingsoßen
- Pralinen
- Bonbons
- Heilmittel

Alkohol belastet die Organe

Leber
Alkohol wird durch die Leber abgebaut. Durch zuviel Alkohol werden die Leberzellen geschädigt.
Mögliche Folgen:
Leberschwellung, dann Verfettung der Leber und schließlich Leberschrumpfung (Leberzirrhose). In der Bundesrepublik sterben jährlich ca. 17.000 Menschen an Leberzirrhose.

Magen
Chronischer Alkoholgenuß reizt die Magenschleimhaut. Die dauernde Reizung führt zur Schädigung der Magenschleimhaut.
Mögliche Folgen:
Magenschleimhautentzündung
Magengeschwüre
Magenblutungen

Darm
Übermäßiger Alkoholgenuß kann die Darmschleimhaut schädigen.
Mögliche Folgen:
Verdauungsstörungen
Durchfall
Darmentzündungen
Darmblutungen

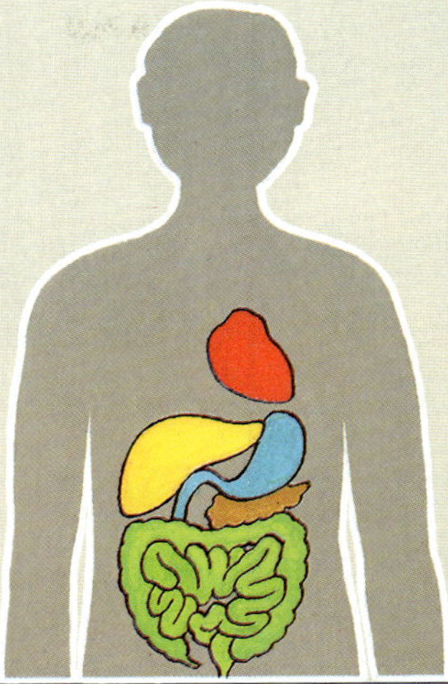

Der Alkohol erreicht über die Blutbahn alle Organe. Durch regelmäßigen und starken Alkoholkonsum können schwere bleibende körperliche und geistige Schäden entstehen.

Herz
Alkohol vermindert die Schlagkraft des Herzens. Herzmuskelzellen können geschädigft werden.
Mögliche Folgen:
Herzschwäche.

Bauchspeicheldrüse
Entzündungen der Bauchspeicheldrüse werden oft durch übermäßigen Alkoholgenuß hervorgerufen.
Mögliche Folgen:
Heftige Schmerzen in der Magengegend
Verdauungsstörungen
Übelkeit

Nerven
Die Nerven werden geschädigt.
Mögliche Folgen:
Hirnschrumpfung, Gedächtnisstörungen, allmähliche Wesensänderung.
Kribbeln, Schmerzen, Taubheitsgefühl in Händen und Beinen, Händezittern, Gangunsicherheit.

Erwin K. arbeitet in einer Sucht-Beratungsstelle, in der er auch Alkoholiker sehr oft berät. Nach einem Vortrag vor Schülerinnen und Schüler werden ihm einige Fragen gestellt.

„Wieviel Alkohol darf man eigentlich trinken?“

Erwin K.: „Das steht fest: Am besten ist es, mit dem Trinken gar nicht anzufangen. Schließlich ist Alkohol ein Gift. Und die Gefahr, irgendwann alkoholabhängig zu werden, kann keiner völlig ausschließen.“

„Mein Onkel sagt immer: ‚Ich brauche täglich mein Fläschchen Bier!‘ Hat das was mit Alkoholismus zu tun?“

Erwin K.: „Wer das Gefühl hat, daß er Alkohol ‚braucht‘, um sich zu entspannen oder ruhig zu werden, bei dem kann man das eigentlich schon als Sucht bezeichnen. Suchtmediziner sagen, daß dieses Gefühl, den Alkohol zu brauchen, die erste Stufe der Alkoholabhängigkeit ist.“

„Wenn Besuch kommt, wenn gefeiert wird oder im Sportverein: immer gibt es Alkohol! Da wird man fast dazu gezwungen, *auch* Alkohol zu trinken. Wie verhält man sich in so einer Situation?

Erwin K: „Das ist natürlich sehr schwierig. Es gibt viele solcher Situationen, in denen einen die anderen richtiggehend zum Alkoholtrinken verleiten. Wichtig ist da, daß man erst mal standhaft bleibt. Wenn die anderen schließlich merken, daß man nicht zu überreden ist, fangen sie an, das zu akzeptieren.

1. Erkläre, warum Alkohol gefährlich ist.
2. Wie wirkt sich Alkoholgenuß auf das Verhalten aus?
   Was sind die Gründe dafür, daß Alkohol bei so vielen Menschen zur Sucht wird?

Eßkultur

Verfall der Eßkultur oder Ausdruck der modernen Zeit? – Essen ohne Messer und Gabel ist bei Jüngeren sehr beliebt.

Allein Kochen und Essen macht wenig Spaß – Eßkultur bei Singles: Die Schnellverpflegung aus dem Kühlschrank.

Eßkultur in Familientradition – Essen als oft einziger Zeitpunkt, an dem die Familienmitglieder zusammenkommen.

Die ‚feine, hohe' Eßkultur – Nur etwas für Leute mit ‚zuviel' Geld?

Essen schafft Freunde – Was ist schöner, als mit netten Leuten zusammen zu feiern und zu essen?

Für viele alltäglich: Gemeinschaftsverpflegung – Dazu gehört auch ein gepflegtes Eßverhalten.

1. Was versteht man unter „Eßkultur"?
2. Beschreibe Situationen, in denen sich unterschiedliche Ausprägungen von Eßkultur zeigen.
3. Für einige sind ein bestimmter Rahmen und ein gepflegtes Verhalten wichtig, wenn es um das Essen geht – für andere nicht. Wie ist dieser Unterschied zu erklären?

Grundlagen einer vollwertigen Ernährung

Wer sich gesund ernähren will, sollte wissen, was unser Organismus zum Leben braucht. Welche Stoffe sind das? Wie und auf welchem Wege werden sie unserem Körper zugeführt? Dieses Wissen ist notwendig, um sich angesichts der Riesenauswahl an Lebensmitteln richtig zu ernähren und nicht ständig das Falsche auszuwählen, das möglicherweise nur schlapp und krank macht.

1. Nährstoffe und Nährstoffbedarf

Lebensmittel und Nährstoffe: das Ganze ist mehr als die Summe seiner Teile

Warum essen wir eigentlich? Ganz einfach, weil wir ohne Nahrung nicht existieren könnten. Die Nahrung ist der Treibstoff, der unserem Körper die Energie zum Leben liefert.

Jeder Lebensprozeß braucht Energie. Unsere Verdauung, unser Stoffwechsel setzt diese Energie aus den Lebensmitteln frei. Wie ist es möglich, daß in unserer Nahrung Energie steckt? – Betrachten wir unsere Nahrungspflanzen. Die nutzen die Sonnenenergie auf dem Weg der Photosynthese für ihr Wachstum und zum Aufbau ihrer Substanz. Sie binden die Sonnenenergie, indem sie aus anorganischen Verbindungen, toter Materie, organische, ‚energiereiche' Verbindungen wie Kohlenhydrate, Fett und Eiweißstoffe herstellen. So enthalten die Lebensmittel in idealer Weise alles, was der Mensch zum Leben braucht: energieliefernde Nährstoffe, Wirkstoffe, die wichtig zur Aufrechterhaltung des Energiestoffwechsels sind und wichtige Begleitstoffe, die für unseren Stoffwechsel und unsere Gesundheit anregende Wirkung haben können.

Letztlich ist unser Körper nichts anderes als ein Speicher der genannten Stoffe. Er besteht aus 15–20 % Eiweiß, 4–6 % Fett, 1 % Kohlenhydraten und 4–5 % Mineralstoffen. Der Rest – ca. 65 bis 70 % – ist Wasser.

Genauso, wie der Mensch mehr ist als eine Anhäufung chemischer Substanzen, sind auch Lebensmittel ‚Ganzheiten', deren Wirkung auf unseren Organismus oft gerade in der Kombination der verschiedenen Inhaltsstoffe begründet ist.

Nährstoffe
- Kohlenhydrate
- Eiweiß
- Fett

Wirkstoffe
- Vitamine
- Mineralstoffe

Begleitstoffe
- Ballaststoffe
- Farb-/ Duft-/ Geschmacksstoffe
- sonstige Inhaltsstoffe

Wasser

1. Erläutere die Zeichnung.
2. Auf den folgenden Seiten wird beschrieben, welche Nähr-, Wirk- und Begleitstoffe in einzelnen Lebensmitteln enthalten sind. Warum ist das wichtig?

Stoffwechsel: wie unser Motor funktioniert

Unser Stoffwechsel ist der Motor, der die Nahrung ‚verbrennt', um daraus Energie zu gewinnen. Stoffwechsel – so definieren es die Ernährungswissenschaftler – ist die Aufnahme von Nahrung, ihre Ausnutzung zur Energiegewinnung, der Aufbau von Körperbestandteilen daraus und schließlich die Ausscheidung von nicht mehr brauchbaren Resten aus dem Körper.

Der Stoffwechsel ist Voraussetzung für die Entfaltung aller Lebensäußerungen. Er regelt den lebenslangen Auf-, Um- und Abbau unserer Körperzellen und steuert Wachstum, Entwicklung und Alterungsprozesse unseres Körpers. Doch nicht nur die langfristigen Lebens- und Entwicklungsprozesse werden vom Stoffwechsel programmiert. Er sorgt auch für das Funktionieren aller „Arbeitsprozesse" in unserem Körper. Er liefert die Energie für das Pumpen unserer Lungen, das Schlagen unseres Herzens und das reibungslose Funktionieren aller anderen Organe. Er tut das, indem er die energieverbrauchenden Systeme unseres Körpers ständig mit Brenn- und Wirkstoffen versorgt.

Man kann errechnen, wieviel Energie ein Körper benötigt. Die erforderliche Energie muß ihm über Lebensmittel zugeführt werden. Die Meßgröße dafür ist die Einheit ‚Joule' (bis 1978 hieß die Einheit ‚Kalorie'). Aus diesem Grund wird der Energiegehalt unserer Lebensmittel in Joule (in der Praxis oft immer noch in Kalorien) angegeben. Wieviel Joule bzw. Kalorien ein Lebensmittel enthält, könnt ihr in Kalorientabellen nachsehen.

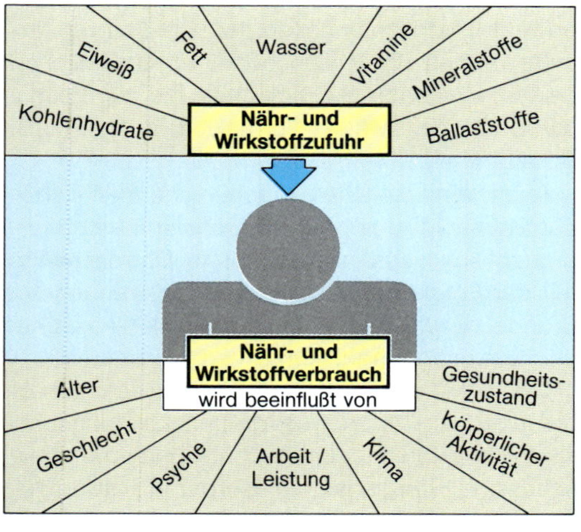

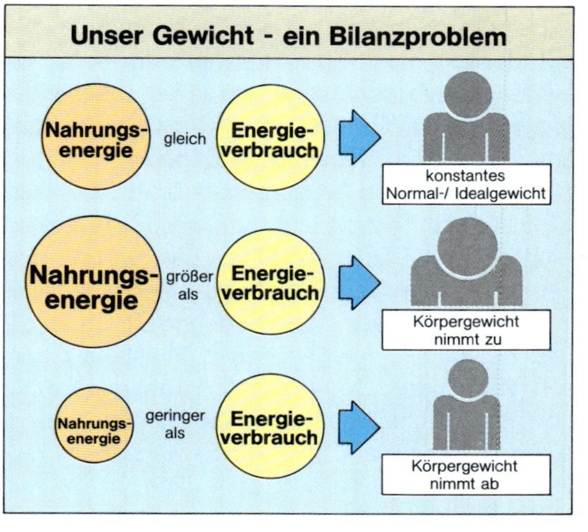

1. Erläutere die grafischen Darstellungen.
2. Beschreibe, was mit dem Begriff „Stoffwechsel" gemeint ist.
3. Welche Hilfen können Kalorientabellen bei einer gesundheitsbewußten Ernährung geben?

Zuviel Energie bringt den Motor zum Stottern

Tätigkeit entspricht **Energiegehalt** von:	
60 Minuten Schulunterricht	1 Birne (230 kJ) oder 2 Rippen Schokolade (220 kJ)
20 Minuten Geschirrspülen	¼ Birne oder ½ Rippe Schokolade
80 Minuten Wandern	3½ Birnen oder 7 Rippen Schokolade
25 Minuten Tischtennis	2 Birnen oder 4 Rippen Schokolade
60 Minuten Schwimmen	10 Birnen 2300 kJ oder 1 Tafel Schokolade (20 Rippen) 2344 kJ

Die gesamte Energie, die wir täglich brauchen, wird zu zwei Zwecken verbraucht:
- für den **Grundumsatz** und
- für den **Leistungsumsatz.**

Grundumsatz plus Leistungsumsatz zusammen ergeben den **Gesamtumsatz**, also die gesamte Energiemenge, die wir verbrauchen.

Der **Grundumsatz** ist die Energiemenge, die ein Mensch bei völliger Ruhestellung – also im Liegen – zur Aufrechterhaltung seiner Lebensvorgänge braucht. Das ist u. a. die Energie, die Herz und Organe zum Arbeiten benötigen.

Allein für seinen Grundumsatz braucht ein Erwachsener mit Büroarbeit knapp die Hälfte seiner empfohlenen Energiezufuhr. Die Höhe des Grundumsatzes kann durch die unterschiedlichsten Faktoren beeinflußt werden: Sehr unruhige und nervöse Menschen haben meistens einen sehr viel höheren Grundumsatz als gesetzte, ruhige Typen. Ein solcher ‚nervöser Charkater' kann erblich bedingt sein, und solche Menschen können sehr viel mehr essen, ohne dick zu werden, als dies ein Mensch mit niedrigerem Grundumsatz kann. Generell haben Männer einen höheren Grundumsatz als Frauen; ältere Menschen haben einen niedrigeren Grundumsatz als jüngere.

Der **Leistungsumsatz** ist die Energiemenge, die der Mensch über den Grundumsatz hinaus benötigt. Hier ist es vor allem die körperliche Aktivität, die eine Steigerung des Energieumsatzes bewirkt. Hochleistungspsortler und Schwerstarbeiter haben dabei den höchsten zusätzlichen Leistungsumsatz. Sie brauchen bis zu dreimal soviel Kalorien wie ein Normalverbraucher (z. B. Büroarbeiter).

Auch wenn die Köpfe rauchen und man sich in der Pause völlig fertig fühlt: Schulunterricht verbraucht kaum zusätzliche Energie. Das hat nichts mit der Erschöpfung nach einer anstrengenden Stunde zu tun. Das ist eine reine ‚Nervensache' und fast unabhängig vom Energieverbrauch.

Übersteigt die Energiezufuhr den Gesamtenergiebedarf aus Grundumsatz und Leistungsumsatz, dann führt das zur Gewichtszunahme. Überschüssige Energie wird im Körper in Fett umgewandelt: Es bilden sich Fettpölsterchen.

1. Erkläre die Begriffe Grundumsatz und Leistungsumsatz.
2. Benenne Tätigkeiten, die deiner Meinung nach einen hohen Leistungsumsatz zur Folge haben.
3. Erkläre den Ausspruch: „Der ist ein guter Futterverwerter."

Fett: Gibt es gutes und schlechtes Fett?

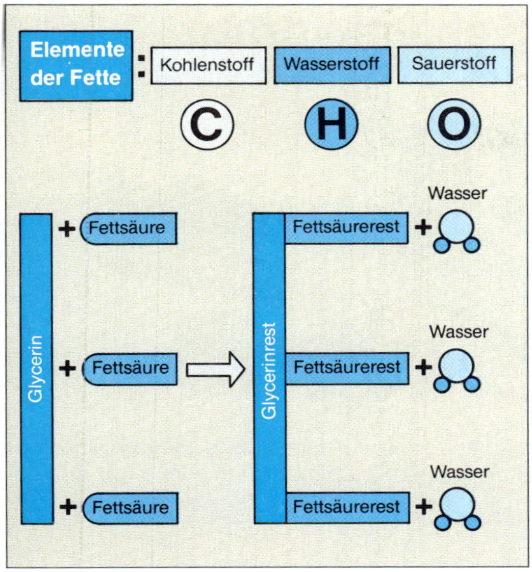

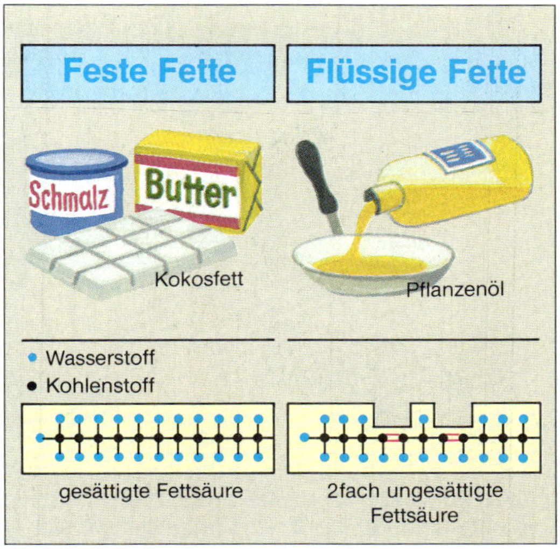

Feste Fette enthalten überwiegend gesättigte, flüssige Fette überwiegend ungesättigte Fettsäuren

Eigentlich sind alle Fette gleichartig aufgebaut: Fett entsteht, wenn sich die chemische Substanz Glycerin (die beispielsweise auch in Seifen vorkommt) mit sogenannten Fettsäuren verbindet. Ein Glycerinmolekül verbindet sich dabei mit drei Fettsäuremolekülen, und unter Abspaltung von Wasser entsteht Fett. Die Fette sind nur deswegen so unterschiedlich – mal flüssig, mal fest – weil es sehr viele unterschiedliche Fettsäuren gibt. Diese Fettsäuren können ‚gesättigt', ‚einfach ungesättigt' oder ‚mehrfach ungesättigt' sein. Bei einer einfach ungesättigten Fettsäure fehlen im Molekül zwei Wasserstoffatome, bei einer mehrfach ungesättigten Fettsäure fehlen mindestens vier Wasserstoffatome am maximal möglichen. Unsere Verdauung, die zur Aufnahme das Fett in seine Kettenglieder auftrennen muß, tut sich mit der Verarbeitung der ungesättigten Fettsäuren sehr viel leichter, als mit den gesättigten Fetten. Während gesättigte Fettsäuren zusätzlich, wie man inzwischen weiß, ein großes Risiko für die Entstehung von Herz- und Kreislaufkrankheiten darstellen, schützen die ungesättigten – zum Beispiel die Linolsäure oder die Linolensäure – vor solchen Schädigungen unseres Gefäßsystems. In welchen Fetten kommen nun die ungesättigten Fettsäuren vor?

Ganz grob kann man tierische und pflanzliche Fette unterscheiden. Die **tierischen Fette** bestehen vorwiegend aus gesättigten Fettsäuren. **Pflanzliche Fette** – zum Beispiel Margarine oder Pflanzenöle – enthalten dagegen überwiegend ungesättigte Fettsäuren. Mehrfach ungesättigte Fettsäuren haben dabei für den Menschen noch eine besondere Bedeutung: Sie sind ‚essentiell', das bedeutet: Sie sind lebensnotwendig. Sie müssen dem Körper von außen zugeführt werden, weil er sie nicht selbst herstellen kann. Die Linolsäure beispielsweise als wichtige essentielle Fettsäure wirkt beim Aufbau der Zellen mit und dient als Grundbaustein für den Aufbau wichtiger Hormone.

Ein Erwachsener sollte täglich nicht mehr als 0,7 bis 0,8 g Fett pro kg Körpergewicht zu sich nehmen. Damit ist bei einer vernünftigen Zusammenstellung der Fette auch unser Bedarf von 6 bis 10 g ‚essentiellen' Fettsäuren gedeckt.

1. Nenne Fette und Öle unterschiedlicher Herkunft.
2. Erkläre den Unterschied zwischen gesättigten und ungesättigten Fettsäuren.
3. Wo finden sich ‚versteckte' Fette?

Energielieferant Kohlenhydrate

Unter den Nährstoffen sind die Kohlenhydrate mengenmäßig die wichtigsten **Energielieferanten.** Sie sind wesentlicher Bestandteil der Pflanzen und kommen in allen pflanzlichen Nahrungsmitteln in unterschiedlicher Form vor, und zwar als:

Zucker	z. B. als Trauben- und Fruchtzucker im Obst als Rohr- und Rübenzucker (im Handel als Haushaltszucker) in Süßigkeiten, Kuchen und Backwaren als Malzzucker im keimenden Getreide
Stärke	in Kartoffeln, Hülsenfrüchten und Getreide
Zellulose	als Gerüststoff der Pflanzen Schalen vom Obst Getreide und Hülsenfrüchte bestehen vorwiegend aus Zellulose (Holz ist reine Zellulose)

Wenn wir vom Zucker reden, dann meinen wir eigentlich immer die weißen Kristalle, mit denen wir uns den Kaffee und vieles anderes versüßen. Anders die Ernährungsexperten. Sie bezeichnen die ganze Gruppe der sogenannten Kohlenhydrate mit dem Sammelnamen ‚die Zucker', und darunter gibt es nun einige, die gar nicht mehr süß schmekken, z. B. Stärke und Zellulose. Die Sammelbezeichnung kommt daher, weil der süße Zucker, die Stärke und die Zellulose chemisch ganz eng miteinander verwandt sind. Sie bestehen alle aus den gleichen chemischen Grundbausteinen.

Während der Haushaltszucker nur aus zwei dieser Grundbausteine besteht, bestehen Stärke und Zellulose aus Hunderten bzw. Tausenden dieser chemischen Grundbausteine. Auch für die ‚süßen' Zucker gibt es viele Namen, je nachdem, aus welchen und wievielen Grundbausteinen der jeweilige Stoff besteht. Wenn auf den Inhaltsangaben von Lebensmitteln zu lesen steht: mit Glukose, Maltose, Dextrose, Fruktose oder Saccharose, so bezeichnen diese Begriffe nichts anderes als spezielle Formen von Zucker. Die so gekennzeichneten Lebensmittel enthalten also „Zucker", wenn auch keinen Haushaltszucker.

Kohlenhydrate haben in unserem Stoffwechsel die Aufgabe, schnelle Energie zu liefern. Sie nähren uns. Der Zucker, speziell der Einfachzucker Glukose (auch Traubenzucker genannt), ist der wichtigste Brennstoff für die Energiegewinnung unseres Körpers. Er ist unser ‚Benzin'. Die Glukose wird im Blut gelöst und vom Blut bis in den letzten Winkel unseres Körpers, bis zur letzten Zelle transportiert, überall dorthin, wo Energie gebraucht wird. Dort wird die Glukose dann regelrecht ‚verbrannt'. Aus unserem Magen und Darm werden nur Einfachzucker in den Körper aufgenommen. Alle Kohlenhydrate, die noch aus mehreren Bausteinen bestehen, werden vorher von unseren Verdauungssäften in Einfachzucker zerlegt.

Kohlenhydrate – Brennstoff für unseren Körper

Mehrfachzucker:
sie kommen zum Beispiel im Brot und im Getreide vor. Mehrfachzucker ‚fließen' ins Blut. Ihr Transport erfolgt also etwas langsamer, weil sie vor der Aufnahme ins Blut noch gespalten werden müssen.

Stärke:
sie kommt beispielsweise in Kartoffeln, Hülsenfrüchten und Getreide vor. Aus der Stärke heraus ‚tröpfelt' der Einfachzucker ins Blut: Es dauert seine Zeit, bis der Vielfachzucker in seine Einzelbestandteile zerlegt ist.

Zellulose:
ist unverdaulich und kann daher nicht für die Energiegewinnung genutzt werden. Trotzdem erfüllt sie als Ballaststoff sehr wichtige Funktionen.

Traubenzucker:
bringt verbrauchte Energie sofort zurück. Als Einfachzucker braucht der Traubenzucker nicht erst umständlich abgebaut zu werden. Man sagt: Die Einfachzucker ‚strömen' ins Blut. Dort stehen sie sofort als Energiereserve zur Verfügung.

Merke: Daß Traubenzucker ‚verbrauchte Energie sofort zurückbringt', ist für den Körper nur dann eine gute Sache, wenn der Brennstoff wirklich akut gebraucht wird. Vor einer sportlichen Höchstleistung, einem 1000-Meter-Lauf beispielsweise, kann eine Traubenzuckertablette also durchaus einmal sinnvoll sein. Wer ‚nur so zwischendurch' den Zucker nascht, der schadet nicht nur seinen Zähnen, sondern auch seiner Verdauung. Die ist über den unnötigen Energieschub eher sauer, weil sie den Nachschub dann bekommt, wenn sie ihn eigentlich gar nicht braucht.

Ein gesunder Erwachsener sollte in der Normalkost täglich ca. 300 Gramm Kohlenhydrate aufnehmen. Die tägliche Kohlenhydratzufuhr sollte die untere Grenze von 30 bis 50 Gramm nicht unterschreiten. Diese Menge ist bereits in zwei Scheiben Vollkornbrot enthalten.

Dabei ist es nicht gleichgültig, in welcher Form und in welchen Lebensmitteln die Kohlenhydrate aufgenommen werden. Lebensmittel, die viele Einfachzucker enthalten, liefern bei kleiner Menge viel Energie. Lebensmittel, in denen die Kohlenhydrate in Form von Stärke vorkommen, sind schon deswegen günstiger für unsere Gesundheit, weil sie neben den Kohlenhydraten meist auch noch andere Wirkstoffe mit sich bringen.

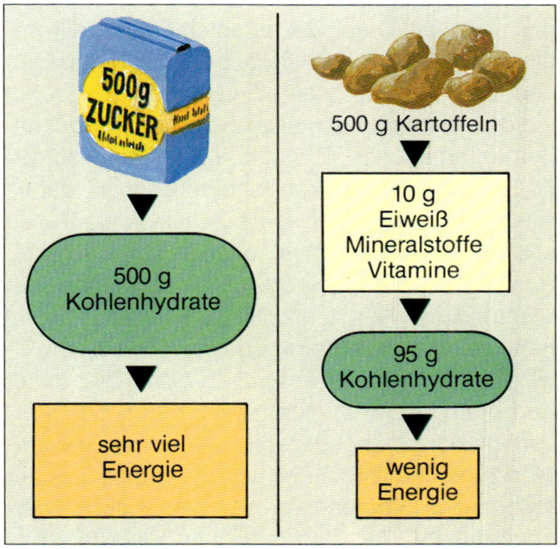

1. Was sind Kohlenhydrate und was bewirken sie in unserem Körper?
2. Nenne einige kohlenhydratreiche Lebensmittel.
3. Welche Bedeutung haben Einfachzucker, z. B. Traubenzucker, als kurzfristige Energielieferanten?

Proteine bringen Power

Ist Fleisch wirklich der bessere Eiweißlieferant?

Der Mensch braucht Eiweiß. Eiweiß wird zum Aufbau und zur Erneuerung jeder Körperzelle gebraucht. Ohne Eiweiß gibt es kein Leben. Während die Kohlenhydrate in erster Linie als ‚Brennstoff' dienen, ist das Eiweiß wichtigster ‚Baustoff' unseres Körpers. Die Bausteine, aus denen alle Eiweißstoffe aufgebaut sind, heißen Aminosäuren. Im Eiweiß sind die Aminosäuren zu langen Ketten miteinander verbunden, die sich spiralförmig aufrollen. Durch die unterschiedlichste Kombination der 20 verschiedenen Aminosäuren können unvorstellbar viele Eiweißarten aufgebaut werden. Jedes Lebewesen hat ein ganz besonderes ‚arteigenes' Eiweiß. Welche vielfältigen Formen Eiweißstoffe annehmen können, sehen wir an uns selbst: Unsere Muskeln bestehen ebenso im wesentlichen aus Eiweiß wie Haut, Haare und Fingernägel oder unser Bindegewebe. Während der Körper Kohlenhydrate in Fett und Fett in Kohlenhydrate umbauen kann, ist das Eiweiß für den Körper ‚essentiell'. Das heißt, unser Körper kann Eiweiß nicht selbst herstellen, sondern ist darauf angewiesen, daß es mit der Nahrung zugeführt wird. Fehlt beispielsweise eine der essentiellen Aminosäuren völlig in unserer Nahrung, ist der Wert des restlichen Eiweißes, das aufgenommen wird, gleich null. Weil die eine Aminosäure fehlt, kann der Körper kein körpereigenes Eiweiß mehr daraus aufbauen. Das ist, wie wenn beim Hausbau ein tragender Pfeiler fehlt. Die Menge der essentiellen Aminosäuren, die in einem Nahrungseiweiß vorhanden sind, bestimmt die sogenannte ‚biologische Wertigkeit' des Eiweißes. Je ausgewogener und höher der Anteil dieser essentiellen Aminosäuren im Lebensmittel ist, desto höher ist seine biologische Wertigkeit. Im allgemeinen besitzt das tierische Eiweiß einen höheren Anteil an essentiellen Aminosäuren und somit eine höhere biologische Wertigkeit als das des pflanzlichen Nahrungseiweißes. Daher kommt auch das alte Vorurteil, daß Fleisch ein besserer Eiweißlieferant als pflanzliche Lebensmittel ist.

Beispiel: 100 g tierisches Eiweiß liefern 70 g Körpereiweiß. 100 g pflanzliches Eiweiß liefern 30 g Körpereiweiß.

Aber: Verschiedene Nahrungseiweiße können sich gegenseitig im Gehalt an essentiellen Aminosäuren ergänzen. Durch richtige Kombination von tierischem mit pflanzlichem Eiweiß (Beispiele: Kartoffeln mit Ei, Milch, Fisch, Fleisch; Getreideerzeugnisse mit Milch, Fleisch, Fisch, Ei) oder auch durch die Kombination von verschiedenen pflanzlichen Eiweißträgern kann man eine sehr

hochwertige Eiweißkost zusammenstellen. Diese ist dem Fleisch an Wertigkeit sogar noch überlegen. Da der Körper nicht über Eiweißvorräte verfügt, ist es wichtig, daß wir mit der täglichen Nahrung ausreichend Eiweiß zuführen. Über die Höhe der notwendigen Zufuhr streiten sich allerdings die Gelehrten noch. Die Weltgesundheitsorganisation WHO gibt den täglichen Bedarf mit 0,5 g Eiweiß pro Kg Körpergewicht an. Danach müßte ein 70 kg schwerer Erwachsener täglich 35 Gramm Eiweiß essen. Die Deutsche Gesellschaft für Ernährung DGE empfiehlt das Doppelte: 1 g pro kg Körpergewicht bzw. 70 g täglich für einen 70 kg schweren Erwachsenen. Dabei reicht es völlig aus, wenn ein Drittel dieses Eiweißes aus tierischen Lebensmitteln aufgenommen wird.

Unter echtem Eiweißmangel leiden auch heute noch Millionen von Kindern in den Entwicklungsländern. Besonders schlimm ist, daß diese Mangelernährung außer zu körperlichen Entwicklungs- und Wachstumsstörungen auch zu bleibenden geistigen Schäden führen kann.

Der tägliche Eiweiß-Bedarf bei verschiedenen Altersgruppen

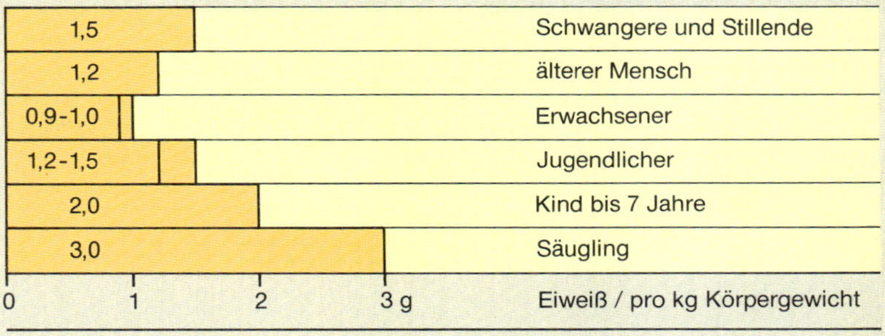

Bei einem Erwachsenen ergibt sich somit ein durchschnittlicher Eiweißbedarf von 60-90g pro Tag. Ein Drittel davon sollte in Form des biologisch höherwertigen tierischen Eiweißes aufgenommen werden.

Beispiel: Eiweißbedarfsdeckung für einen 60 kg schweren Erwachsenen
= 60 g Nahrungseiweiß pro Tag

enthalten in:
100 g Rindfleisch oder
100 g Fisch oder 3/4 l Milch

20 g tierisches Eiweiß

\+

40 g pflanzliches Eiweiß

enthalten in: 500 g Brot oder
300 g Haferflocken oder
200 g Bohnen, Erbsen, Linsen

=

60 g Nahrungseiweiß

1. Wozu braucht unser Körper Eiweiß?
2. Nenne eiweißreiche Lebensmittel.
3. Ist das Eiweiß im Fleisch wertvoller als das Eiweiß in anderen Lebensmitteln?

Mineralstoffe: unentbehrlich für den Organismus

Unser Körper braucht zum Funktionieren neben Eiweiß, Kohlenhydraten und Fetten außerdem noch sogenannte Wirkstoffe. Eine Gruppe davon sind die Mineralstoffe. Die Mineralstoffe sind ‚Gerüstsubstanzen'. Wie das Gerüst eines Fachwerkhauses helfen sie, beispielsweise in den Knochen, unseren Körper zu ‚tragen'. Die tote Materie, der Boden, die Erde besteht zu einem wesentlichen Teil aus ihnen, und die Lebewesen, z. B. die Pflanzen, nehmen sie daraus auf. Der Mensch wiederum erhält die Mineralstoffe über seine Lebensmittel. Mineralstoffe sind auch beim Menschen ‚Gerüstsubstanzen'. Unsere Knochen beispielsweise bestehen zur Hauptsache aus den Mineralstoffen Calcium und Phosphor.

Darüber hinaus arbeiten die Mineralstoffe in unserem Körper auch als ‚Reglerstoffe'. Sie sind nötig für viele biochemische Reaktionen. Ohne diese Vermittlung der Mineralstoffe könnten wir beispielsweise unsere Muskeln nicht bewegen, und unsere Nerven würden ohne sie keine Impulse übertragen.

Neben den Mineralstoffen braucht der Körper noch eine ganze Reihe von Spurenelementen. Die heißen deswegen so, weil sie nur in winzigen ‚Spuren' gebraucht werden. Dazu gehören beispielsweise die Elemente Kupfer, Zink, Mangan und Cobalt. Wo welche Mineralstoffe in unserem Körper vorkommen und wozu sie dort gebraucht werden, zeigt folgende Übersicht.

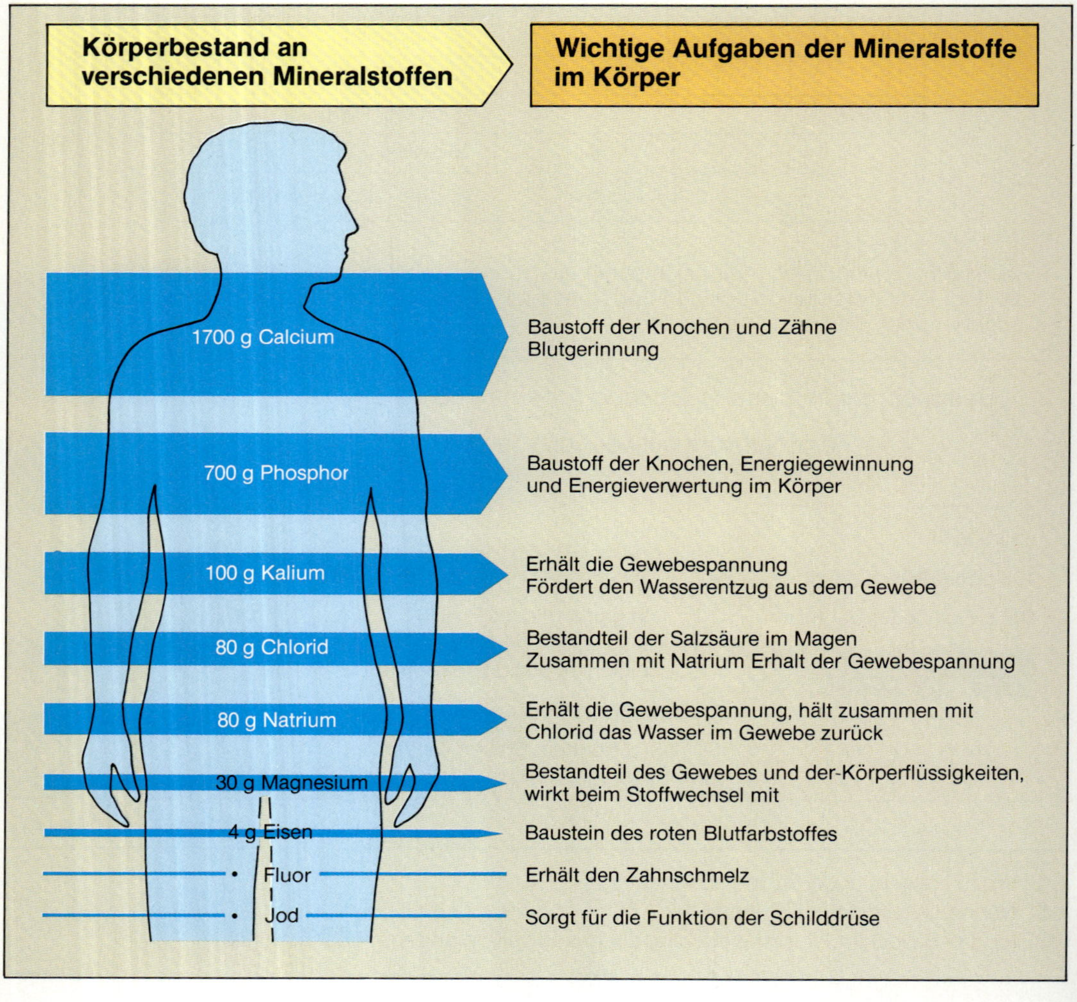

Durch eine abwechslungsreiche und vielseitige Ernährung können wir unseren Mineralstoffbedarf leicht decken. In welchen Lebensmitteln welche Mineralstoffe enthalten sind, zeigt die nachfolgende Zeichnung.

Merke: Wer zuwenig Mineralstoffe aufnimmt, etwa durch eine einseitige Ernährung, wird über kurz oder lang krank. Mineralstoffmangelkrankheiten können sich an den verschiedensten Organen bemerkbar machen. Calciummangel zeigt sich durch Knochenschwund oder (bei jungen Menschen) durch Wachstumsstörungen. Bei Magnesiummangel treten Krämpfe auf, und das Herz wird schwer belastet. Eisenmangel führt zu Blässe, Abgeschlagenheit und Müdigkeit, ebenso der Mangel an Kalium.

1. Zähle die für den Menschen wichtigen Mineralstoffe auf.
2. In welchen Lebensmitteln kommen diese Mineralstoffe vor?

Vitamine: lebenswichtige Helfer

Die Vitamine sind die zweite Wirkstoffgruppe neben den Mineralstoffen, die lebenswichtig für uns ist und die wir mit der Nahrung zuführen müssen. Enthält unsere Nahrung zu wenig Vitamine, erkranken wir an Mangelkrankheiten, die zum Tode führen können. Noch im letzten Jahrhundert starben Menschen am Skorbut, der Vitamin-C-Mangelkrankheit. Vor allem Seefahrer traf diese Krankheit, bei der den Menschen die Zähne ausfallen und innere Blutungen auftreten. Noch heute gibt es in den Entwicklungsländern Menschen, die an Vitaminmangel sterben. Wie ist es um unsere Versorgung mit Vitaminen bestellt? Was können wir gegen Vitaminmangel tun?

„Ist man als Schüler oder Jugendlicher von Vitaminmangel bedroht?“
Dr. K.: „Grundsätzlich kann man sagen, daß der Durchschnitt der Bevölkerung in der Bundesrepublik recht gut mit Vitaminen versorgt ist. Aber es gibt sogenannte Risikogruppen, bei denen sieht es gar nicht mehr so rosig aus. Und dazu gehören gerade auch die Jugendlichen. Durch das Wachstum haben sie einen etwas höheren Vitaminverbrauch, und leider stellen wir bei ihnen zu allem Übel häufig ziemlich schlechte Ernährungsgewohnheiten fest.“

„Was meinen sie denn mit ‚schlechten Ernährungsgewohnheiten‘?“
Dr. K.: „Unsere Untersuchungen zeigen uns, daß sich gerade Jugendliche oft sehr einseitig ernähren. Mit einem Satz: Sie essen zuviel Fleisch, Fett und Zucker und zu wenig Brot, Getreideprodukte, Gemüse und Obst. Im Gemüse, Obst und Vollkornbroten haben wir eben – im Verhältnis zur aufgenommenen Energie – die höchsten Vitaminmengen, und nur wer diese Lebensmittel ausreichend einbezieht, kann sich vor Vitaminmangel schützen.“

„Aber von uns hat doch wohl keiner eine Vitaminkrankheit, oder?“
Dr. K.: „Das sicher nicht, aber ein Vitaminmangel kann sich schleichend bemerkbar machen. Man fühlt sich müde, schlaff und abgspannt, kann sich nicht konzentrieren, ist dem Schulstreß nicht mehr gewachsen – all das kann die Folge eines beginnenden Vitaminmangels sein! Besonders gefährdet sind auch die Mädchen und jungen Frauen, die immer wieder neue, einseitige Diäten ausprobieren. Die sind nach neuesten Untersuchungen sogar relativ schlecht mit Vitaminen versorgt.“

„Ich esse jeden Tag mindestens zwei Apfelsinen, da kann ich doch gar keinen Vitaminmangel kriegen!“
Dr. K.: „Da täuschst du dich gewaltig. Du verwechselst wahrscheinlich das Vitamin C mit ‚den Vitaminen‘. Viele Menschen kennen nur das Vitamin C – es ist eben das bekannteste, und denken, wenn sie dann fleißig Apfelsinen essen, ist die Vitaminversorgung schon o. k. Aber es gibt schließlich 14 verschiedene Vitamine, die *alle* lebenswichtig sind. Die verschiedenen B-Vitamine oder die Folsäure kommen z. B. so gut wie gar nicht in der Apfelsine vor. Gerade bei denen ist beispielsweise die Versorgungslücke unter den Jugendlichen besonders groß. Da hilft dann nur, fleißig Vollkornprodukte zu essen.“

„Stimmt es, daß Raucher und Leute, die Alkohol trinken, wesentlich mehr Vitamine brauchen?“
Dr. K.: „Ja, das stimmt. Wer raucht, braucht täglich ca. 50 mg C – also den Gehalt einer Apfelsine – mehr. Alkoholkonsum steigert den Verbrauch sehr vieler Vitamine. Für die Mädchen und Frauen ist noch wichtig, daß auch die Pille den Vitaminverbrauch steigert. Durch die Wechselwirkung mit dem Medikament wird der Stoffwechsel fast aller Vitamine beeinträchtigt.“

„Sollte man dann zusätzlich täglich eine Vitamintablette nehmen?“
Dr. K.: „Das kann man grundsätzlich so nicht sagen. Wer sich ausgewogen und gesund ernährt, braucht keine Vitamintabletten. Wer krank war oder ist oder zu einer Risikogruppe gehört oder sich eine Zeitlang aus irgendeinem Grund einseitig ernährt hat, der kann über eine gewisse Zeit, um seinen Vitaminbestand im Körper wieder aufzubauen, durchaus risikolos ein Multivitaminpräparat nehmen.“

Insgesamt kennen wir 14 Vitamine und einige sogenannte „vitaminähnliche“ Wirkstoffe. Die folgende Übersicht gibt einen Überblick über Vorkommen, Aufgaben, Mangelerscheinungen und den täglichen Bedarf der wichtigsten Vitamine.

Vitamin	Vorkommen	Aufgaben	Mangelerscheinungen	Täglicher Bedarf
A	Aprikosen, Gemüse, Ei, Milch, Butter, Leber	Schleimhaut, Augen, Wachstum	Augenerkrankungen, Nachtblindheit, Haut- und Schleimhautschäden, Gewichtsverlust	weniger als 1 mg
B	Hülsenfrüchte Hefe, Nüsse, Vollkornbrot, Fleisch, Ei, Leber, Gemüse, Fisch, Milch	Wachstum, Appetit, Nerven, Energieumsatz, geistige Spannkraft	Appetitlosigkeit, Nerven- und Gedächtnisschwäche, Haut- und Haarschäden, Wachstums- und Verdauungsstörungen	1 bis 1,2 mg
C	Kartoffeln, Leber, Kohl, Zitronen, Orangen, Hagebutten, schwarze Johannisbeeren	Stoffwechselanregung, Widerstandsfähigkeit, Zahnfleisch, Wundheilung	Frühjahrsmüdigkeit, Zahnfleischerkrankungen, Anfälligkeit gegen Infektionen, Herzstörungen	60 bis 100 mg
D	Leber, Milch, Ei, Butter, Fisch, Fett, Pilze, Hefe	Knochenbildung, Wachstum	Anfälligkeit gegen Rachitis (Knochenerweichung), Wachstumsstörungen	weniger als 1 mg
K	Obst, Gemüse	Blutgerinnung	Blutungen, Blutungsgefahr	weniger als 1 mg
E	Pflanzliche Fette und Öle (Distelöl, Maiskeimöl, hochwertige Margarine)	Zellenschutz, Energiestoffwechsel, Fettverarbeitung im Körper	Störung der Fortpflanzungsfähigkeit, Stoffwechselstörungen	ca. 12 mg

1. Nenne Ursachen, die zu Vitaminmangel führen können.
2. Braucht man Vitaminpräparate? Begründe deine Ansicht.

Die Deutschen – ein Volk von Verstopften?

Jeder vierte Bundesbürger leidet an ständiger Verstopfung. Das ist nicht nur unangenehm, sondern auch gesundheitsgefährdend. Zum Beispiel steigt dadurch die Gefahr, an Darmkrebs zu erkranken. Die Hauptursache dafür ist die mangelhafte Versorgung mit Ballaststoffen in der täglichen Ernährung. Ernährungsmediziner fordern daher, die Ballaststoffbilanz zu verbessern und dazu mehr pflanzliche Lebensmittel zu verzehren. Besonders geeignete Quellen sind Getreideprodukte und Brot, weil sie mehr Ballaststoffe enthalten als Obst und Gemüse und letzteren auf Grund ihrer chemischen Zusammensetzung im Hinblick auf die Darmregulierung überlegen sind. Würde beispielsweise der derzeitige Brotverzehr von 200 g pro Tag auf etwa 300 g pro Tag gesteigert, wäre eine ausreichende Ballaststoffzufuhr gewährleistet, um Verdauungsschwierigkeiten vorzubeugen und in den meisten Fällen ‚hartnäckige Darmprobleme' zu lösen.

Ballaststoffe sind die für den Menschen unverdaulichen Bestandteile in der pflanzlichen Nahrung – enthalten z. B. im Brot, Getreide, Kartoffeln und Gemüse. Nahrungsmittel tierischer Herkunft sind frei von Ballaststoffen. Warum heißen Ballaststoffe ausgerechnet Ballaststoffe? Weil man lange meinte, sie seien völlig überflüssig für unsere Ernährung und deswegen unnötiger ‚Ballast'. Inzwischen weiß man's besser und hat erkannt, daß Ballaststoffe, im Gegensatz zu ihrem Namen, wertvolle Bestandteile der Ernährung sind.

Damit unser Darm vernünftig arbeiten kann, muß er ordentlich gefüllt sein. Und diese Aufgabe übernehmen die quellfähigen Ballaststoffe. Je größer der Darminhalt ist, desto zügiger wird er weiterbefördert und um so regelmäßiger und schneller ausgeschieden. Ballaststoffe verhüten Darmträgheit und hartnäckige Verstopfung. Daneben sind sie auch wichtig, um zu hohen Blutfett- und Blutcholesterinwerten, Zuckerkrankheit und Übergewicht, Gallensteinen und Arterienverkalkung vorzubeugen.

Ballaststoffreiche Lebensmittel sind . . .

Ballaststoffreiche Lebensmittel

	Ballaststoffmenge (g) je 100 Gramm
Knäckebrot	14,1
Vollkornbrot	7,0
Brötchen	3,5
Haferflocken	5,3
Broccoli	3,0
Rotkohl	2,6
Wirsing	2,4
Blattsalat	1,2
Erbsen	7,0

. . . die bessere Alternative!

1. Wozu braucht der Mensch Ballaststoffe?
2. Zähle ballaststoffreiche Lebensmittel auf.
3. Wie kann man den Ballaststoffgehalt der üblichen Tageskost verbessern?

2. Lebensmittel als Nährstoffträger

Der Ernährungskreis

Unser Körper benötigt Kohlenhydrate, Fette, Eiweiß, Vitamine, Mineralstoffe und Ballaststoffe. Er bekommt diese Stoffe nicht jeweils isoliert, etwa in Pillenform, sondern in Form von Lebensmitteln zugeführt. Die einzelnen Lebensmittel enthalten die erforderlichen Nähr-, Wirk- und Begleitstoffe in unterschiedlichem Maße. Wie kann man dafür sorgen, daß der Körper auch mit der richtigen Mischung von Lebensmitteln versorgt wird?

Wissenschaftler haben eine einfach zu befolgende Empfehlung herausgearbeitet. Sie haben die Lebensmittel in Gruppen eingeteilt und empfehlen, nach Möglichkeit täglich Lebensmittel aus jeder Gruppe zu sich zu nehmen. Diese – zunächst grobe – Empfehlung zeigt in die richtige Richtung: Eine gesundheitsbewußte Ernährung ist vielseitig! Obst und Gemüse gehören auf jeden Fall dazu.

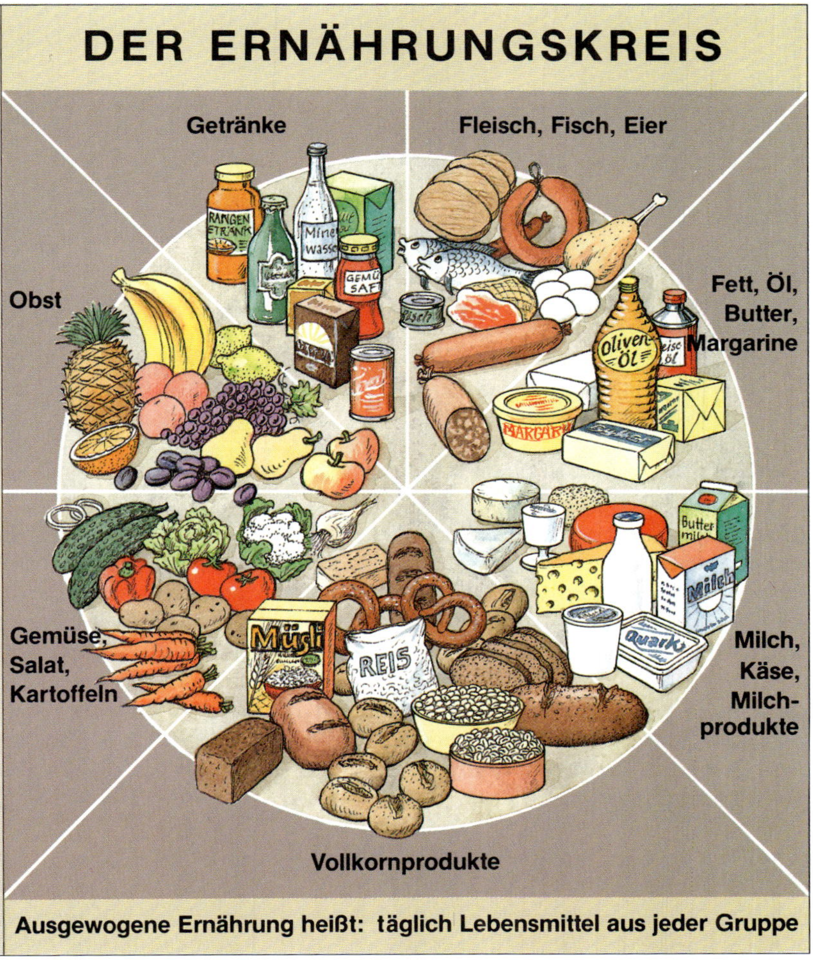

1. Warum ist es einleuchtend, wenn Wissenschaftler empfehlen, vielseitig zu essen?
2. Warum wird dieser einfache Tip von vielen nicht befolgt? Wo könnten Gründe für eine einseitige Ernährung liegen?

Getreide und Getreideerzeugnisse – wertvoll wie eh und je

„Unser täglich Brot gib uns heute . . ." - Brot und andere Getreideprodukte gehören seit Jahrtausenden zu den wichtigsten Grundnahrungsmitteln. Getreide und Getreideprodukte enthalten fast alle lebenswichtigen Nährstoffe. Das Getreidekorn versorgt den Körper mit hochwertigem Eiweiß, Fett, Mineralstoffen und Vitaminen. Sein Gehalt an den wichtigen B-Vitaminen und an Vitamin E ist besonders hoch. Allerdings enthält es kein Vitamin C und kaum Calcium.

Wenn wir Getreide essen, dann fast ausschließlich in verarbeiteter Form. Aber wo gehobelt wird, da fallen Späne: Bei der Herstellung unseres weißen Haushaltsmehls werden der Keim und die Randschichten des Getreidekorns von den modernen Mühlen ausgesiebt und als Weizenkleie verkauft oder zu Tierfutter verarbeitet. Nur der weiße „Mehlkörper" wird vermahlen. Deswegen heißen solche Mehle auch Auszugsmehle. Gerade in den Schalen befinden sich aber viele wichtige Nähr- und Ballaststoffe. Ein Vollkornmehl enthält diese Bestandteile und ist damit für die Ernährung nützlicher als Auszugsmehl und daraus hergestellte Produkte.

Beim Einkauf läßt sich das Auszugsmehl anhand der Typenbezeichnung leicht vom Vollkornmehl unterscheiden: Die Mehltypen geben den ungefähren Mineralstoffgehalt des Mehles an. Die Mehltype 405 enthält also etwa 405 mg Mineralstoffe auf 100 Gramm. Die Mehltype 1600 hat etwa viermal soviel Mineralien. Je höher der Mineralstoffgehalt, desto höher ist der sogenannte „Ausmahlungsgrad." Die Mehltypen 1050 oder gar 1700 (Weizenschrot) bzw. 1800 (Roggenschrot) enthalten noch viel vom natürlichen Korn, z. B. Ballaststoffe, Mineralien, Vitamine. Mehltypen wie 405 oder 550 enthalten dagegen nur etwa 50 bzw. 65 % des ursprünglichen Korns.

Beim Reis ist es ähnlich. Er wird als „polierter", weißer Reis ohne Keim und Schale angeboten oder als Naturreis, der alle Kornbestandteile enthält.

Empfehlungen für den Verzehr von Getreideprodukten

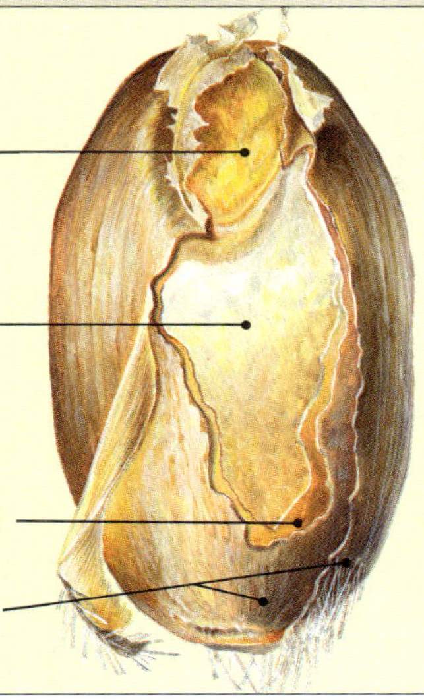

- Mehr Brot essen – möglichst Vollkornbrote aus verschiedenen Getreidesorten!
- Bei anderen Getreideprodukten ebenfalls Vollkornprodukte bevorzugen: Vollkorn-Kuchen, Vollkorn-Gebäck, Vollkorn-Nudeln!
- Einmal täglich Müsli essen! Nach Möglichkeit sollte man dabei auch öfter mal selbst zubereiteten Frischkornbrei (frisch geschrotet und eingeweicht) verwenden.
- Hochausgemahlene Vollkornmehle verwenden!
- Weniger Weißbrot, weiße Brötchen, Graubrot, Toastbrot und helles Mischbrot essen!
- Weniger andere Produkte aus Auszugsmehlen oder isolierter Stärke (z. B. Nudeln, Kuchen, Gebäck, Pudding, Grieß, Graupen) verzehren!

Auch Nudeln sind als Teigwaren aus Getreide hergestellt. Die Verwendung von Eiern zu ihrer Herstellung (Eiernudeln!) ist sehr deutsch. Echte italienische „Pasta" sind aus reinem Gerstengries. Das spart Kalorien und Cholesterin (aus den Eiern). Übrigens sollte man mal Vollkornnudeln probieren. Neben ihrem höheren Nährstoffgehalt schmecken sie viel intensiver als eine schlappe Weißmehlnudel.

Zum Schluß noch ein Tip zum Ausprobieren: Ihr könnt Getreide natürlich auch roh essen. Wer schon einmal gequollene Getreidekörner zu einem Frischkornmüsli benutzt hat, weiß wie knakkig das schmeckt.

Der Nährwert von Weizen- und Roggenmahlerzeugnissen (je 100 g)

	Hauptnährstoffe (g)			Gesamt-Ballaststoffe g	Vitamine und Mineralstoffe (mg)			
	Kohlenhydrate	Fett	Eiweiß		B_1	B_2	Kalzium	Eisen
Weizen, ganzes Korn	69,3	2,0	11,7	11,8	0,48	0,14	44	3,3
Weizenmehl, Type 1050	71,2	1,7	12,1	5,2	0,43	0,07	14	2,8
Weizenmehl, Type 405	74,0	1,0	10,6	4,0	0,06	0,03	15	1,9
Roggen, ganzes Korn	69,0	1,7	11,6	11,0	0,35	0,17	64	5,1
Roggenmehl, Type 1150	75,1	1,3	9,0	8,0	0,22	0,10	20	2,4
Roggenmehl, Type 815	76,6	1,0	6,9	6,5	0,18	0,09	22	2,1

1. Erläutere Vor- und Nachteile von Auszugsmehlen im Vergleich zu Vollkornmehlen.
2. Zähle Produkte auf, die zu den Backwaren gehören.
3. Sind dunkle Brotsorten immer gesunde Brotsorten? Begründe!
4. Darf man überhaupt noch Weizen-Toastbrot essen? Diskutiert!

Milch und Milchprodukte machen müde Männer munter . . .

Milcharten

Milchprodukte

. . . und müde Mädels ebenso: Kein Zweifel, die Milch ist eines unserer wertvollsten Lebensmittel. Schließlich ist Milch unser erstes Nahrungsmittel. Die Muttermilch ist das einzige tatsächlich ‚vollwertige' Nahrungsmittel, und die Kuhmilch steht ihr in der Qualität nur wenig nach. Vor allem ihr guter Eiweißgehalt (3,2 %) mit seinem hohen Anteil an essentiellen Aminosäuren, die vielen Vitamine und der Reichtum an Mineralstoffen und Spurenelementen wie Calzium, Kalium und Jod machen ihren besonderen Wert aus. Ohne Milch und Milchprodukte beispielsweise läßt sich unser Bedarf an Calzium gar nicht decken.

Milch ist nicht gleich Milch, wie schon im Kapitel über den Einkauf beschrieben wurde. Nur wenige Haushalte können ihre Milch als Rohmilch oder unbehandelte Vorzugsmilch beim Bauern einkaufen. Wer im Laden kauft, erhält dort i. d. R. Milch, die in der Molkerei vorbehandelt worden ist. In Molkereien wird die Milch mit Wärme behandelt, um krankheitserregende Keime abzutöten. Man unterscheidet:

- **Pasteurisierte Milch.** Die Pasteurisierung bei ca. 70° C ist eine relativ schonende Wärmebehandlung, die die wertvollen Inhaltsstoffe der Milch nur wenig beeinträchtigt.
- **Ultrahocherhitzte Milch**, die sogenannte H-Milch, wird mit Temperaturen von ca. 150 Grad behandelt. Sie hat zwar eine besonders lange Haltbarkeit (in ungeöffneter Packung mindestens 6 Wochen), dafür ist das Milcheiweiß jedoch stärker geschädigt als bei der pasteurisierten Milch. Wegen des Kochens schmeckt H-Milch wesentlich weniger frisch.
- **Sterilisierte Milch** wird eine knappe halbe Stunde gekocht, um alle Keime abzutöten und verliert dabei viele Vitamine und essentielle Eiweißstoffe. Sie ist deswegen für Säuglinge und Kleinkinder ungeeignet.

H-Milch hat also nichts mit dem Homogenisieren zu tun. Heute ist eigentlich jede Milch im Handel homogenisiert, das bedeutet: Die Fettkügelchen in der Milch wurden zerkleinert und gleichmäßig verteilt, Deswegen rahmt homogenisierte Milch nicht mehr auf.

Darüber hinaus wird unsere Trinkmilch in verschiedensten Fettgehaltsstufen angeboten: als Vollmilch mit natürlichem Fettgehalt (mindestens 3,5% Fett), als fettarme (1,5–1,8%) und als entrahmte Magermilch mit höchstens 0,3% Fett. Schlankheitswillige glauben oft, mit der Magermilch etwas besonders Gutes für ihre Figur zu tun. Da viele Milchvitamine aber an das Fett gebunden sind, fehlen sie in entrahmter Milch.

Neben den verschiedenen Milchsorten ist das Angebot an Milchprodukten heute nicht mehr zu überblicken. Die wichtigsten Erzeugnisse sind: Sauermilchprodukte wie Dickmilch, Joghurt, Kefir und saure Sahne; Rahmprodukte wie süße Sahne, Buttermilch und Butter und natürlich Käse. Die verschiedenen Käsesorten werden nach ihrem Fettgehalt unterschieden, die Angabe erfolgt als Fett i.Tr. (= Fett in der Trockenmasse). Dazu ein Tip: Der tatsächliche Fettgehalt beträgt grob gerechnet etwa die Hälfte des Fettanteils in der Trockenmasse! Generell gilt für Milchprodukte: je höher der Fettgehalt, desto geringer der Eiweißanteil und umgekehrt.

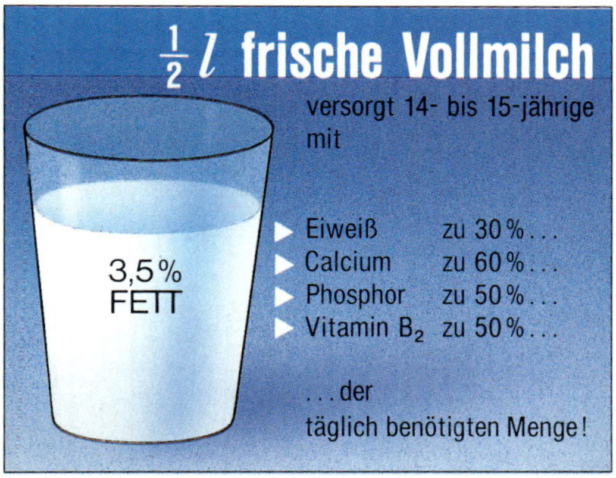

Milch und Milchprodukte sind ein preiswerter und vollwertiger Ersatz für Fleisch und Fleischprodukte. Ein gutes Beispiel dafür ist der Magerquark. Ein halbes Pfund enthält 34 g Eiweiß und 0,9 mg Vitamin B 2. Das ist die Hälfte des Tagesbedarfs.

Empfehlungen für die Alltagskost: Milch & Milchprodukte

- Milch und Milchprodukte liefern hochwertige Eiweißstoffe, Calcium, Vitamin B 2 und Vitamin A. Sie sollten deshalb regelmäßiger Bestandteil der Alltagsernährung sein.
- Vorzugsmilch (Rohmilch) und pasteurisierte Milch sollten der H-Milch bzw. sterilisierter Milch vorgezogen werden.
- Wertvolle Milchprodukte sind z. B. Joghurt, Quark und Käse. Bei Milchprodukten immer auf den Fettgehalt achten!
- Vorsicht bei der Lagerung von Milch und Milchprodukten: Die Vitamine in der Milch sind sehr licht- und hitzeempfindlich. Milch, vor allem Milch in Glasflaschen, immer kühl und dunkel lagern!

Diese Art von Produkt kennt jeder: Schmelzkäse, genauer gesagt: Schmelzkäsezubereitung. Obwohl Käse ein Milchprodukt ist, hat diese Art von Produkten mit Milch und ihrem Nährwert kaum noch etwas zu tun. Solche „Käseecken" oder andere Formen von Schmelzkäse entstehen durch Einschmelzen von „richtigen" Käsen wie Emmentaler oder Gouda. Beim Einschmelzen werden Salze verwendet, so daß der Schmelzkäse zwar wesentlich weniger Nähr- und Wirkstoffe als sein Ausgangsprodukt hat, dafür aber mehr Kochsalz und Phosphate.

Produkte wie dieses sind weiß wie Milch, haben nicht selten im Namen das Wort „Milch" und werben auch manchmal mit Hinweisen auf Milch und ihren Gesundheitswert. Zu Recht? Wer auf diese Frage eine Antwort finden will, sollte die Zutatenliste studieren. Sie könnte aussehen wie diese hier:

Gezuckerte, kondensierte Vollmilch (32 %), pflanzliches Öl, Weizenmehl, Zucker, Vollei, Honig (5 %), Eigelb, Butterreinfett, Weizenkleie 1,5 %), fettarmer Kakao, Emulgator, Backtriebmittel, natürliche Aromastoffe, Salz, Vanillin.

Zudem klebt Milch nicht an den Zähnen wie die zuckersüße weiße Masse, die aussieht wie Milch, aber keine Milch ist. Besonders klebende Süße aber ist kariesverdächtig.

1. Welche wichtigen Inhaltsstoffe enthält die Milch?
2. Welche Milchsorten findest du beim Einkauf? Wie unterscheiden sie sich?
3. Was hältst du vom Umgang mit dem Begriff ‚Milch' in der Werbung, z. B. bei Milchschnitte und Milchschokolade?

Gemüse und Kartoffeln – mehr Bock auf Frisches

Gemüse – schmackhaft und gesund

Kein Bock mehr auf Hamburger, Pommes und Co.? Dann empfehlen sich frische Gemüse und frische Salate als knackige und gesunde Alternative. Wer auf Süßes steht und trotzdem nicht aus der Fassung geraten will, der sollte es mal mit frischem Obst versuchen.

Gemüse ist die Lebensmittelgruppe mit der höchsten Dichte an Vitaminen und Mineralstoffen. Pro 100 Kalorien Energie enthält Gemüse mehr von diesen Nährstoffen als jede andere Lebensmittelgruppe. Für einige ‚kritische' Nährstoffe (z. B. die Vitamine Folsäure und Vitamin B 2 und den Mineralstoff Eisen) ist Gemüse der wichtigste Lieferant in unserer Nahrung.

Obst und Gemüse haben meist einen ausgesprochen hohen Wassergehalt, der in der Regel 70% übersteigt. Das ist ein Hauptgrund für die Kalorienarmut von Obst und Gemüse. Bestimmte Gemüsearten und süße Früchte enthalten Zukker. Schließlich stammt auch unser Haushaltszucker aus einer Wurzelknolle, die zu den Gemüsen gerechnet wird: aus der Zuckerrübe. Da der Zuckergehalt der Rübe jedoch bescheidene 10% kaum übersteigt, braucht die Industrie ca. 10 – 12 kg Rüben zur Herstellung eines Kilogramms Zukker. Doch während der isolierte weiße Zucker im Übermaß genossen zu einer Fehlernährung beitragen kann, liefern die Früchte mit ihrem Fruchtzucker frische Süße. Gleichzeitig bleibt ihr Energiegehalt in bescheidenen Grenzen. Trotzdem machen Obst und Gemüse gut satt. Das liegt an ihrem hohen Ballaststoffgehalt. Gemüse und Obst nehmen für viele Ernährungswissenschaftler auch deshalb einen besonderen Stellenwert ein, weil sie roh, ohne Erhitzen und ohne industrielle Bearbeitung gegessen werden können. Schließlich ist jede Be- oder Verarbeitung eines Lebensmittels mit einem Verlust an Inhaltsstoffen verbunden, und gerade im ‚Abfall' stekken oft besonders viele Nährstoffe – zum Beispiel in bzw. direkt unter den Schalen vieler Obstsorten.

Unter den Schalen von Obst und Gemüse sind oft auch Geruchs-, Geschmacks- und Aromastoffe besonders konzentriert. Viele dieser Substanzen wirken anregend auf verschiedene Funktionen des Verdauungssystems oder entfalten sogar medizinische Wirkungen. So gibt es in Knoblauch und Zwiebeln Inhaltsstoffe, die Blutdruck und Blutfettspiegel senken können.

Also: Obst und Gemüse sollten auch im Haushalt vorsichtig behandelt und möglichst frisch, ohne lange Lagerzeiten verzehrt werden, um möglichst viele wichtige Inhaltsstoffe zu erhalten. Gerade beim Putzen, Schälen und Waschen können schon viele Vitamine in Mitleidenschaft gezogen werden.

Obst, Gemüse und Kartoffeln werden nicht nur frisch, sondern vorrangig in be- und verarbeiteter Form angeboten. So verarbeitet die Lebensmittelindustrie Kartoffeln zu einer Vielzahl von Produkten. Die rohe Kartoffel enthält viele für die Ernährung wertvolle Inhaltsstoffe: Stärke, hochwertiges Eiweiß, Vitamin C, Calcium, Magnesium, und andere wichtige Vitamine und Spurenelemente. Wie aber steht es mit dem Ernährungswert von Kartoffelprodukten?

Bratkartoffeln

sind eine beliebte und schmackhafte Abwechslung im „Kartoffelalltag". Der gute Geschmack sollte jedoch nicht darüber hinwegtäuschen, daß die gekochten Kartoffeln, in Scheiben geschnitten, beim Braten Fett aufsaugen. Außerdem wird das Vitamin C bei den Brattemperaturen fast völlig zerstört.

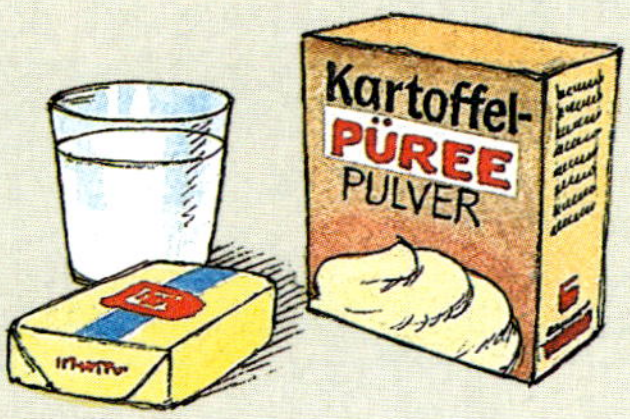

Kartoffelpüreepulver

Ganz sicher geht es schneller, aus Kartoffelpüreepulver mit Milch, Butter und weiteren Zutaten Kartoffelpüree herzustellen. Doch wer weiß schon, was bei der Verarbeitung der Kartoffeln zu Pulver geschieht? Neben den Verlusten an Nährstoffen (besonders Vitamin C) beim Trocknen wird manch einem Kartoffelpüreepulver das wertvolle Eiweiß entzogen.

Kartoffelchips

Zutaten (ein Beispiel): „Kartoffeln, Erdnußöl, Würzmittel mit natürlichen Aromastoffen, Salz." Öl kommt mengemnäßig gleich hinter den Kartoffeln. Der „Knabberspaß" so nebenbei liefert große Mengen zusätzlicher Kalorien: 1 Tüte mit 100 g Kartoffelchips entspricht dem Energiegehalt von 800 g Pellkartoffeln.

Trotz aller Vorteile von Obst und Gemüse ist der Verbrauch bei bestimmten Sorten in der Wohlstandsernährung sehr stark gesunken, z. B. bei Kartoffeln und Hülsenfrüchten. Daß Kartoffeln ‚Dickmacher' sind, ist ein Vorurteil.

Übrigens: Auch Nüsse werden zum Obst gerechnet, und sie sind auf Grund ihres hohen Fettgehaltes besonders nahrhaft. Viele enthalten hohe Mengen Vitamin E und haben gleichzeitig einen hohen Eiweißgehalt.

Obst und Gemüse in der Alltagskost

- Mehr Obst und Gemüse essen! Obst und Gemüse stehen an erster Stelle, wenn es um unsere Versorgung mit Vitaminen, Mineralstoffen und Ballaststoffen geht.
- Obst und Gemüse möglichst frisch und wenig bearbeitet essen! Oft sitzt „das Beste" unter der Schale.
- Wenn schon erhitzen, dann möglichst schonend! Jeder Kenner weiß: Kurzes Dünsten schont das Gemüse am meisten.
- Einige Gemüsearten, z. B. Kartoffeln und Hülsenfrüchte müssen gegart werden, damit wir sie verdauen können.

1. Diskutiert, ob bei euch zu Hause genug Obst und Gemüse gegessen wird.
2. Wie könnte man mehr Obst und Gemüse in die Alltagskost einbauen?
3. Nenne Obst- und Gemüsearten, die im Winter angeboten werden.
4. Welche Bedeutung hat ein Erntekalender, wenn man doch das ganze Jahr über fast alle Arten Obst und Gemüse kaufen kann?
5. Ist es bei der ständig steigenden Belastung unserer Umwelt zu verantworten, Obst und Gemüse zu verzehren, das über tausende von Kilometern in unsere Supermärkte kommt? Diskutiert diese Frage.

Fett: Energie und noch mehr

Der Mensch braucht Fett. Er nimmt es in verschiedenen Formen aus unterschiedlichen Quellen zu sich. Je nach Herkunft unterscheidet man tierische und pflanzliche Fette. Tierische Fette kommen in Fleisch, Fisch, Wurst, Milch, Käse und Butter vor. Daneben gibt es pflanzliche Fette, wie Öl und Margarine. Sie werden z. B. aus Sonnenblumen, Raps oder Sojabohnen gewonnen. Aber auch wer Nüsse und Oliven ißt, führt seinem Körper Fett zu. (Klar, es gibt ja Olivenöl und Nußöl).

Bei der Vielzahl von Fetten fällt die Wahl häufig schwer. Mit der Frage, ob Margarine oder Butter als Brotaufstrich fängt es an. Beide sind wichtige Träger der fettlöslichen Vitamine A, D und E, die sie zu etwa gleichen Mengen enthalten. Butter schmeckt manchen besser, besteht aber zu 60 % aus gesättigten Fettsäuren, mit denen man aus gesundheitlichen Gründen maßvoll umgehen sollte. Margarine hat dagegen einen wesentlich höheren Anteil an ungesättigten Fettsäuren. Die Bedeutung von gesättigten und ungesättigten Fettsäuren wurde bereits auf S. 97 erläutert.

Wenn es um den Gesundheitswert von Fetten geht, heißt ein weiteres Stichwort „Cholesterin“. Cholesterin kommt ausschließlich in tierischen Nahrungsmitteln vor. Pflanzliche Öle und Fette enthalten diesen Begleitstoff nicht. Cholesterin spielt im Fettstoffwechsel eine wichtige Rolle. Der Körper braucht ein Mindestmaß an Cholesterin, erzeugt diese Menge aber selbst. Ein zu hoher Cholesterinspiegel im Blut kann die Entstehung von Herz- und Kreislauferkrankungen begünstigen. Liegen bei einem Menschen Fettstoffwechselstörungen (erhöhter Cholesterinspiegel) vor, sollte der Arzt befragt und Diätmargarine bevorzugt werden.

Wer nun noch etwas für die Figur tun möchte und z. B. am Streichfett sparen will, hat die Möglichkeit zu Halbfettmargarine und Milchhalbfett statt zu Margarine oder Butter zu greifen. Diese Produkte haben nur den halben Brennwert.

Neben den Streichfetten spielen die Speiseöle eine wichtige Rolle als Nahrungsfett. Es gibt kaltgepreßt und raffinierte Öle. Die kaltgepreßten werden durch Pressen der Ölsaaten bzw. Ölfrüchte, wie z. B. Oliven, gewonnen. Raffinierte Öle werden durch Extraktion mit Lösungsmitteln aus Ölfrüchten bzw. -Saaten gewonnen und dann, durch die Raffination von evtl. vorhandenen schädlichen Begleitstoffen (z. B. Pflanzenschutzmittelrückstände) und störenden Geschmacks- und Geruchsstoffen, befreit. Im Gehalt an wertgebenden Inhaltsstoffen unterscheiden sich kaltgepreßte Öle nicht wesentlich von den entsprechenden raffinierten Sorten. Je nach Verwendung wählt man das eine oder andere Öl. Die kaltgepreßten Öle sind relativ hitzeempfindlich, darum sollte man sie immer in der kalten Küche verwenden. Aufgrund ihres spezifischen Eigengeschmacks werden sie gerne für Salate verwendet.

Speiseöle

Für die warme Küche sind raffinierte Öle und insbesondere Speisefette besser geeignet. Sie sind meist heller, hitzebeständiger und haltbarer als die kaltgepreßten. Raffinierte Öle sind geschmacksneutral und können auch zum Braten und Fritieren verwendet werden.

Empfehlungen für den Verzehr von Fetten und Ölen

- Weniger Fett essen! Am Streichfett sparen, und vor allem auf versteckte Fette in Fleisch, Wurst und Käse achten!
- Gute Pflanzenöle wählen!
- Wegen des hohen Anteils an ungesättigten Fettsäuren pflanzliche Fette den tierischen vorziehen!

1. Welches Streichfett wird bei euch zu Hause benutzt? Wird es aus ‚Gewohnheit' verwendet oder gibt es dafür andere Gründe?
2. Wo und wie läßt sich Fett in der Alltagskost einsparen? Denke dabei an versteckte Fette, die bei der Zubereitung von Speisen vom Nahrungsgut aufgenommen werden.

Zusatz- und Schadstoffe in Lebensmitteln: „Vergiften wir uns selbst?"

Noch nie waren die Verbraucher so verunsichert wie heute. „Was soll man überhaupt noch essen?" fragen sie angesichts vieler Lebensmittelskandale und Berichte über Schadstoffe in Lebensmitteln.

Auch dieses Problem hat zwei Seiten. Die eine: Noch nie waren unsere Lebensmittel so sicher wie heute. Die moderne Lebensmitteltechnologie macht es möglich, Lebensmittel unter optimalen hygienischen Bedingungen zu verarbeiten und auf den Markt zu bringen. Während noch vor hundert Jahren viele Menschen an Lebensmittelvergiftungen starben, ist diese Todesursache heute vergessen. Die amtliche Lebensmittelüberwachung mit ihren genauen Untersuchungsmethoden überprüft die Einhaltung der scharfen Vorschriften des Lebensmittelrechts und sucht nach schwarzen Schafen, die es leider auch in der Lebensmittelbranche gibt.

Die andere Seite: Die steigende Umweltbelastung durch Umweltgifte und der Einsatz von chemischen Pflanzenschutzmitteln in der modernen Landwirtschaft führen zu Belastungen, deren langfristige Folgen für unsere Gesundheit nicht voll absehbar sind.

Schadstoffe bedrohen unsere Lebensmittel, wobei unterschieden werden muß zwischen
- Stoffen, die absichtlich und kontrolliert angewandt werden (Pflanzenschutzmittel, Düngemittel, Tierarzneimittel) und
- Stoffen, die unkontrolliert in die Umwelt abgegeben werden und über Luft, Wasser und Boden in Pflanze und Tier und damit in die Lebensmittel und schließlich in den Menschen kommen, beispielsweise die giftigen Schwermetalle Blei, Cadmium und Quecksilber, die aus Auto- und Industrieabgasen und -abfällen stammen.

Wie wirken sich diese Schadstoffe auf unsere Gesundheit aus? Die Dosis macht das Gift. Von den meisten Schadstoffen nimmt der Mensch so geringe Mengen auf, daß es kaum zu spontanen Wirkungen kommt. Doch viele Stoffe, die wir in kleinsten Mengen aufnehmen, werden immer wieder aufgenommen, addieren sich im Körper, treffen dort irgendwann mit anderen giftigen Stoffen zusammen und greifen unsere Gesundheit an. Zu welchen Folgen das letztlich führen kann, wissen heute selbst die Mediziner nicht genau.

Wer Zusatzstoffe mit Schadstoffen in einen Topf wirft, beweist mangelnden Durchblick. Zusatzstoffe werden gezielt bei der Herstellung von Lebensmitteln eingesetzt, und ohne sie wäre unser modernes Lebensmittelangebot gar nicht denkbar. Zusatzstoffe werden eingesetzt,

- um die Haltbarkeit zu verbessern (z. B. durch Zusatz von Konservierungsstoffen zur Schimmelverhütung, durch sog. Stabilisatoren und Antioxidantien),
- um die Festigkeit oder Streichfähigkeit eines Lebensmittels zu verbessern oder zu erhalten (z. B. durch Zusatz von Geliermitteln oder sog. Emulgatoren),
- um optische oder geschmackliche Eigenschaften positiv zu beeinflussen (durch Zusatz von Farbstoffen, etwa bei Süßigkeiten bei diätetischen Lebensmitteln).

Zusatzstoffe dürfen nur nach amtlicher Zulassung verwendet werden, und unbedingte Voraussetzung dafür sind sowohl der Nachweis der gesundheitlichen Unbedenklichkeit als auch der Nachweis der technischen Notwendigkeit. Wer einen nicht zugelassenen Stoff verwendet oder zuviel von einem zugelassenen einsetzt, macht sich strafbar. Ein Restrisiko bleibt: Es gibt Menschen, die auf bestimmte Zusatzstoffe, z. B. Farbstoffe, allergisch reagieren. Eine Allergie kann jedoch genauso von einem natürlichen Nahrungsmittelinhaltsstoff ausgelöst werden.

Wer für Lebensmittel ohne Zusatzstoffe ist, sollte auch bereit sein, seine Ernährung umzustellen. Schließlich ist die verbreitete Verwendung von Zusatzstoffen in der industriellen Lebensmittelproduktion auch eine Folge des Verbrauchergeschmacks, der immer ‚verwöhnter' wird und nach immer bequemeren Produkten verlangt. Ein Fertiggericht ist ohne Zusatzstoffe kaum haltbar zu machen – es sei denn durch Tiefgefrieren. Wer bereit ist, sich von naturbelassenen Lebensmitteln zu ernähren, muß keine Zusatzstoffe in Kauf nehmen.

Verbrauchertips

- Obst und Gemüse vor dem Essen immer unter fließendem Wasser abwaschen! Dadurch kann ein eventueller Schadstoffbelag (Pflanzenschutzmittelrückstände/Blei) stark vermindert werden.
- Wildpilze/wildwachsende Champignons speichern besonders viele Schwermetalle. Davon sollten nicht mehr als 200–250 g pro Woche gegessen werden.
- Innereien speichern besonders viele Schadstoffe. Deshalb sollten Niere und Leber nur in zwei- bis dreiwöchigem Abstand gegessen werden.
- Keramikartikel, die aus dem Urlaub im Süden mitgebracht werden, können Blei- und Cadmium enthalten. Vorsicht beim Kontakt mit Lebensmitteln!

1. Welche Schadstoffe in Lebensmitteln kennst du?
2. Welche Zusatzstoffe in Lebensmitteln kennst du?
3. An welchen Lebensmittelskandale aus der letzten Zeit erinnerst du dich, und wie hast du darauf reagiert?

Der private Haushalt als Marktpartner

Die Versorgung ist eine der zentralen Aufgaben privater Haushalte. Da es bei uns keine reine Selbstversorgerwirtschaft gibt, sind die Haushalte zur Sicherung ihrer Versorgung mehr oder weniger auf Leistungen angewiesen, die ihnen von Wirtschaftsunternehmen (Produzenten, Handelsunternehmen, sonstigen Dienstleistungsunternehmen) angeboten werden. Dieses Angebot ist sehr vielfältig. Der Haushalt kann und muß auswählen. Ist es dabei beliebig, wie er sich entscheidet? Kann es zu folgenreichen Fehlentscheidungen kommen? Wie können Fehlentscheidungen verhindert werden?

1. Warenvielfalt – Anbietervielfalt

„Wer die Wahl hat, . . ."

Vor ein paar Jahren noch war es sehr einfach, Brot oder Brötchen zu kaufen. Man ging in eine Bäckerei, sagte seinen Wunsch und bekam ohne weitere Nachfrage, was man wollte. Heute kann selbst das Einkaufen von Brötchen oder Brot zum Kunststück werden. Das Angebot ist unüberschaubar groß geworden. Dabei ist es nicht nur die Sortenvielfalt, die bei Brötchen oder Brot die Auswahl schwer macht. Es gibt auch – zumindest in größeren Orten – unterschiedliche Anbieter. Die einzelnen Anbieter haben oft neben dem Standardsortiment besondere Spezialitäten, sind billiger als andere oder haben eine besonders große Auswahl. Der Verbraucher muß sich also entscheiden

– welche Brötchen bzw. welches Brot er haben will und
– wo er einkaufen will.

Das gilt natürlich nicht nur für Brot und Brötchen. Ob bei Lebensmitteln, Kleidung oder Haushaltswaren: Immer wieder hat der Verbraucher die Qual der Wahl. Diese Vielfalt mit ihren Wahlmöglichkeiten hat Vorteile. Je größer die Auswahl ist, desto eher besteht für den Verbraucher die Möglichkeit, etwas zu finden, das genau seinen Wünschen und Vorstellungen entspricht. Auf der anderen Seite verlangt eine breite Auswahl aber auch etwas von dem Verbraucher:

- Er muß wissen, was er will.
- Er muß Warenkenntnisse haben und Unterschiede zwischen den verschiedenen Angeboten kennen.
- Er muß wissen, nach welchen Gesichtspunkten er unter den verschiedenen Angeboten auswählen will.

Die Vielzahl der Angebote macht manche Verbraucher unsicher. Sie fühlen sich überfordert. Eine Reaktion darauf ist, ohne Überlegung und ohne Abwägen irgendetwas zu kaufen. Manche Verbraucher sagen zum erstbesten Vorschlag „ja", ohne wirklich genau zu wissen, was sie da gerade kaufen. Sie haben nicht den Mut, zu fragen und sich einzelne Produkte und ihre Unterschiede zu anderen erklären zu lassen. Andere Verbraucher halten an einer ihnen bekannten Marke fest. Sie sind unsicher und trauen sich nicht einmal, ein anderes Produkt auch nur auszuprobieren.

1. „Die Vielfalt im Angebot verlangt bewußtes Einkaufen." Wieso?
2. Warenvielfalt kann Verbraucher verunsichern. Welches Kaufverhalten können verunsicherte Verbraucher an den Tag legen? Wie ist dieses Verhalten zu beurteilen?

Einkaufsmöglichkeiten

Der Wettkampf um die Gunst des Käufers hat im Handel eine große Vielfalt von Einkaufsmöglichkeiten entstehen lassen. Neben den traditionellen Fachgeschäften und Warenhäusern sind z. B. Discountgeschäfte entstanden, die Produkte sehr preiswert anbieten, dafür aber jeden Service und jeden Komfort vermissen lassen.

Wochenmärkte sind seit Jahrhunderten beliebte Einkaufsstätten. Allerdings findet man dort mittlerweile oft mehr professionelle Markthändler, die in etwa gleiche Produkte verkaufen wie der Supermarkt nebenan, als Erzeuger, die Waren aus ihren Gärten, von ihren Feldern oder ihren Obstplantagen anbieten.

Per Katalog kann man schon lange kaufen. Die moderne Nachrichtentechnik hat neue Möglichkeiten des „Fernkaufs" geschaffen. „Tele-Shopping" heißt eines der Zauberworte der Zukunft. Bei diesem System wirken per Fernsehsender übertragene Verkaufsshows und Bestellungen per Telefon oder Home-Computer zusammen.

Besonders in Städten sind Handelsbetriebe entstanden, die das Einkaufen zu einem (gefühlsmäßigen) Erlebnis machen. Zu solchen Erlebnisstätten gehören z. B. Passagen mit ihren Fachgeschäften. Das ausgefallenste Projekt dieser Art soll in Norddeutschland entstehen und „Wunderland" heißen. Dort wird man unter Palmen an fließenden Gewässern vorbei einen Einkaufsbummel machen können.

1. Welche Einkaufsmöglichkeiten zeigen die vier Fotos?
2. Du sollst Lebensmittel (Brot, Milch, Milchprodukte, Gemüse, Obst) einkaufen. Welche Möglichkeiten bieten sich an deinem Wohnort?
3. Nach welchen Gesichtspunkten entscheidest du, in welchem Geschäft oder bei welcher anderen Einkaufsquelle du einkaufst?

Wie der Bedarf das Angebot beeinflußt

Milch: verschiedene Verpackungen, verschiedene Größen

Milch: Gesichtspunkte für die Auswahl

Für Verbraucher sind selbst bei einem Produkt wie Milch verschiedene Gesichtspunkte für die Kaufentscheidung wichtig. Darauf haben sich die Anbieter eingestellt. Sie wollen den Bedarf der Verbraucher decken, denn wenn Verbraucherwünsche unerfüllt bleiben, könnte das schnell die Konkurrenz auf den Plan rufen. Der Wettbewerb unter den Anbietern führt dazu, daß dem Bedarf der Verbraucher hohe Aufmerksamkeit geschenkt wird. Der Bedarf aber verändert sich ständig, weil sich bei den Verbrauchern auch etwas ändert. So werden z. B. die Haushalte von der Personenzahl her immer kleiner. Die Einpersonenhaushalte nehmen zu, die Haushaltsperson ist zudem in vielen Fällen berufstätig. Das schafft einen anderen Bedarf, als er in einem Vierpersonenhaushalt gegeben ist.

Es sind nicht nur direkt meßbare Veränderungen, die zu Bedarfsumschichtungen führen. Es sind auch andere Gegebenheiten mit im Spiel. So können Änderungen in den Vorstellungen darüber, was im Zusammenleben der Menschen wichtig ist, zu einem veränderten Verbraucherverhalten führen. Jahrelang galt z. B. Kleidung als weniger wichtig. In den achtziger Jahren änderte sich diese Einschätzung. Kleidung wurde für das

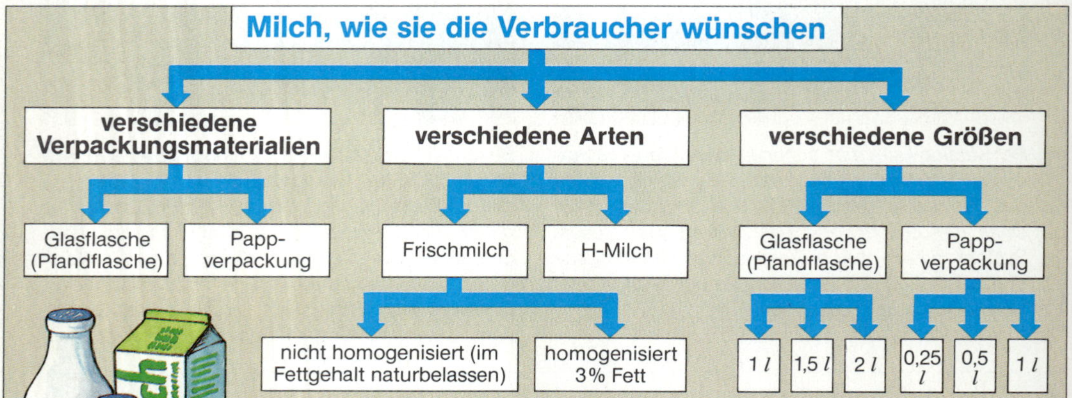

Aus der Produktpalette einer Molkerei

Frischmilch
- 0,25 *l*: die Pausenmenge
- 0,5 *l*: für den kleinen Haushalt
- 1 *l*: für den größeren Haushalt, den Vieltrinker

Die 1-*l*-Menge gibt es in weißer und in blauer Verpackung. Zwischen den beiden Angebotsformen besteht ein Preisunterschied, obwohl es sich um die gleiche Milch handelt. Beide Angebotsformen haben einen festen Käuferkreis. Die Verbraucher wollen also beide Angebotsformen.

Selbstwertgefühl vieler wichtig. Sehr schnell gab es ein so großes Marktangebot an Kleidung, wie es das zuvor in diesem Ausmaß und in dieser bunten Vielfalt nicht gegeben hat.

Solche Veränderungen in der Einschätzung der Verbraucher führen auch in anderen Bereichen zu Veränderungen im Marktangebot. Dazu zwei Beispiele: In den achtziger Jahren nahm das Bewußtsein zu, daß man durch eine entsprechende Ernährung etwas für seine Gesundheit tun kann. Zum Kennwort für eine gesundheitsbewußtere Ernährung wurde das Wort „Müsli“. Die Parole für gesündere Ernährung am Frühstückstisch lautete: „Weg vom pappigen Toast-Weißbrot mit Marmelade, hin zum kernigen Müsli.“

Müsliprodukte

Bevor das Wort „Müsli“ in die (Gesundheits-)Diskussion kam, fand man nur ganz wenige Fertigmüslis im Lebensmittelhandel. Angebote gab es vorwiegend in Reformhäusern, und die waren recht teuer. Dann aber wurde immer mehr über „Müsli“ gesprochen und geschrieben. Viele Verbraucher änderten ihre Einstellung zur Ernährung. Sie wollten gesundheitsbewußter essen. Als einen Schritt auf diesem Wege griffen sie zum Müsli. Innerhalb kurzer Zeit hatten sie auch hier die Qual der Wahl. Selbst in kleinen Lebensmittelläden gehörten bald mehrere Müslisorten zum Warenangebot. Ob all die angebotenen, zum Teil recht teuren Fertigmüslis immer gesundheitlich wertvoll waren, das fragte kaum noch jemand. Es wurde in vielen Familien auch nicht geprüft, ob man sich nicht aus gekauften Zutaten, vielleicht kombiniert mit Produkten aus dem eigenen Garten, ein viel besser schmeckendes, gesünderes und obendrein erheblich billigeres Müsli selbst zusammenstellen könnte. Es kam die Familienpackung Müsli auf den Tisch, hier und da das besondere „Kindermüsli“. Gerade das aber warf für Ernährungsfachleute Fragen nach seinem gesundheitsbezogenen Wert auf.

Neben dem Wort „Müsli“ gab es ein anderes Zauberwort, das Veränderungen in der Einstellung der Verbraucher aufzeigte, das Wort „Bio“. Das Kurzwort „Bio“ gab es lange Zeit fast nur in der Sprache der Schüler. Sehr schnell aber wurde es zu einer Art Zauberformel. Das hing mit dem zunehmenden Umweltbewußtsein der Verbraucher zusammen. Viele Verbraucher sahen die Notwendigkeit, sich umweltbewußter zu verhalten. „Bio“-Produkte versprachen, ihnen dabei zu helfen. So kamen eine Vielzahl von Reinigungsmitteln mit dem Signalwort „Bio“ auf den Markt. Das ist erklärbar, weil gerade viele Putz- und Waschmittel als Belastung für die Umwelt galten. Aber es blieb nicht bei den Reinigungsmitteln. „Bio“-Töpfe, „Bio“-Socken, „Bio“-Teppichböden, „Bio“-Farben und natürlich „Bio“-Lebensmittel tauchten in den Läden auf. „Bio“ sagt in der Wortkombination „Bio-Topf“ etwas anderes aus als im Wort „Bio-Lebensmittel“. Aber das war und ist manchem Verbraucher nicht mehr so wichtig. Auf das „Bio“ kommt es an. Das verspricht Hilfe beim umweltbewußteren Leben. Ob es der Umwelt tatsächlich hilft, was da als „Bio“ angeboten wird, das können viele Verbraucher nicht beurteilen. Woher sollen sie das nötige Fachwissen auch nehmen, woher zuverlässige Informationen erhalten?

1. Welche „Bio“-Produkte kennst du? Was sagt bei ihnen das Wort „Bio“ aus?
2. Welche Auswirkungen hat das gesteigerte Gesundheitsbewußtsein über die genannten Beispiele hinaus auf das Warenangebot? Finde Beispiele.
3. Welche Trends gibt es neben dem Gesundheitsbewußtsein und dem Umweltbewußtsein noch? Welche Auswirkungen haben sie auf das Warenangebot?
4. In welcher Weise berücksichtigt das Warenangebot im Lebensmittelbereich den Trend zum Einpersonenhaushalt?

Angebote nur für Kenner

Wer sich bewußt das Warenangebot in einer Stadt ansieht, wird schnell erkennen, daß es auf sehr unterschiedliche Bedürfnisse hin ausgerichtet ist. So gibt es Geschäfte, die sich auf Kinder bzw. Jugendliche und ihre Bedürfnisse spezialisiert haben. Vor allem im Textilbereich sind ausgesprochene „Jugendgeschäfte" zu finden. Daneben existieren Läden, die auf die „Frau bzw. den Mann von Welt" ausgerichtet sind. Es gibt Läden, die sich mit ihrem Warenangebot besonders dem gesundheitsbewußten Kunden empfehlen, andere Läden sind Anlaufstellen für alle, die sich sportlich betätigen. Es gibt sogar Spezialisten für Besonderheiten. So bietet ein Geschäft in Norddeutschland Artikel für Linkshänder an.

Die bisherige Aufzählung ist ungeordnet und ohne System. Das hat seinen guten Grund: Die Bedürfnisse der Verbraucher lassen sich nicht sauber systematisieren. Sie sind vielfältig, und fast genauso vielfältig ist das Warenangebot.

Die Anpassung an den Bedarf der Verbraucher ist sogar innerhalb eines engen Bereiches wie dem Lebensmittelhandel deutlich zu sehen. Da gibt es Läden, die bewußt preiswert sind. Das gesamte Warenangebot ist unter diesem Gesichtspunkt zusammengestellt. Andererseits sind Lebensmittelgeschäfte zu finden, die ausgesprochen teure, zum Teil sehr ausgefallene Waren anbieten. Trüffeln und Pasteten gibt es dort, Wurst- und Käsespezialitäten aus verschiedenen Ländern, hervorragende und damit teure Weine, Teigwaren bester Qualität aus den Heimatländern dieser Lebensmittel und dergleichen Dinge mehr. Auch diese Geschäfte haben ihren Kundenkreis, meist Haushalte mit einem hohen Lebensstandard und gutem Einkommen.

Videothek

Bio-Laden

Eine andere Gruppe von Lebensmittelgeschäften wendet sich an den gesundheitsbewußten Verbraucher. Da sind zunächst die Reformhäuser zu nennen, weil sie als erste mit dem Anspruch auf dem Markt waren, dem Bedarf gesundheitsbewußter Haushalte Rechnung zu tragen. Die Reformhäuser haben Konkurrenz durch „Alternativläden" bekommen, auch Bio-Läden genannt. Sie tragen oft bunte Namen wie „Rapunzel", „Sonnenblume" oder „Kernhäuschen". Aber auch viele normale Supermärkte haben heute besondere Angebote für gesundheitsbewußte Verbraucher.

Wie sehr Verbraucherwünsche und Verbraucherbedürfnisse auf das Warenangebot Einfluß haben, zeigt sich auch im Bereich von Freizeitprodukten, also den Angeboten an Waren und Dienstleistungen, die etwas mit der Freizeit der Verbraucher zu tun haben. Vor Jahren z. B. gab es keine Surf-Shops. Videotheken waren ebenso unbekannt wie Hobbyzentralen. Auch Spezialgeschäfte für den Hobbykoch, wie sie in größeren Städten zu finden sind, waren nicht oder nur ganz selten vorhanden. Ebenso gab es in mancher Stadt nur wenige Reisebüros, wenn sie überhaupt vorhanden waren. Die größer werdende Freizeit vieler Verbraucher und die Möglichkeit, für die Freizeitgestaltung auch Geld ausgeben zu können, haben zu einem eigenen Wirtschaftsbereich geführt. Man spricht heute von einer „Freizeitindustrie". Damit meint man nicht eine Industrie, die Freizeit produziert, sondern Produktions- und Dienstleistungsbetriebe, die etwas für das Ausfüllen der Freizeit anbieten. Wie dieses Angebot aussieht, welcher Art und wie umfangreich es ist, hängt letztlich von den privaten Haushalten ab. Ihre Nachfrage und ihre Bereitschaft, Geld für freizeitbezogene Angebote auszugeben, stärkt oder schwächt die Freizeitindustrie.

1. Zeige an Beispielen, wie der Einzelhandel durch Spezialisierung auf den Bedarf von Verbrauchern eingeht.
2. Wie beurteilst du „Bio-Läden"?
3. Was versteht man unter „Freizeitindustrie"? Nenne Beispiele für diesen Wirtschaftsbereich.

Technische Entwicklung und Marktangebot

Die Technik hat in letzter Zeit große Entwicklungssprünge gemacht. Etliche Entwicklungen betreffen direkt oder indirekt den privaten Haushalt. Ob das, was die Technik an neuen oder verbesserten Produkten möglich gemacht hat, auch zu Markterfolgen führt, hängt von den Haushalten ab. Sie entscheiden durch ihre Nachfrage, was sich an „neuer Technik" durchsetzt.

Im Hinblick auf die aktuellen Entwicklungen kann man, bezogen auf den privaten Haushalt, zwei Richtungen unterscheiden. Da ist zum einen die Entwicklungslinie, die zu neuer Technik in Haushaltsgeräten führt, z. B. in Waschmaschinen oder Küchenmaschinen. Die „neue Technik" ist eingebaut, für den Verbraucher zunächst kaum sichtbar. Aber die Maschinen können oft mehr als ihre Vorgängerinnen oder arbeiten genauer, sparsamer, umweltschonender.

Neu im Haushalt sind Mikrowellengeräte. Mikrowellengeräte können, vor allem im Zusammenhang mit Tiefkühlgeräten, den Haushaltsalltag im Bereich der Ernährung verändern.

Da ist zum anderen eine Entwicklungslinie, die sich mit dem Begriff **„Informationstechnik"** verbindet. Hier wird die neue Technik für den privaten Haushalt direkt zum Gegenstand von Entscheidungen. Er muß entscheiden, ob er „an's Kabel" will oder nicht. Er kauft und nutzt Home-Computer oder läßt es sein. Er wird zum zahlenden Btx-Nutzer oder aber verweigert sich diesem Angebot. In privaten Haushalten wird darüber entschieden, ob dem Tele-Shopping, das in ersten Ansätzen auch in der Bundesrepublik Deutschland angeboten wird, eine Zukunft bevorsteht oder nicht. Von ihrem Verhalten wird es abhängen, ob in Geschäften bald weniger mit Bargeld und Schecks und dafür mehr mit chipbestückten Kreditkarten gezahlt wird.

Wie unkalkulierbar das Verhalten der privaten Haushalte ist, zeigt das Beispiel Bildschirmtext (Btx). Btx, würde, so glaubten anfangs viele, schnell ein „Marktrenner" werden. Eine größere Zahl von Anbietern stellte sich auf dieses System ein. Sie hofften, Fernsehkunden würden sich verkabeln lassen, mit ihrem Fernsehgerät Btx-Informationen abrufen und dadurch angeregt, Bestellung vorzunehmen oder Urlaubsreisen zu buchen. Es kam, zumindest Mitte der 80er Jahre, anders. Die Haushalte interessierten sich nicht für Btx. Viele Anbieter warfen das Handtuch und stiegen aus. Das System wurde dadurch noch uninteressanter. Die Haushalte hatten eine technisch und wirtschaftlich neue Idee abgelehnt.

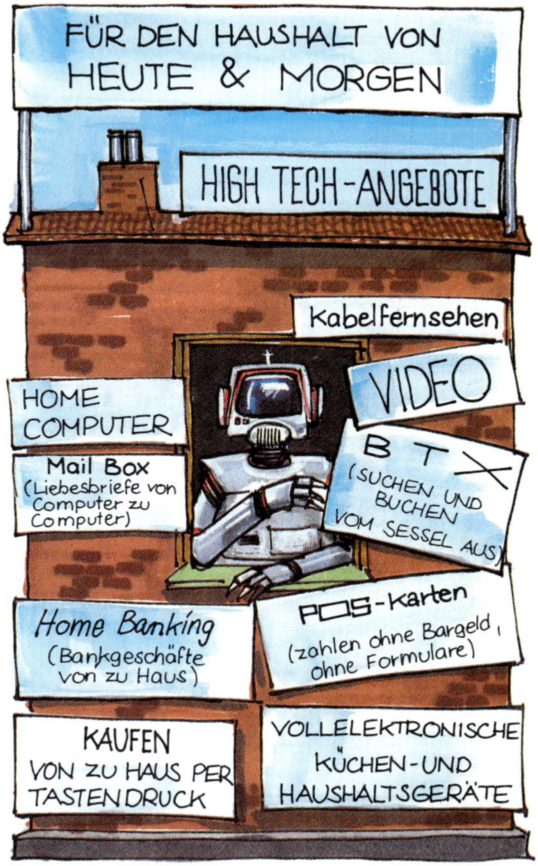

1. Die technische Entwicklung hat zu Veränderungen bei Haushaltsgeräten geführt. Nenne Beispiele und beurteile die dort aufgezeigten Veränderungen.
2. Die Informationstechnik hat einen gewaltigen Sprung nach vorn getan. Davon sind auch private Haushalte betroffen. Zeige Beispiele dafür.

2. Einkaufsverhalten zwischen Modell und Wirklichkeit

Herr Knofi, der Käufer von nebenan

So wie Herr Knofi verhalten sich viele Verbraucher. Sie gehen in ein Lebensmittelgeschäft, um Milch oder Aufschnitt für das Abendbrot zu kaufen. Wenn sie das Geschäft verlassen, sind sie mit zwei vollen Tüten bepackt. Nur die Milch, die haben sie vergessen. Das mag überzogen dargestellt sein, aber was dieses Beispiel deutlich machen soll, hat schon jeder erlebt: Man wollte nur Kleinigkeiten kaufen. An der Kasse aber reichte dann das Geld kaum, um all das zu bezahlen, was noch in den Einkaufswagen gelegt worden war.

Vor allem „Sonderangebote" locken immer wieder. Da fragt mancher Verbraucher häufig nicht mehr, ob für die als Sonderangebot präsentierte Ware überhaupt im Augenblick ein Bedarf besteht. Notfalls überredet man sich selbst: „Es wird ja nicht schlecht. Ich werde es schon brauchen!" Auf „Sonderangeboten" bleibt der Handel selten sitzen, wenn die Ware noch halbwegs vernünftig zu sein scheint.

„Kundentreue" ist ein Stichwort, das man im Handel gerne hört. Treue Kunden, also Stammkunden, sind viel wert. Sie akzeptieren auch schon mal etwas höhere Preise, wenn sie sich sonst gut aufgehoben fühlen.

In Büchern über „rationales", also einem nur am eigenen Vorteil orientierten Einkaufsverhalten, wird ein solches Verhalten als problematisch angesehen. Dort wird verlangt, daß der Verbraucher sich immer wieder neu orientiert und jeweils dort einkauft, wo es für ihn im Augenblick am vorteilhaftesten ist.

Ein besonderes Problem sind die Warenkenntnisse. Bei vielen Produkten, vor allem Lebensmitteln, fehlt den Käufern oft ein Maßstab für Qualität. Sie möchten zwar „Ware von guter „Qualität" kaufen, wissen aber in der Regel nicht, was die Qualität einer Ware ausmacht und woran man sie erkennt. Vielleicht können sie bei Lebensmitteln noch sagen, daß der Gesundheitswert für sie als Qualitätsmaßstab wichtig ist. Wenn man dann aber fragt, was sie über den Gesundheitswert einer Ware wissen, dann kommen oft nur Werbesprüche. Viele Käufer und Käuferinnen orientieren sich nämlich an Aussagen der Werbung. Sie verlassen sich darauf, was in der Werbung über ein Produkt gesagt wird.

Ein Maßstab ist für viele nach wie vor der Preis. Ein alter, erfahrener Fabrikant soll, so wird erzählt, bei der Übergabe seines Unternehmens an seinen Sohn gesagt haben: „Junge, denk immer daran: Die Leute glauben, was nix kostet, das ist nix! Also halte die Preise hoch!" Der Sohn hat es getan. Seine Produkte sind am Markt noch heute erfolgreich.

Verbraucher sollen preisbewußt einkaufen. Die meisten Verbraucher wollen das auch. Versuche haben aber ergeben, daß Käufer schon am Ladenausgang nicht mehr sagen können, was sie für einzelne Lebensmittel bezahlt haben. Das gilt allerdings nur für solche Produkte, die nicht in der sogenannten „Preisoptik" stehen. Bei einigen wenigen Waren kennen nämlich viele Hausfrauen die Preise. Das gilt z. B. für Butter oder Großkartons Waschmittel. Auch der Milchpreis steht ebenso in der Preisoptik wie der Kaffeepreis. Aber schon bei Joghurt oder gar Edamer oder Emmentaler Käse hört bei vielen die Preiskenntnis auf. Die Testkäufer konnten auch nicht sagen, ob die von ihnen gekauften Produkte in anderen Geschäften billiger oder teurer sein würden. Lebensmittel werden eben gewohnheitsmäßig eingekauft. Da wird nicht mehr viel nachgedacht und verglichen.

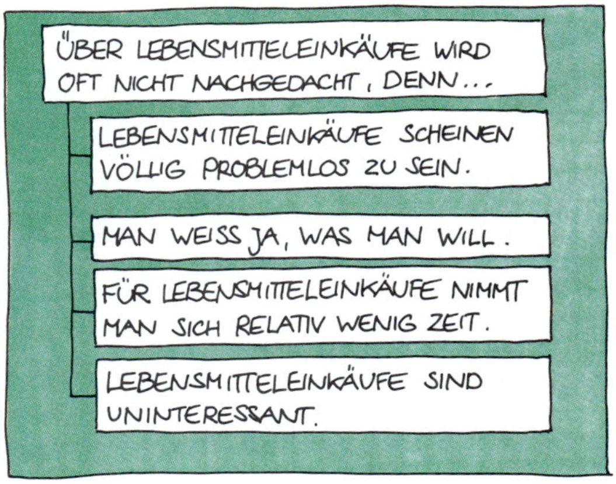

1. Erläutere die Zeichnung. Wie beschreibt Herr Knofi sein eigenes Einkaufsverhalten?
2. Worin weicht dieses Einkaufsverhalten vom Modell des „rationalen Verbrauchers" ab?
3. Wie sind solche Abweichungen zu erklären und zu beurteilen?

Einflüsse auf das Käuferverhalten

1. Viele behaupten: „Werbung beeinflußt das Käuferverhalten." Wie stehst du zu dieser Aussage?
2. Moden gibt es nicht nur im Textilbereich. Zeige an Beispielen, bei welchen anderen Produkten „Moden" das Käuferverhalten mit beeinflussen.
3. Zeige Beispiele für den Einfluß des Geltungsbedürfnisses auf das Käuferverhalten.
4. Welche weiteren, noch nicht genannten Einflüsse können sich auf das Käuferverhalten auswirken?

„Verkaufsförderung“: Einflüsse auf das Einkaufsverhalten im Supermarkt

Aus den Arbeitsmaterialien eines Auszubildenden im Lebensmittelhandel

Wieviel eine Kundin oder ein Kunde einkauft, kann durch verkaufsfördernde Maßnahmen beeinflußt werden. Wer nachdenkt, findet immer wieder Möglichkeiten der Einflußnahme. Die wichtigste Voraussetzung dafür ist, daß sich die Kundin oder der Kunde in ihrem Geschäft wohlfühlt. Wer sich wohlfühlt, ist eher ansprechbar für positive Eindrücke, die sich in Einkäufen niederschlagen. Zu den Möglichkeiten der Einflußnahme zählen:

- ***eine freundliche Ladengestaltung.*** *Das optische Bild aus Verkaufsmöbeln, Waren und Aktionsständen muß stimmen.*
- ***eine freundlich stimmende Atmosphäre.*** *Dazu muß das Verkaufspersonal ebenso beitragen (Kleidung, Verhalten!) wie die Technik durch gut abgestimmtes Licht, frische Luft, angenehme Temperaturen und die schon erwähnte Ladengestaltung.*
- ***angemessene Musik*** *in angenehmer, unauffälliger Lautstärke.*
- ***eine geschickte Warenpräsentation,*** *die dazu anregt, Produkte erneut mitzunehmen. Zur Warenpräsentation zählt auch die „Zweitplazierung“, also das Anbieten eines bestimmten Produkts außer an seinem Stammplatz im Regal auch an einem zweiten Standort, z. B. auf Paletten im Gang oder in der Kassenzone.*
- *die Nutzung von* ***„Stolperkörben“*** *und* ***Aktionsständern*** *in den Gängen. Sie verringern das Tempo der Kunden (Wer schnell durch den Laden läuft, kauft nicht viel!) und bieten Anreize für Spontankäufe.*
- ***ein auf ihre Kundschaft zugeschnittenes Sortiment*** *mit der Möglichkeit, Neues kennenzulernen und sich gelegentlich auch ein wenig Luxus gönnen zu können.*
- *wechselnde* ***Sonderangebote und Probieraktionen*** *(Einladung von Propagandistinnen, die im Laden Kostproben von Markenprodukten verteilen).*
- ***saisongerechte Sonderaktionen*** *(z. B. „Alles für den Glühweinabend“ oder „Grillen im Garten“).*
- *Angebote von kleineren Artikeln wie Zigaretten, Süßigkeiten, Kaugummi in der* ***Kassenzone.***
- ***Werbung*** *in ihren vielfältigen Formen.*

1. Erläutere den Sinn der Empfehlung. Was hat sie mit dem Thema „Einflüsse auf das Einkaufsverhalten“ zu tun?
2. Erkläre einzelne Empfehlungen genauer. Welcher Zusammenhang besteht z. B. zwischen Musik im Laden und Einkaufsverhalten der Kunden?
3. Welche Werbemöglichkeiten kann ein Lebensmittelgeschäft nutzen?
4. Welche Möglichkeiten der Einflußnahme auf das Käuferverhalten gibt es noch?

Überlegt und sinnvoll einkaufen heißt ...

... preiswert einkaufen

Das setzt voraus, daß man Preise kennt und Preise vergleicht. Beim Preisvergleich müssen auch die Beschaffungskosten berücksichtigt werden.

... angemessene Qualität einkaufen

Die Qualität muß dem Verwendungszweck angepaßt sein. Schlecht ist es, ohne jede Berücksichtigung der Warenqualität einzukaufen und z. B. bei Lebensmitteln nur den Preis zu berücksichtigen.

... bedarfsgerecht einkaufen

Das gilt sowohl für die Art der Ware als auch für die Menge. Nicht immer sind z. B. Großpakkungen wirklich vorteilhaft. Außerdem ist Vorrat, der dann doch nie gebraucht wird, sinnlos.

... gesundheits- und sicherheitsbewußt einkaufen

Das setzt z. B. Kenntnisse über den Gesundheitswert von Lebensmitteln oder Sicherheitskennzeichnungen bei elektrischen Geräten voraus.

... umweltbewußt einkaufen

Das Einkaufsverhalten der Verbraucher hat Konsequenzen für die Umwelt, wie die Beispiele „Verpackungsmüll“ oder „Treibgase aus Spraydosen“ zeigen.

... haushaltsorganisatorisch sinnvoll einkaufen

Einkäufe sollten so geplant werden, daß der dazu erforderliche Zeit- und Kraftaufwand erträglich ist und die Einkäufe sich sinnvoll in die übrigen Hausarbeiten einpassen.

... streßfrei und zeitgünstig einkaufen

Wenn einkaufen zum Streß wird, kostet das nicht nur unnötig Nerven, auch die Gefahr von Fehlkäufen nimmt zu. Wer z. B. kurz vor Ladenschluß noch Großeinkäufe tätigen will, gerät leicht in die Gefahr, hektisch zu werden und wahllos zuzugreifen.

Verbraucher sollten auf Preise achten und Preise vergleichen. Allerdings gilt beim Lebensmitteleinkauf: „Mindestqualität geht vor Preis.“ Dieser Satz darf nicht so verstanden werden, als spiele der Preis überhaupt keine Rolle. Im Gegenteil. Der zum Teil sehr scharfe Wettbewerb im Handel führt dazu, daß der Verbraucher vielfach gleiche oder zumindest gleichartige Ware zu unterschiedlichen Preisen bekommen kann. Es kommt darauf an, was, wann und wo er kauft.

Der Wettbewerb im Einzelhandel ist scharf. Da kann sich Preisbewußtsein für Verbraucher lohnen. Allerdings sagen ein paar mit viel Reklame nach außen vorgezeigte Sonderangebote noch nicht viel über die tatsächliche Preiswürdigkeit eines Geschäftes über die gesamte Breite des Sortiments hinweg.

Wer preisbewußt einkaufen will, muß Preise kennen, und zwar auch für solche Produkte, bei denen es nicht ständig Sonderangebote gibt. Sonderangebote sollte man nutzen, wenn man die angebotene Ware auch tatsächlich braucht. Wenn aber jemand konsequent möglichst viele Sonderangebote kauft, heißt das noch lange nicht, daß er wirtschaftlich sinnvoll einkauft. Denn wenn er z. B. wegen eines Sonderangebotes weite Wege zurücklegen muß, etwa zu einem Supermarkt oder Einkaufzentrum vor der Stadt, dann müssen mindestens der Weg und die durch ihn verursachten Kosten mitberücksichtigt werden. „Dauertiefpreis“ bei wichtigen Lebensmitteln können möglicherweise eher ein Grund sein, in einem Lebensmittelgeschäft einzukaufen als ein paar stark herausgestellte Sonderangebote.

Wer sinnvoll einkaufen will, muß vor allem lernen, anderen und sich selbst gegenüber „nein“ zu sagen. Wenn z. B. wieder ein Kleidungsstück oder ein Paar Schuhe sehr reizen, aber weder für die Jacke noch für die Schuhe ernsthafter Bedarf gegeben ist, dann sollte man einem solchen Angebot widerstehen.

Die Hinweise zu einem sinnvollen und überlegten Einkauf in der Übersicht links sind auf den ersten Blick einleuchtend. Das gilt zumindest, wenn man jede Empfehlung für sich betrachtet. Schwierig wird es aber, wenn man die einzelnen Empfehlungen zusammen betrachtet. Dann kann es nämlich geschehen, daß einzelne Punkte zueinander in Widerspruch geraten, z. B. beim Einkauf von Lebensmitteln. So kann bei einem bestimmten Produkt der Gesundheitswert hoch sein, das Produkt schmeckt aber nicht besonders gut, sein Genußwert ist also gering. Bei einem anderen Produkt stimmen z. B. Genußwert, Nährwert und Bekömmlichkeit, auch der Gesundheitswert ist hoch einzustufen, aber das Produkt ist unter Gesichtspunkten des Umweltschutzes problematisch. Wie lautet dann das Gesamturteil? Hier gibt es keine allgemeine Regel. Jeder muß für sich entscheiden. Die Stichworte können also nur bewußt machen, an was man bei der Beurteilung von Lebensmitteln denken sollte.

Qualitätsbewußtes Einkaufen ist vor allem bei geringem Einkommen wichtig. Wer unüberlegt nur vom Billigsten kauft, kann viel verkehrt machen. So dürfte es sinnvoller sein, etliche Tage lang überhaupt kein Fleisch zu kaufen, als täglich billiges Fleisch auf den Tisch zu bringen. Und statt eines kaum sättigenden pappigen Brotes, von dem dann sehr viel gegessen wird, weil der Hunger sich immer wieder meldet, sollte man lieber ein etwas teureres Vollkornbrot nehmen. Das sättigt und versorgt den Körper mit den notwendigen Nährstoffen. Ein drittes Beispiel: Wer statt einer relativ teuren eine billige Nuß-Nougat-Creme für das Frühstücksbrot kauft, handelt auch nicht sinnvoll. Auf eine Nuß-Nougat-Creme sollte man ganz verzichten. Wer Phantasie hat, erfindet eine Fülle von Brotbelägen oder Brotaufstrichen, die unter dem Gesichtspunkt „Gesundheitswert“ besser sind, aber nicht mehr kosten als eine billige Nougatcreme.

Schwierigkeiten kann auch die Empfehlung machen, umweltbewußt einzukaufen. Es gibt viele Produkte, die unter dem Gesichtspunkt des Umweltschutzes als problematisch anzusehen sind, sei es, daß sie bei der Produktion Umweltbelastung verursachen, sei es, daß sie beim Gebrauch der Umwelt schaden oder daß ihre Reste und Verpackungen Umweltprobleme schaffen. Immer mehr Verbraucher wissen zwar, daß es auch von ihrem Verhalten abhängt, ob unsere Umwelt noch stärker belastet wird oder nicht – aber was kann man konkret tun?

- ▷ Sich informieren!
- ▷ Umweltprobleme ernst nehmen!
- ▷ Sein eigenes Verhalten überprüfen!
- ▷ Verantwortungsvoll handeln – auch gegen Gewohnheiten und Bequemlichkeit!

Ein Beispiel: Getränke in Dosen sind aus Gesichtspunkten des Umweltschutzes sehr problematisch. Die Dosen schaffen bei Produktion und Entsorgung Probleme. Dosengetränke also höchstens für Reise oder Wanderung kaufen, auf keinen Fall für zu Hause!

„Einkaufsregeln“ – ein paar Tips für den täglichen Einkauf

Tatsachen	Verhaltensregeln
Viele kaufen mehr ein, als sie wollten und als sie brauchen.	▷ Man sollte vorher überlegen, was man kaufen will (Art, Menge) und einen Einkaufszettel schreiben.
Manche Käufer überlegen nicht, für welchen Verwendungszweck sie eine Ware brauchen. Sie kaufen stets vom Besten.	▷ Man sollte sich vor dem Einkauf überlegen: Was will ich mit der Ware machen? Wozu brauche ich sie? Dann kann ich eine angemessene Qualität kaufen und dadurch weniger Geld ausgeben.
Es gibt Produkte, die sind nicht unbedingt gesundheitsfördernd, obwohl sie viel gekauft werden.	▷ Man sollte beim Einkauf sein Ernährungswissen nutzen und auf die Warendeklarationen achten. Vielleicht verzichtet man auf das eine oder andere Produkt dann ganz.
Man kann Waren der gleichen Art bei völlig verschiedenen Einkaufsquellen bekommen – oft zu sehr unterschiedlichen Preisen.	▷ Man sollte die besonderen Vorzüge verschiedener Einkaufsquellen kennen und nutzen. Wer preisgünstig einkauft, kann sich mehr leisten.
Waren der gleichen oder einer ähnlichen Art können in ein und demselben Geschäft unterschiedlich teuer sein.	▷ Man sollte nicht sofort zugreifen, wenn einem eine gesuchte Ware in den Blick gerät, sondern sich umsehen.

1. Erläutere die Notwendigkeit, sinnvoll und überlegt einzukaufen.
2. Was muß bei einem überlegten und sinnvollen Einkauf alles berücksichtigt werden?
3. Beschreibe Schwierigkeiten, die sich dabei ergeben können.

Saisongerechter Lebensmitteleinkauf

Preis- und umweltbewußte Verbraucher kaufen Obst und Gemüse saisongerecht ein. Auf Wochenmärkten, auf denen auch Erzeuger ihre Produkte direkt anbieten, finden sie frische Ware. Mancher Haushalt hat auch die Möglichkeit, direkt beim Erzeuger (z. B. auf einem Bauernhof) einzukaufen. Darüber hinaus werden in landwirtschaftlichen Anbaugebieten Obst und Gemüse der Saison oft auch an Verkaufsständen an den Straßen angeboten.

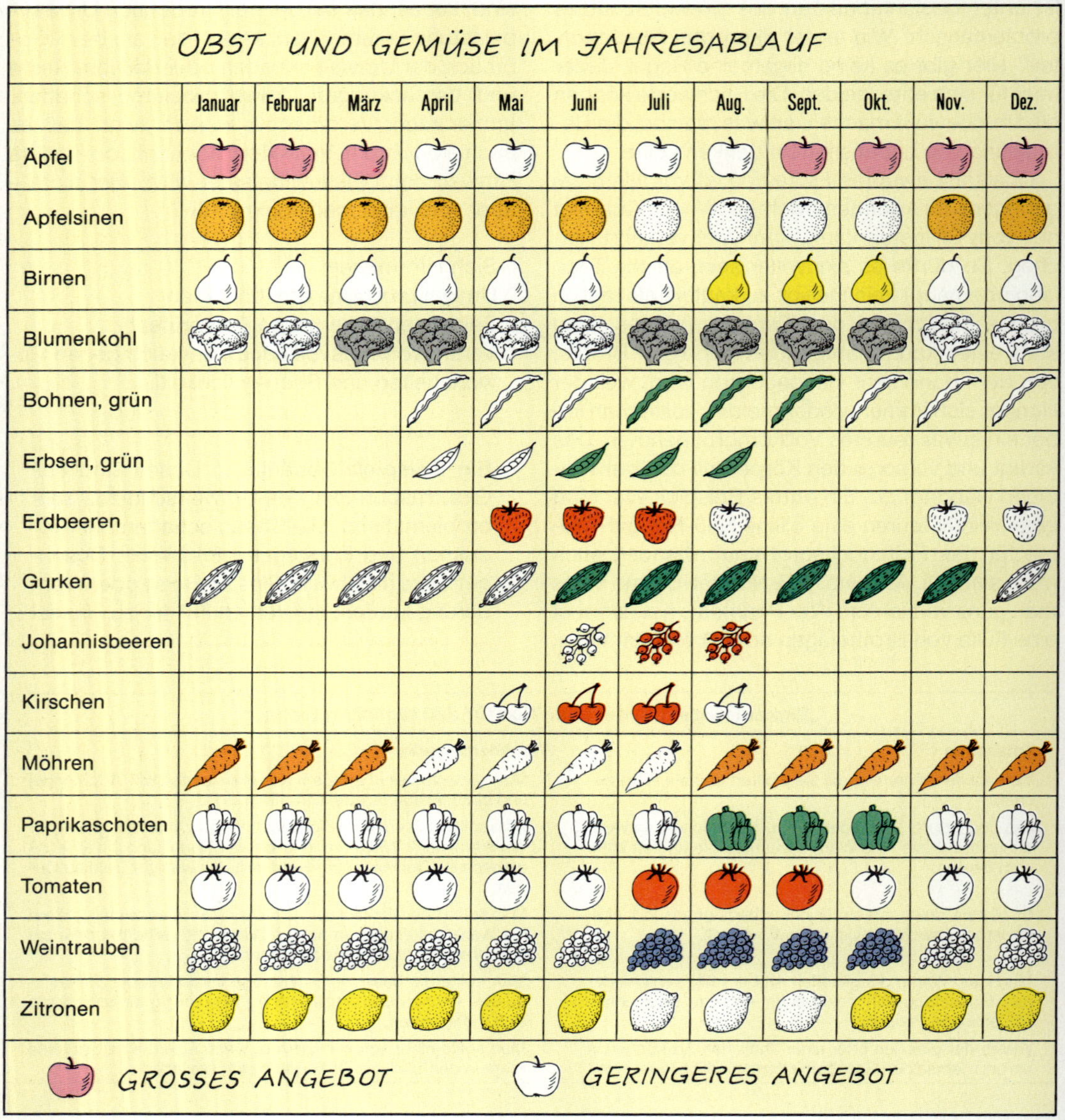

1. Welche Informationen bietet ein „Erntekalender"?
2. Warum ist ein saisongerechter Einkauf von Obst und Gemüse sinnvoll?

Anschaffung von Gebrauchsgütern

Bei der Anschaffung von Gebrauchsgütern spielen für private Haushalte finanzielle Fragen meist eine entscheidende Rolle. Das gilt zumindest für größere Anschaffungen, also den Kauf teurerer Gebrauchsgüter.

Die wohl teuerste Entscheidung für einen privaten Haushalt ist die über den Kauf eines Hauses oder einer Wohnung. Eine einmal gefallene Kaufentscheidung kann lebenslange Folgen haben. Für viele Haushalte ist der Autokauf die Entscheidung, die das meiste Geld kostet. Eine Einbauküche zählt ebenfalls zu den Großanschaffungen, ferner der Kauf von Haushaltsgroßgeräten wie Waschmaschine, Spülmaschine, Gefriergerät, Herd oder Mikrowellengerät.

Bei jeder Anschaffung sollte man überlegt vorgehen, denn wenn das Geld erst einmal ausgegeben ist, dann muß man mit dem gekauften Gegenstand leben. Darum sollte man vor dem Kauf genau wissen, für welchen Verwendungszweck man z. B. das Gerät braucht, welche Anforderungen es erfüllen und welche Eigenschaften es demnach haben muß.

Je teurer ein Gebrauchsgut ist, desto eher stellt sich die Frage „alt oder neu"? Bei Häusern, aber auch bei Autos ist es nicht ungewöhnlich, etwas Gebrauchtes zu kaufen. Bei Haushaltsgeräten oder Geräten der Unterhaltungselektronik ist das noch nicht üblich, obwohl es meist junge Haushalte sind, die nach solchen Gütern Ausschau halten. In den letzten Jahren sind Geschäfte enstanden, die sich auf den An- und Verkauf von Gebrauchsgütern unterschiedlicher Art spezialisiert haben. Vereinzelt sind sogar Warenhäuser für Waren aus 2. Hand entstanden. Häufiger sind Geschäfte, die sich auf Kleidung aus zweiter Hand spezialisiert haben.

Gerade beim Kauf von teuren Gebrauchsgütern kann oft Voreingenommenheit im Spiel sein. Das zeigt z. B. das Kaufverhalten bei Autos. Da kann es fast so etwas wie Glaubenskriege in einer Familie geben, wenn es um Art, Marke oder gar Typ eines neuen Autos geht.

Wer sein Geld bei größeren Ausgaben nicht leichtfertig ausgeben will, sollte einige Grundregeln beachten:

1. **Bedarf feststellen**
   Man sollte prüfen, ob man den Gegenstand, den man kaufen will, wirklich benötigt.
2. **Anforderungen beschreiben**
   Man sollte sich möglichst genaue Gedanken darüber machen, welche Anforderungen der zu kaufende Gegenstand erfüllen muß und welche Eigenschaften er auf keinen Fall haben sollte.
3. **Angebote beschaffen**
   In der Regel gibt es für die Beschaffung von Waren mehr Möglichkeiten, als einem auf den ersten Blick einfallen. Man sollte sich Gedanken machen, wo man die gewünschte Ware beschaffen kann und Angebote einholen.
4. **Angebote vergleichen**
   Manchmal hat man keine Lust, sich in Ruhe hinzusetzen und Angebote zu vergleichen. Es ist langweilig, oder man weiß schon längst, was man will. Aber trotzdem: ein Angebotsvergleich in Ruhe kann nur nützlich sein.
5. **Expertenwissen berücksichtigen**
   Es gibt für Verbraucher verschiedene Möglichkeiten, sich Expertenwissen zunutze zu machen. So sind Warentests und die Beratung durch die unabhängigen Verbraucherberatungsstellen sehr nützlich. Aber auch die Beratung in einem Fachgeschäft oder der Fachabteilung eines Kaufhauses kann zu einer fundierten Kaufentscheidung beitragen.

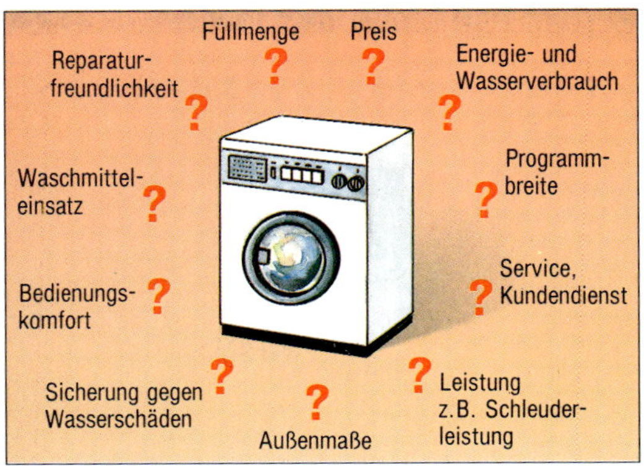

1. Nenne Gebrauchsgüter, die von privaten Haushalten gekauft werden.
2. Es gibt Gebrauchsgüter, die nur wenig kosten. Sollte man sich bei ihrer Anschaffung überhaupt keine Gedanken machen? Begründe deine Antwort.
3. Ihr sollt eine kleine „Gebrauchsanweisung" für die Anschaffung eines Computers oder eines vergleichbaren Gutes verfassen. Welche Punkte würdet ihr in diese Anleitung aufnehmen?

Informationsquellen für Verbraucher

Verbraucherberatung

Verbraucherzeitschriften, z. B. „test“

Informationsschriften

Fachverkäuferinnen/Fachverkäufer

Radio- und Fernsehsendungen

Tageszeitungen

Erfahrungen anderer

Warendeklaration, z. B. Zutatenlisten

Handelsklassen

Gütezeichen

Warenzeichen

Wer bewußt einkaufen will, braucht dazu Informationen. Verbraucher können Informationen aus sehr unterschiedlichen Quellen bekommen. So informieren z. B. Bücher über grundsätzliche Verbraucherfragen, also auch über Fragen des Einkaufsverhaltens. Grundsätzliches kann man auch in Zeitschriften finden. Dort gibt es aber auch konkrete Tips zu Waren und Dienstleistungen. Wer über ein spezielles Produkt etwas wissen möchte, muß sich noch anderer Quellen bedienen.

Als Informationsquelle sind auch Handelsklassen, Warenzeichen und Gütezeichen gedacht. Die Angabe von **Handelsklassen** ist beim Angebot z. B. von Obst und Gemüse gesetzlich vorgeschrieben. Allerdings sagen Handelsklassen dem Verbraucher nicht viel, weil sie nur auf Äußerlichkeiten ausgerichtet sind, also auf die Größe und das Aussehen der jeweiligen Produkte.

Gütezeichen sind schon eher geeignet, einen Hinweis auf die Qualität der Ware oder Dienstleistung zu geben. Dabei muß man allerdings wissen, daß Gütezeichen eine Erfindung der Wirtschaft sind und vor allem als Werbehilfe gesehen werden. Unternehmen, die in Verbänden zusammengeschlossen sind, beschreiben von sich aus, was sie mit einem Gütezeichen versehen wollen. Die Unternehmen verpflichten sich dann, die freiwilligen Qualitätsvereinbarungen einzuhalten. Gütezeichen werden also nicht von neutralen, z. B. staatlichen Stellen vergeben. Der Kunde weiß oft nicht, was denn nun die besondere Güte des Produkts ausmacht, das ein Gütezeichen trägt. Entsprechendes gilt für Dienstleistungen, wo es z. B. bei Reinigungen oder Friseuren Gütezeichen gibt.

Warenzeichen haben mit der Qualität einer Ware nichts zu tun. Sie sind ein unverwechselbares, gesetzlich geschütztes Kennzeichen für ein Produkt. „Nutella" ist z. B. ebenso ein Warenzeichen wie „Sunkist" oder „Milchschnitte". Auch Zigarettenmarken sind Warenzeichen. Als Warenzeichen können neben Worten auch Bildzeichen dienen. Der Mercedesstern gehört zu den bekanntesten Warenzeichen. Ein Warenzeichen darf nicht von anderen einfach übernommen oder nachgemacht werden. Warenzeichen sind rechtlich geschützt. Man kann sie beim Patentamt in eine Zeichenrolle eintragen lassen. Es ist sogar denkbar, sich Markennamen für Produkte schützen zu lassen, die es noch gar nicht gibt. Das ist, um ein Beispiel zu nennen, bei Zigaretten der Fall. Dies alles zeigt, wie groß Unternehmen die Werbewirksamkeit von Namen und Bildzeichen einschätzen.

1. Nenne Informationsmöglichkeiten für Verbraucher. Beschreibe jeweils, welche Art von Information die Quelle dem Verbraucher bietet.
2. Erläutere mit Hilfe von Beispielen die Begriffe „Handelsklasse", „Gütezeichen", „Warenzeichen".
3. Warum achten Unternehmen sehr darauf, daß niemand ihre Warenzeichen nachmacht oder einfach übernimmt?

„Wenn alle Wünsche haben"

Familie Feuerbach besteht aus 4 Personen (und einer Katze): Herr und Frau Feuerbach, Tammo (15 Jahre, Realschüler), Christiane (17 Jahre, Schülerin an einem Gymnasium). Herr Feuerbach ist voll berufstätig. Frau Feuerbach arbeitet halbtags in einem Büro. Die Familie wohnt zur Miete in einem Reihenhaus. Das Einkommen der Familie ist durchschnittlich, es gibt keine nennenswerten Ersparnisse. Größere Geldeingänge sind nicht zu erwarten.

Frau Feuerbach empfindet die halbtätige Berufsarbeit als angenehm und gut, möchte aber keine Stunde mehr arbeiten. Sie möchte gern mal wieder mit der ganzen Familie in Urlaub fahren. Außerdem wünscht sie sich eine Einbauküche. Zudem müssen ihrer Meinung nach Flure und Bad neu gestrichen und der Fußboden im Wohnzimmer neu ausgelegt werden.

Herr Feuerbach unterstützt die Renovierungswünsche seiner Frau, glaubt aber, daß auch in der Küche eine Generalüberholung genügt. Er möchte für die Familie ein neues Auto anschaffen, denn der alte Wagen muß zum TÜV. Die Vorbereitung dafür würde teuer werden. Herr Feuerbach ist auf ein problemlos funktionierendes Auto angewiesen. In Sachen Urlaub hat er keine besonderen Ansprüche. Sein Motto: Hauptsache Sonne auf den Bauch und Ruhe, Ruhe, Ruhe!

Ein Blick in das Haushaltsbuch zeigt: Nach Abzug der üblicherweise anfallenden Ausgaben verbleiben für größere Anschaffungen, besondere Ausgaben und Sparen monatlich etwa 510 DM in der Haushaltskasse.

Alle in der Familie haben Wünsche, aber da Feuerbachs nicht zu den Millionären gehören, muß man sich einigen, wofür das frei verfügbare Geld ausgegeben werden soll. Familie Feuerbach hat es seit Jahren so gehalten, daß über größere Planungen und Ausgaben gemeinsam gesprochen wird. Die Eltern verdienen zwar das Geld, nehmen die Kinder aber mit in die Verantwortung für die Ausgaben. Das scheint den Eltern Feuerbach schon deshalb sinnvoll, weil die Wünsche der Kinder leicht grenzenlos werden.

Christiane achtet sehr auf Kleidung, benutzt Markenkosmetika, hat einen großen Freundeskreis und schlechte Noten in Englisch. Ihre Ersparnisse betragen 325 DM. Ihr größter Wunsch ist es, mit 18 den Führerschein zu machen. In ihrem Taschengeld ist kein Kleidergeld enthalten. Die Eltern möchten Christiane in den Ferien gern zu einem Sprachkurs nach England schicken. Christiane wünscht sich Geld für eine Urlaubsreise mit Freunden nach Mallorca. Sie glaubt, dringend neue Jeans, eine Jacke, ein Sweatshirt und einen festlichen Hosenanzug zu benötigen.

Tammo ist im Sportverein und spielt Tennis. Er sammelt Schallplatten (Hard Rock) und hätte gern ein Moped, wie einige seiner Freunde. Seine Ersparnisse betragen 98,75 DM. Das Taschengeld ist nach Tammos Meinung sehr knapp. Er fordert seit Monaten eine Erhöhung. Tammo möchte mit einer Gruppe von Freunden auf Sylt Ferien machen. Außerdem braucht er neue Fußballschuhe. Sein dringlichster Wunsch sind neue Möbel für sein Zimmer.

1. Stellt den erkennbaren Konflikt zwischen den Familienmitgliedern in einem Rollenspiel dar und sucht Lösungsmöglichkeiten.
2. Versucht wie in einer Fernsehdiskussion darüber zu sprechen, welche Probleme in Familien entstehen können, weil alle Familienmitglieder Wünsche haben, aber nicht alle Wünsche erfüllt werden können.
3. Auch bei einer unbestrittenen Neuanschaffung (z. B. eines Autos), können die Familienmitglieder verschiedenartige Vorstellungen haben. Wie wäre hier eine Lösung denkbar?

3. Gesetzlicher Verbraucherschutz

Paragraphen als Schutzschild

> „Verbraucher steuern durch ihre Nachfrage die Produktion. Durch ihre Kaufentscheidungen entscheiden sie darüber, was produziert wird und was nicht. Ihre Kaufhandlungen sind Abstimmungen über Produkte und Dienstleistungen."

Können Verbraucher wirklich sachkundig über Marktangebote urteilen? Dazu zunächst zwei Fragen, die Probleme bewußt machen sollen:

1. Kann ein Verbraucher beurteilen, was an Zutaten, Konservierungsmitteln und sonstigen Stoffen in industriell gefertigten Lebensmitteln enthalten ist?
2. Wie soll er beurteilen können, ob nicht der eine oder andere der zugesetzten Stoffe gesundheitsschädlich ist?

Schon diese zwei Fragen machen deutlich, daß der Verbraucher in vielen Dingen gar nicht in der Lage ist, von sich aus ohne jede weitere Hilfe sachverständig über Produkte zu urteilen.

Eine dritte Frage: Wenn ein Anbieter bei der Lebensmittelproduktion gesundheitsschädliche Stoffe zusetzen würde, vielleicht sogar ohne um die Schädlichkeit zu wissen, würde das der Verbraucher rechtzeitig bemerken? Wie könnte er sich schützen?

Die Beispiele zeigen bereits, daß der Verbraucher auf Hilfe und Schutz angewiesen ist. Ein weiteres Beispiel: Wenn der Verbraucher preisbewußt einkaufen soll, dann muß er zumindest die Preise kennen und vergleichen können. Freiwillig dürfte aber wohl kaum ein Anbieter seine Preise offenlegen, vor allem dann nicht, wenn seine Preise für den Verbraucher ungünstig sind. Auch dieses Beispiel zeigt, daß der Verbraucher einen starken Verbündeten braucht, der ihm hilft, seine Interessen den Anbietern gegenüber durchzusetzen. Dieser Verbündete ist der Staat. Er hat mit den ihm zur Verfügung stehenden Mitteln, der Gesetzgebung, dafür gesorgt, daß der Verbraucher überhaupt in die Lage versetzt wird, rational handeln zu können. Zudem hat er durch Gesetze Verbraucher dort geschützt, wo der Sachverstand eines normalen Verbrauchers nicht ausreicht, den Schutz vor Benachteiligung oder gar Schädigung selbst sicherzustellen.

1. „Verbraucher sind auf die Hilfe des Staates angewiesen!" Nimm Stellung zu dieser Aussage.
2. Wird nicht die Verbraucherfreiheit dadurch eingeschränkt, daß sich der Staat einmischt? Begründe deine Antwort.

Vorschriften, die den Verbrauchern helfen

Kernstück des Lebensmittelrechts ist das **Lebensmittel- und Bedarfsgegenständegesetz** (LMBG), in dem unter anderem eine Reihe allgemeiner Ver- und Gebote zum Schutz der Gesundheit und zum Schutz des Verbrauchers vor Täuschungen enthalten sind. So ist zum Beispiel untersagt:

- Lebensmittel herzustellen oder in den Verkehr zu bringen, die die menschliche Gesundheit schädigen können,
- Lebensmittel unter irreführender Bezeichnung, Angabe oder Aufmachung in den Verkehr zu bringen oder
- für Lebensmittel mit irreführenden Darstellungen zu werben,
- Bedarfsgegenstände bei Lebensmitteln so zu verwenden, daß deren Verzehr zu Gesundheitsschäden führen kann (z. B. Holzstäbchen in Marzipanwaren).

(aus: Kennwort Lebensmittel; Hg.: Auswertungs- und Informationsdienst für Ernährung, Landwirtschaft und Forsten e. V., Bonn 1983, S. 88)

Konkret werden die allgemeingehaltenen Vorschriften des Gesetzes in der Lebensmittelkennzeichnungs-Verordnung (LMKV). Sie will vor allem dafür sorgen, daß der Verbraucher wichtige Informationen auch über solche Lebensmittel erhält, die ihm in Fertigpackungen angeboten werden. Welche Angaben für fertigverpackte Lebensmittel gefordert werden, zeigt die Abbildung unten links. Wer bewußt und sachverständig einkauft, wird vor allem das Verzeichnis der Zutaten beachten, denn die Zutaten bestimmen in nicht unerheblichem Maße die Qualität eines Produktes. Die eingesetzten Zutaten sind nach der LMKV „in absteigender Reihenfolge ihres Gewichtsanteils . . ." anzugeben. Verbraucherorganisationen fordern hier allerdings genauere Angaben.

Die Zutaten sind in der Liste unter ihrer Verkehrsbezeichnung aufzuführen; **Sammelbegriffe, sog. „Klassennamen"** sind erlaubt, z. B. „Fisch" für Fische aller Art oder „Käse" für Käse oder Käsemischungen aller Art. Auch für Zusatzstoffe gibt es Klassennamen, z. B. Farbstoffe, Konservierungsstoffe. Zusatzstoffe wie Farbstoffe oder Konservierungsstoffe werden mit dem Namen ihrer Klasse, gefolgt von der Verkehrsbezeichnung (oder der EWG-Nummer) angegeben, z. B. „Farbstoff Amaranth" oder „Farbstoff E 123". [. . .]

Über die für die Zutatenliste vorgeschriebenen Zutaten hinaus sind bei bestimmten fertigverpackten Produkten und bei der Verwendung bestimmter Zusatzstoffe **zusätzliche Hinweise** notwendig, die in Verbindung mit der Verkehrsbezeichnung erfolgen müssen. Bei **Zitrusfrüchten** z. B., bei denen Konservierungsstoffe verwendet worden sind: „mit Konservierungsstoff . . ." oder „konserviert mit . . ." unter Angabe des verwendeten Stoffes. Sind bestimmte Überzugsmittel verwendet worden, ist die Angabe „gewachst" erforderlich.

(nach: Kennwort Lebensmittel, a. a. O., S. 89)

Was muß auf der Verpackung stehen?

1. **Verkehrsbezeichnung**
2. **Mengenangabe**
3. **Mindesthaltbarkeitsdatum**
4. **Hersteller**
5. **Zutatenliste**

Beispiel für eine Zutatenliste

FRÜCHTE – VOLLKORN – MÜSLI

Zutaten:
Vollkorn-Weizenflocken, Vollkorn-Haferflocken, kernig, Rosinen, brauner Zucker, Cornflakes, Apfelstücke, Haselnüsse, Sojakerne, Säuerungsmittel Citronensäure, natürliche Fruchtaromen.

Die Informationsbedürftigkeit der Verbraucher im Zusammenhang mit Einkäufen ist nur ein Problemfeld des Verbraucherschutzes. Ein anderes ergibt sich daraus, daß Verbraucher mit Produzenten oder Händlern, Vermietern oder Kreditgebern Verträge abschließen. In Verträgen dürfen in der Regel die Bedingungen mehr oder weniger frei ausgehandelt werden. Nach unserem Recht in der Bundesrepublik Deutschland gilt das, was in den Verträgen steht, sofern es nicht ausdrücklich von einem Gesetz untersagt ist.

Verbraucher sind in Rechtsfragen in den meisten Fällen absolute Amateure. Ihnen stehen Profis gegenüber, die das Recht und die Möglichkeiten, damit umzugehen, genau kennen. Die Profis werden in der Regel ihre Chance nutzen und die Verträge so formulieren, daß sie davon Vorteile haben. Die Verbraucher unterschreiben in ihrer Unkenntnis die Verträge und sind dann daran gebunden. Wenn es um die Gestaltung und Formulierung von Verträgen geht, sind Verbraucher also leicht in der Gefahr, übervorteilt zu werden. Der Gesetzgeber hat das erkannt und auch in diesem Bereich Schutzgesetze geschaffen, die den Verbraucher vor einer aus Unkenntnis entstehenden nachhaltigen Benachteiligung wenigstens zum Teil schützen.

Ein wichtiger Schutz für Verbraucher ist ein funktionierender Wettbewerb. Solange Anbieter um die Gunst der Verbraucher wetteifern, werden sie sich wahrscheinlich davor hüten, Verbraucher durch Übervorteilung zu verärgern. Wenn sich aber Anbieter z. B. zusammentun, um offen oder versteckt Verbraucher zu schröpfen, dann hat der Verbraucher wenig Chancen. Das gilt vor allem, wenn es um solche Güter geht, auf die viele Verbraucher angewiesen sind. Darum hat der Gesetzgeber auch hier für den Schutz der Verbraucher gesorgt, in dem er mit gesetzgeberischen Mitteln verhindert, daß der Wettbewerb zwischen den Anbietern z. B. durch Absprachen verschwindet. Die gesetzgeberische Sorge für Wettbewerb auf den Märkten ist also auch dem Verbraucherschutz zuzurechnen. Es gibt Situationen, in denen der Verbraucher besonders schutzbedürftig ist. Das ist z. B. in seiner Situation als Mieter der Fall oder wenn er sich als Fahrgast einem Busunternehmen anvertraut. Für solche Situationen hat der Gesetzgeber besondere Schutzgesetze erlassen. Mit rechtlichen Regelungen zur Miete kann man ein ganzes Buch füllen, so umfangreich sind die Gesetze und Verordnungen.

Gerade am Beispiel des Mietrechts läßt sich fragen, ob denn so viele Vorschriften erforderlich sind. Die Praxis hat gezeigt, daß Verbraucher immer wieder benachteiligt werden, wenn Gesetze und Verordnungen Lücken aufweisen. Darum muß der Gesetzgeber immer wieder neu eingreifen und zusätzliche Regelungen treffen, wenn er erkennt, daß für Verbraucher ein zusätzlicher Schutz erforderlich wird.

Rechtlicher Verbraucherschutz

Das Wettbewerbsrecht schützt den Wettbewerb zwischen den Anbietern. Dazu gehören z.B. das Kartellgesetz und das Gesetz gegen den unlauteren Wettbewerb.

Das Lebensmittelrecht und damit verbundene Schutzvorschriften sorgen für gesundheitlich unbedenkliche Produkte.

Verbraucher-Schutzgesetze zur allgemeinen Verbesserung der Marktstellung sollen den Verbrauchern ein marktgerechtes Verhalten ermöglichen und sie vor Übervorteilung schützen. Hierzu gehören z.B. die Preisauszeichnungsverordnung und das Abzahlungsgesetz.

Gesetze zum Schutz von Verbrauchern in besonderen Situationen helfen den Verbrauchern in wichtigen, rechtlich oft besonders schwierigen Situationen. Das Mietrecht und das Reiseveranstaltergesetz sind Beispiele.

1. Nenne gesetzliche Vorschriften, die Verbrauchern helfen. Worin besteht jeweils die Hilfe?
2. Erläutere die Zielsetzung des Lebensmittel- und Bedarfsgegenständegesetzes.
3. Erläutere die beiden Abbildungen auf der vorhergehenden Seite.
4. Untersucht Fertigverpackungen auf die Informationen, die sie enthalten.

Lebensmittelüberwachung

Entnahme einer Eisprobe

Amt für Lebensmittelüberwachung

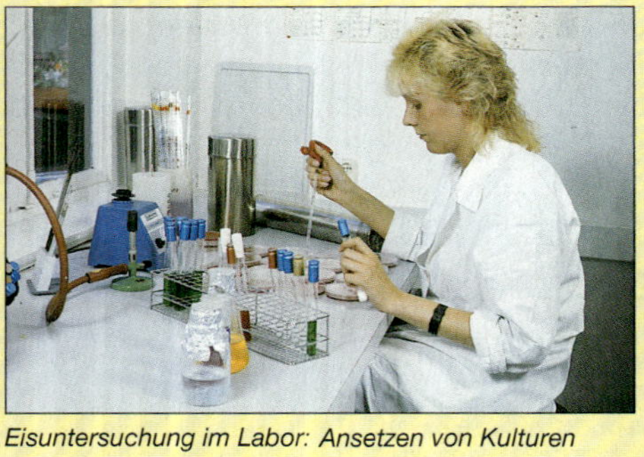

Eisuntersuchung im Labor: Ansetzen von Kulturen

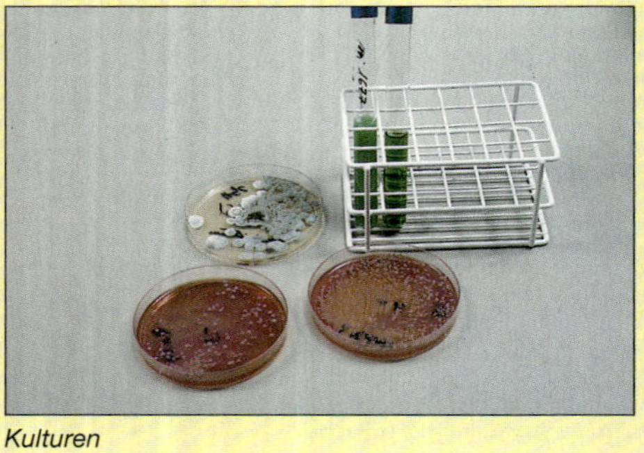

Kulturen

„Vertrauen ist gut, Kontrolle ist besser". Mit diesem Satz läßt sich ein Grundproblem kennzeichnen: Was nützen noch so gute gesetzliche Regelungen, wenn sich niemand daran hält? Darum hat der Gesetzgeber nicht nur die Gesetze geschaffen, sondern auch dafür Sorge getragen, daß ihre Einhaltung überwacht wird und bei Verstößen gegen Sünder vorgegangen werden kann.

Wenn es um Lebensmittel geht, ist eine gesundheitlich einwandfreie Qualität besonders wichtig. Darum sind besondere Überwachungseinrichtungen geschaffen worden, die eine sorgfältige Einhaltung lebensmittelrechtlicher Vorschriften kontrollieren. So hat z. B. schon mancher Betreiber eines Schnellimbisses Post mit schlechter Nachricht bekommen. Kontrolleure des zuständigen Amtes haben seinen Betrieb und seine Produkte überprüft und dabei z. B. festgestellt, daß das Fett nicht mehr in Ordnung war, in dem Pommes frites, Hähnchen und andere Lebensmittel fritiert worden sind. Auch die Betreiber von Eisdielen müssen ständig damit rechnen, amtlichen Besuch zu bekommen. Das von den Kontrolleuren gekaufte Eis wird nicht geschleckt, sondern ins Labor gebracht und dort z. B. auf Bakterien untersucht.

Schlagzeilen machen die Überwachungsbehörden, wenn sie so etwas wie einen „Lebensmittelskandal" aufdecken. Solche Skandale machen deutlich, wie wichtig die Überwachungsämter sind. Denn der Wettbewerb, manchmal auch reine Geldgier, treiben hin und wieder Anbieter dazu, lebensmittelrechtliche Vorschriften zu mißachten und Lebensmittel anzubieten, die dem Verbraucher schaden können. Allein die Tatsache, daß es Kontrolleure gibt und Verstöße viel Geld kosten können, werden manche, die in Versuchung geraten, davon abhalten, schnelles Geld durch schlechte Lebensmittel verdienen zu wollen.

1. Wie kann man mehr über die Lebensmittelüberwachung erfahren?
2. „Lebensmittelüberwachung ist Unsinn. Der Wettbewerb regelt schon alles auch ohne staatliche Einmischung!" Nimm Stellung.

„Ich reklamiere"

Kann man mit Erfolg etwas reklamieren, auch wenn man keinen Garantieschein hat? Oder ist man dann auf ein freundliches Entgegenkommen des Händlers angewiesen? Die Frage ist zunächst einmal recht einfach zu beantworten:

Dem Gesetz – Bürgerliches Gesetzbuch (BGB) – nach hat ein Käufer, dem nicht einwandfreie Ware verkauft worden ist, grundsätzlich ein Reklamationsrecht. Ein Garantieschein ist also nichts anderes als die Verbriefung eines Rechtes, das ein Käufer ohnehin hat. Allerdings können durch einen Garantieschein die im Gesetz vorgesehenen Regelungen verändert werden. Das ist rechtlich in Ordnung. Ein Garantieschein kann durch seine Bestimmungen einem Kunden im Vergleich zum BGB mehr oder verbesserte Rechte zuerkennen. So sieht das Gesetz für das Reklamationsrecht den Zeitraum von 6 Monaten vor. Durch Garantieschein kann die „Garantiezeit" auf ein Jahr oder länger ausgedehnt werden. Dies ist eine eindeutige Verbesserung. Ein Garantieschein kann auch die Kundenrechte einschränken, z. B. dadurch, daß der Kunde im Reklamationsfall zunächst nicht alle Rechte in Anspruch nehmen kann, die das Gesetz ihm zuerkennt. Das Gesetz bietet z. B. einem Käufer die Möglichkeit, nicht einwandfreie Ware zuzurückzugeben und sein Geld zurückzufordern. Durch den Garantieschein kann es so sein, daß ein Kunde zunächst Reparaturversuche („Nachbesserungen") dulden muß.

Auf jeden Fall hat also ein Kunde ein Reklamationsrecht. Die Schwierigkeit liegt in manchen Fällen darin, das Recht, das man hat, auch durchzusetzen. „Recht zu haben ist eine Sache, sein Recht auch zu bekommen, oft eine andere!" Dieser Satz spiegelt eine alte Alltagsweisheit wider. Er zeigt, daß man auch als Verbraucher oder gerade als Verbraucher um seine Rechte wissen muß, und daß man in der Lage sein muß, seine Rechte anderen gegenüber deutlich zu machen und einzufordern.

Ich habe als Kunde ein Recht auf fehlerfreie Ware.

Hat gekaufte Ware Fehler, die ich beim Kauf nicht gekannt und akzeptiert habe, dann kann ich reklamieren.

Habe ich einen **Garantieschein** erhalten, habe ich zunächst an Rechten, was dort steht, in der Regel das Recht auf Nachbesserung (Reparatur). Das gilt auch, wenn ich einen Kaufvertrag unterschrieben habe.

Habe ich **keinen Garantieschein** erhalten, kann ich als Käufer frei wählen, ob ich

- den Kaufpreis für die Ware zurückfordern will (dann muß ich die Ware natürlich zurückgeben),
- für den Fehler einen Preisnachlaß haben möchte (dann bin ich bereit, die fehlerhafte Ware zu behalten),
- ein fehlerfreies Stück haben möchte (dann tausche ich die fehlerhafte gegen fehlerfreie Ware).

1. Nenne Beispiele für berechtigte Reklamationen bei Lebensmitteln.
2. Ein Händler weigert sich, ohne Vorlage des Kassenbons über eine Reklamation zu reden. Was ist zu tun?
3. Du hast eingekauft. Zu Hause packst du eine Schachtel Camembert aus. Sie riecht verdächtig. Du öffnest die Schutzfolie. Farbe und Geruch zeigen: Der Käse ist überlagert. Was ist zu tun?

Reklamieren – aber richtig

In einem älteren, aber unverändert richtigen Beitrag schreibt die Zeitschrift „test“:

Wenn der Gang zum Kundendienst oder ein Brief an den Hersteller vergebens ist, kann die Stiftung Warentest in vielen Fällen weiterhelfen: »test« hat schon seit längerer Zeit mit beachtlichen Erfolgen die Vermittlerrolle zwischen Kunden und Hersteller übernommen, wenn es sich um strittige Reklamationsfälle bei hochwertigen Haushaltsgroßgeräten handelt. Es gibt allerdings auch Fälle, wo der Auskunftsdienst der Stiftung beim besten Willen nicht helfen kann. »Beiliegend senden wir Ihnen ein Oberhemd meines Mannes zur Prüfung. Nach fünfmal Waschen darf doch noch nicht der Kragen kaputt sein.« Solche und ähnliche Briefe erreichen uns fast täglich. Bei derartigen Reklamationsfällen, die meist kleinere Haushaltsgegenstände, Textilien, Lebensmittel oder ähnliches betreffen, kann die Stiftung Warentest meist nicht eingreifen. Diese Reklamationen lassen sich viel schneller erledigen, wenn der Kunde den Weg zurück ins Geschäft, in dem die Ware gekauft wurde, nicht scheut. (Auch wenn das manchen zu unbequem scheint). Hier sollte man sich zuerst an den Verkäufer wenden, ihm die fehlerhafte Ware zeigen und hoffen, daß er die Berechtigung der Reklamation einsieht. Ist das der Fall, so wird der Gegenstand meist umgetauscht oder fachgerecht repariert. Ein einfaches Beispiel: Ein verschimmeltes Brot wird in jedem Fall sofort umgetauscht.

Manchmal jedoch – so berichteten uns viele Leser – wird ein Kunde, der seine Reklamationsanliegen vorbringt, vom Verkäufer nicht gerade freundlich behandelt und vielleicht sogar mit unsachlichen Argumenten abgespeist. In diesem Fall sollten Sie unbedingt verlangen, daß sie mit dem Vorgesetzten – dem Geschäftsführer oder dem Inhaber des Ladens – sprechen wollen. Von ihm kann man erwarten, daß er auch bei einer Reklamation den größeren Überblick besitzt. Hier zunächst dasselbe Verfahren: erklären und die Argumente abwarten. Sollte man auch in dieser Instanz versuchen, Sie einfach abzuwimmeln, dann verlangen Sie energisch, daß das strittige Objekt dem Hersteller zur Prüfung eingeschickt wird, und zwar vom Geschäft. Der Hersteller kann meist auf Grund seiner Erfahrungen bei der Produktion am besten die Berechtigung einer Reklamation einschätzen. Außerdem wird er, da er um das Renommé seiner Produkte besorgt ist, meist, kulant verfahren. In allen Fällen ist dabei im übrigen der Käufer – wie immer – in einer schlechten Lage. Er muß im Zweifelsfalle beweisen können, daß kein unsachgemäßiger Gebrauch vorliegt. Und das dürfte nicht immer leicht sein.

»test« ist im übrigen der Meinung, daß man ruhig – wenn es im Verhältnis zum Zeitaufwand vertretbar ist – auch kleinste Dinge reklamieren soll. So hatte zum Beispiel eine Leserin beim Hersteller moniert, daß die auf der Packung angegebene Zahl von Papiertaschentüchern um ein Stück unterschritten wurde. Gewiß ein Einzelfall – aber duch diese Reklamation bekam der Produzent einen Anstoß, seine Packungen auf die Stückzahl hin zu überprüfen. In diesen Fällen kann der Verbraucher die für den Hersteller unbequeme Rolle einer Kontrollinstanz übernehmen.

(aus: test, Die Zeitschrift für den Verbraucher, Heft 2/74)

1. An neu gekauften Schuhen sind nach nur einer Woche Nähte ausgerissen. Was ist zu tun, wenn die Verkäuferin bedauert: „Da können wir nichts tun, die Schuhe sind ja schon getragen!“
2. Eine vor drei Moaten gekaufte Waschmaschine pumpt nicht mehr ab. Was ist zu tun? Mit welchen Kosten muß gerechnet werden?

4. Einkommen – Bedürfnisse – Ausgaben

Einkommenserwerb und Einkommenssicherung als haushälterische Aufgabe

Zu den wichtigsten Aufgaben der Haushaltsführung gehört es, für Einkommen zu sorgen. In vielen Haushalten wird so getan, als sei das Einkommen eine Selbstverständlichkeit, auf die man keinen Einfluß hat. Diese Sicht ist nicht richtig. Zwar lassen sich zusätzliche Einnahmen nicht einfach herbeizaubern, aber innerhalb bestimmter Grenzen läßt sich manchmal doch mehr verändern, als manche zunächst vermuten. Berufstätigkeit weiterer Haushaltsmitglieder, beruflicher Aufstieg, Wechsel in der Berufstätigkeit oder Nebenerwerbstätigkeiten sind Beispiele für Einflußmöglichkeiten auf das Haushaltseinkommen. Allerdings brauchen solche Maßnahmen zur Steigerung des Haushaltseinkommens ihre Zeit. Sie müssen reiflich auf Vor- und Nachteile hin überprüft und sorgfältig vorbereitet werden.

Da das Haushaltseinkommen in der Regel aus verschiedenen Quellen fließt, kann manchmal schon eine Überprüfung der einzelnen Quellen zu Erfolgen führen. So hat z. B. mancher Haushalt Anspruch auf Wohngeld. Er weiß es aber nicht und stellt demnach auch keinen Antrag. Ohne Antrag aber gibt es kein Wohngeld.

Einmal erreichtes Einkommen kann leicht in Gefahr geraten. Darum rechnet man auch die Einkommenssicherung zu den Aufgaben der Haushaltsführung. Dazu gehört z. B. das Bemühen um Gesundheit, Erholung und Gesunderhaltung. Es ist so gesehen eine „Investition" für Einkommenserwerb und Einkommenssicherung.

Zur Einkommenssicherung kann auch die freiwillige Weiterbildung gehören. Wie wichtig sie sein kann, zeigt ein Blick in die Mitte der 80er Jahre. Auf der einen Seite waren um diese Zeit etwa 2 Millionen Menschen arbeitslos. Auf der anderen Seite gab es einen Arbeitskräftemangel. Hochqualifizierte Facharbeiter wurden gesucht, die mit Computertechnik umgehen konnten. Wer sich damals rechtzeitig weitergebildet hatte, war gesucht und konnte oft sogar Einkommensverbesserungen erzielen.

Mögliche Quellen des Haushaltseinkommens

Geld, das der Vater durch seine Berufstätigkeit verdient	Geld, das die Mutter durch ihre Berufstätigkeit verdient	Geld, das andere Haushaltsmitglieder verdienen	Geld, das Vater oder Mutter nebenbei verdienen	Zinsen für Spargelder, Bausparguthaben, Wertpapiere	Steuerrückzahlungen vom Finanzamt	Geld aus öffentlichen Kassen, z.B. Wohngeld, Kindergeld

1. Ein Familienhaushalt erhält oft aus verschiedenen Quellen Einkommen. Beschreibe, woher das Geld kommen kann.
2. Welche Möglichkeiten einer Einkommensveränderung sind denkbar? Beschreibe ihre Voraussetzungen und Auswirkungen.
3. Beschreibe Möglichkeiten der Einkommenssicherung.

Ausgaben privater Haushalte

Wer eine solche Grafik sieht, wird vielleicht die Situation seines Haushaltes in ihr nicht wiedererkennen, weil in der eigenen Haushaltskasse weniger, vielleicht auch mehr Geld enthalten ist. Dennoch ist die Grafik sachlich richtig. Sie zeigt, wie Haushalte mit einem tatsächlichen Einkommen in der angegebenen Höhe wirtschaften. Es gibt eine Vielzahl von Haushalten, die mehr Geld verdienen, aber auch viele Haushalte, die weniger Geld in der Kasse haben. Das bleibt hier unberücksichtigt. Die Grafik könnte ferner so ausgelegt werden, als ob alle Haushalte gleich viel Geld für die gleichen Dinge ausgeben würden. Auch das stimmt natürlich nicht.

- Es gibt Haushalte, die leben sehr bescheiden und sparen. Andere Familien dagegen reisen gern, achten sehr auf Kleidung und gehen gern aus. Es hängt also von den Ansprüchen und Gewohnheiten ab, wie Haushalte mit ihrem Geld umgehen.
- Eine Familie, die in einer Großstadt in einer Mietwohnung lebt, zahlt mehr für das tägliche Leben als eine gleich große Familie, die auf dem Lande in einem eigenen Haus mit großem Garten wohnt.
- Wer vieles selbst im Haushalt erledigt, kann sein Geld für andere Dinge ausgeben als jemand, der z. B. viele Dienstleistungen in Anspruch nehmen oder Fertiggerichte kaufen muß.

Obwohl solche Grafiken nichts über einzelne Haushalte aussagen, haben sie dennoch einen Sinn. Sie zeigen zum Beispiel, wieviel Geld Vier-Personen-Haushalte etwa für Miete und sonstige Wohnungskosten einplanen müssen oder welcher Anteil des Einkommens „durch Topf und Pfanne wandert".

Solche Angaben können vielleicht hilfreich sein, wenn ein Haushalt trotz eines vergleichbaren Einkommens ständig in Geldschwierigkeiten gerät. Wo liegen Unterschiede zwischen dem eigenen Wirtschaften und den statistischen „Musterhaushalten"? Eine Antwort auf die Frage kann vielleicht ein Ansatzpunkt für eine Lösung von Geldproblemen sein.

Als ein besonderes Problem haben sich in den letzten Jahren Ausgaben privater Haushalte auf der Grundlage von Krediten herausgestellt. Zwar sind Haushalte in der Bundesrepublik Deutschland – im Spiegel der Statistik betrachtet – noch nicht annähernd so verschuldet wie z. B. amerikanische Haushalte, aber für eine kleine Gruppe von Haushalten ist das „Leben auf Pump" zu einer bedrohlich werdenden Realität geworden. Schulden schaffen Sorgen, die den gesamten Familienalltag beeinträchtigen und Ursache für Reibereien und Streit sein können. Schulden führen in vielen Fällen zu noch mehr Schulden, die dann – z. B. über Lohnpfändungen – die wirtschaftliche Existenz in Frage stellen.

1. Was sagt die Grafik oben über die Ausgaben von Vier-Personen-Haushalten aus? Was sagt sie nicht aus?
2. Wirtschaftet ein Haushalt, der mehr Geld für das Wohnen und weniger für die Ernährung ausgibt, falsch? Begründe deine Meinung
3. In Haushalten mit erheblich weniger Einkommen (z. B. Arbeitslosenhaushalten) sieht die Verteilung der Ausgaben anders aus. Wo werden die Unterschiede liegen?

„Geld? – Darüber spricht man nicht!“

„Über Geld spricht man nicht, Geld hat man!“ Dies ist eine Weisheit reicher Leute, für die Geld kein Problem ist. Den ersten Teil der Empfehlung befolgen aber auch viele, bei denen das Geld ausgesprochen knapp ist. Es ist für sie schwer, über Geld zu reden, selbst im Familienkreis.

Eine kleine Untersuchung hat ergeben, daß viele Jugendliche mit ihren Eltern nicht über Geldfragen reden, aber völlig falsche Vorstellungen von der Finanzsituation in der Familie haben. Das kann fatale Folgen haben. Wenn die Jugendlichen glauben „Die Eltern haben's doch!“, werden sie viel unbekümmerter Ansprüche anmelden und größere Ausgaben tätigen als wenn sie wüßten, daß die Eltern erhebliche Geldsorgen haben.

Es gibt allerdings auch Jugendliche, die kümmert die Finanzsituation ihrer Eltern überhaupt nicht. Sie stehen auf dem Standpunkt: „Was sein muß, das muß sein!“ Was aber sein muß, bestimmen sie, und woher das Geld kommt, das sie ausgeben, interessiert sie nicht: „Dafür sind schließlich die Eltern da ...“

1. Nimm Stellung zu den Fragen und Gedanken in der Zeichnung.
2. Wie würdest du dich als Vater oder Mutter deinen Kindern gegenüber verhalten?
3. Welchen Rat würdest du Eltern geben? Wie sollten sie sich deiner Meinung nach in Geldfragen verhalten?

Manchmal hilft nur Sparen

Steigerungen des Einkommens sind, wenn überhaupt, meist nur langfristig erreichbar. Zudem gibt es nicht immer die Möglichkeit, lange und intensiv über Einkommenserhöhungen nachzudenken, besonders wenn plötzlich auftretende Ereignisse wie Arbeitslosigkeit oder Krankheit das Geld knapp werden lassen. Da muß man dann auf anderen Wegen versuchen, die Finanzen in Ordnung zu halten, so gut es geht: durch Einsparungen. Dann lautet die Frage nicht:

- *Wie erhöhe ich mein Einkommen, damit ich meine Ausgaben finanzieren kann?*

  sondern:
- *Wie kann ich meine Ausgaben so verringern, daß ich meinen Lebensunterhalt mit dem zur Verfügung stehenden Geld bestreiten kann?*

Das bedeutet in der Regel, das eigene Ausgabenverhalten sorgfältig zu überprüfen, um herauszufinden, wo man ab sofort oder später Geld einsparen kann. Das ist allerdings leicht gesagt! Wie macht man das?

Frau Gernot, Beraterin in einer Verbraucherberatungsstelle, berichtet: „Wenn Frauen oder Männer zu uns kommen, sind für sie die finanziellen Probleme meist schon sehr spürbar und drückend.

Wenn ich sie dann frage, wofür sie ihr Geld ausgegeben haben, bekomme ich regelmäßig zu hören: ‚Ich kaufe nur das Nötigste und passe so beim Geldausgeben auf!" Wenn ich dann weiterfrage, ob sie ein Haushaltsbuch führen oder sich sonst irgendwie ihre Ausgaben aufschreiben, kommt mit gleicher Regelmäßigkeit eine Entschuldigung: ‚Das klappt nicht.' Oder: ‚Ich habe das versucht, aber das hat auch nichts geholfen.'

Aber selbst, wenn jemand Aufzeichnungen hat, zeigt sich meist, daß sie unvollständig und vor allem völlig unsystematisch sind und eine Auswertung gar nicht zulassen. Bevor ich aber überhaupt mit Vorschlägen helfen kann, muß ich die Zahlen haben. Ich bitte die Ratsuchenden, über mehrere Wochen ein Ausgabenverzeichnis zu führen. Das fällt vielen von ihnen ungeheuer schwer."

Ratgeber für die Haushaltsführung
Unser Thema: Finanzplanung

Haushalte, die nur eine grobe Kontrolle über ihre Geldausgaben brauchen, können mit einfacheren Ausgabenverzeichnissen auskommen, z. B. mit sog. Haushaltsbüchern. Die kann man bei Sparkassen, einigen Banken oder Verbraucherberatungsstellen kostenlos erhalten.
Haushalte, die möglichst genau wissen wollen, wofür sie ihr Geld ausgeben, sollten sich selbst ein Ausgabenverzeichnis anlegen. Überlegen Sie, auf welche Fragen Ihr Verzeichnis Auskunft geben soll. Richten Sie entsprechende Spalten ein. Sie auszufüllen macht Mühe. Aber nur so können Sie genaue Informationen gewinnen.
Würden Sie z. B. den Gesamtbetrag des samstäglichen Einkaufs in einem Supermarkt in nur eine Spalte eintragen, dann könnten Sie immer noch nicht feststellen, wieviel Geld Sie z. B. für

- Getränke
- Süßigkeiten
- Knabberartikel
- Zigaretten
- Fleisch
- Pflegemittel

ausgegeben haben. Das aber müssen Sie wissen, wenn Ihr Ausgabenverzeichnis klipp und klar sagen soll, wo Ihr Geld bleibt. Bitte denken Sie daran, auch „dicke Brocken" genau aufzuschreiben, z. B. Ausgaben für Energie oder Versicherungen.

Als zweiter Baustein gehört die Ausgabenplanung (auch Finanzplanung genannt) dazu, wenn Sie Ihre Finanzen in den Griff bekommen wollen. Wer zum ersten Mal einen Finanzplan aufstellt, wird Schwierigkeiten haben. Positionen wie Beiträge für den Buchklub, Prämien für die Versicherung oder noch zurückzuzahlende Kredite werden leicht vergessen. Vielleicht sind solche Schwierigkeiten ein Grund dafür, warum viele keinen Finanzplan erstellen, obwohl er sehr hilfreich sein kann.
Denn ein solcher Plan zeigt z. B. finanzielle Spielräume auf, die Sie ohne ihn nicht entdecken würden. Er schafft Sicherheit im Umgang mit Geld und hilft vielleicht, den Familienfrieden zu wahren, weil Geldfragen rechtzeitig geklärt werden müssen.
Bis ein Finanzplan halbwegs realistisch ist, muß er ein paarmal an der Wirklichkeit überprüft werden. Dazu ist nun wiederum das Ausgabenverzeichnis notwendig. Zeigt das Ausgabenverzeichnis bei der ersten Gegenüberstellung, daß für einzelne Posten, z. B. Getränke, Lesestoff oder Disco mehr Geld ausgegeben wurde, als im Haushaltsplan vorgesehen, so muß das nicht ein Zeichen für einen unsoliden Lebenswandel sein. Es kann auch daran liegen, daß die Planungszahlen unrealistisch niedrig waren.

Auf dem Weg zu einer realistischen Finanzplanung

Ein ausführliches Einnahmen-/Ausgabenverzeichnis anlegen:	Das zeigt, wofür man sein Geld wirklich ausgibt. Es vermittelt Erfahrungen über das Ausgabeverhalten, über Art und Umfang der Ausgaben.
▼	
Über das tatsächliche Ausgabeverhalten und die eigenen Bedürfnisse nachdenken:	Das führt dazu, sich über seine Bedürfnisse klar zu werden und zu prüfen, ob die Ausgaben tatsächlich die Bedürfnisse widerspiegeln.
▼	
Eine erste Finanzplanung (z. B. für einen Monat) erarbeiten:	Der Plan zeigt deutlich, wieviel Geld zur Verfügung steht, wieviel Geld für vorläufig feste Ausgaben weggeht und welche Spielräume noch vorhanden sind. Er zwingt dazu, Schwerpunkte für die weiteren Ausgaben zu setzen.
▼	
Ein Einnahmen-/Ausgabenverzeichnis führen, das im Aufbau dem Finanzplan entspricht:	Es zeigt beim Abschluß, wieweit man sich an die Vorgaben gehalten hat und wie realistisch die Vorgaben waren.
▼	
Einen verbesserten Finanzplan erarbeiten:	Er müßte jetzt für einige Zeit Maßstab sein können.

1. Erläutere das Zusammenspiel von Ausgabenverzeichnis und Finanzplan in der häuslichen Finanzwirtschaft.
2. Warum können Ausgabenverzeichnisse sehr unterschiedlich aussehen?
3. Entwirf ein Einnahmen/Ausgabenverzeichnis für deinen persönlichen Bedarf.
4. Überlegt, ob ihr nicht die Geldverwaltung für den Hauswirtschaftsunterricht übernehmen könnt. Was müßte dann geregelt werden?

Die Bedeutung des Sparens im Haushalte.

Von den vielen Aufgaben, welche die Neuzeit mit ihren Reformbestrebungen geschaffen, tritt keine allen Klassen der Gesellschaft näher, als die Frage, wie sich die Einnahmen mit den Ausgaben in Einklang bringen lassen. Durch Entwerthung des Geldes, Vermehrung der Lebensbedürfnisse und Vertheuerung sämmtlicher Lebensmittel in den letzten zehn Jahren ist es vielen Familien nicht mehr möglich, den Ansprüchen ihres Standes gerecht zu werden. Hier heißt es nur sparen! Wer kann aber sparen? In erster Linie die Frau. Wenn es Sache des Mannes ist, für Erhöhung des Einkommens Sorge zu tragen, so ist es nicht weniger Pflicht der Frau des Hauses und ihrer Töchter, durch zweckmäßige Sparsamkeit den Wohlstand der Familie zu erhalten und fort und fort zu hüten. Sparen aber ist eine große und schwierige Kunst, die viel Selbstüberwindung und Selbstverleugnung verlangt, die wie jede andere Kunst erst erlernt und auch geübt sein will, sie ist ein wichtiger Theil der Haushaltungskunst, in der die Töchter der Gegenwart durchschnittlich viel zu wenig praktisch erzogen werden.

Sparmöglichkeiten

- ▷ „Sparschweinsparen“
  (Aufbewahren von Münzen und Banknoten)
- ▷ Kontensparen
  (Anlage von Spargeldern auf Sparkonten verschiedener Art)
- ▷ Bausparen
  (Anlage von ersparten Geldern auf einem Bausparkonto bei einer Bausparkasse)
- ▷ Versicherungssparen
  (Abschluß eines Lebens-/Renten-Versicherungsvertrages, bei dem nach Ablauf der Zeit ein bestimmter Betrag ausgezahlt wird)
- ▷ Wertpapiersparen
  (Kauf von Wertpapieren, z. B. Aktien, Investmentzertifikaten oder festverzinslichen Wertpapieren)
- ▷ Geldanlage in Wertobjekten
  (z. B. Gold, Hauseigentum, Briefmarken, Münzen . . .)

In dem 1881 in einer Zeitung abgedruckten Text heißt es weiter: „Sparen kann man besonders durch einen sorgfältigen Umgang mit all den Dingen im Haushalt. Vor allem die Pflege der Kleidung und der sorgfältige Umgang mit Lebensmitteln sind ein wichtiger Weg zum Sparen.“

Gilt das auch heute noch? Wenn wir vom „Sparen“ reden, denken wir meist zuerst an Geld und Geldsparen. Gemeint ist damit, vorhandenes Geld nicht auszugeben, sondern in irgendeiner Form für später aufzubewahren. Warum soll ein Haushalt überhaupt sparen? Schließlich bedeutet Sparen Verzicht, und wer verzichtet schon gerne? Etwas anderes kommt hinzu. Sparen ist nicht ohne Risiko, denn niemand weiß genau, ob er später sein Geld auch wirklich wiederbekommt und welchen Wert es dann hat. Es gibt Sparformen, die bergen ein ausgesprochen hohes Risiko. Allerdings gibt es bei ihnen auch die Chance, besonders hohe Zinsen zu kassieren. Das ist verlockend, denn nicht wenig Haushalte sparen, um Zinsen zu erwirtschaften. So spielt die Frage nach den Zinsen für viele Haushalte eine wichtige Rolle, wenn es um das Sparen geht.

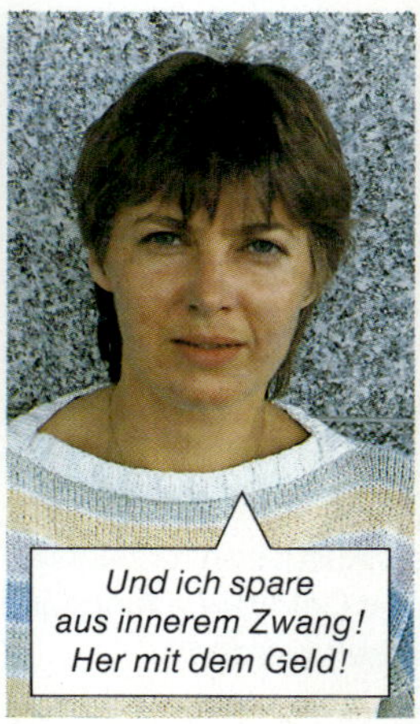

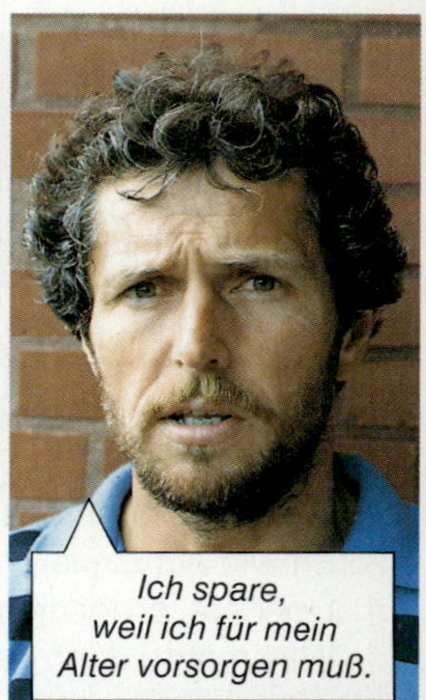

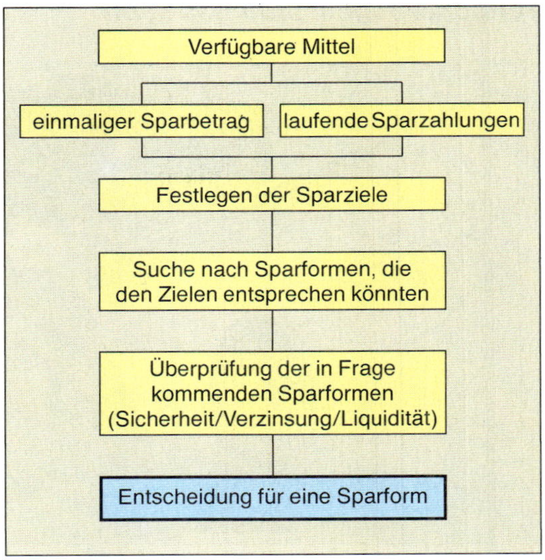

Wenn Haushalte sparen wollen bieten sich ihnen viele Möglichkeiten. Wie immer, wenn man verschiedene Möglichkeiten hat, etwas zu tun, kann man es richtig oder falsch machen. Wenn ein Haushalt den Entschluß zum Sparen gefaßt hat, dann sollte er sich intensiver mit der Sache befassen, damit er dann auch richtige Entscheidungen fällt und sein Ziel erreicht. Sonst hat er die Mühe des Sparens und damit des Verzichtens auf sich genommen und hat am Ende doch nichts davon. Damit er überhaupt überlegt entscheiden kann, braucht er Maßstäbe.

Wer sparen will, sollte wissen
- wie hoch die **Verzinsung** ist (tatsächlich verfügbare Zinsen),
- wie hoch das **Risiko** ist (bezogen auf das eingezahlte Geld, die fälligen Zinsen und den Wert des Geldes),
- wie schnell man als Sparer vorzeitig an sein Geld kommen kann **(Liquidität)** (mit oder ohne Verlust an Zinsen oder gar am eingezahlten Geld).

Damit ein Haushalt entscheiden kann, braucht er Sachwissen über Sparmöglichkeiten und ihre Vor-bzw. Nachteile. Er muß sich klar darüber sein, welche Probleme es beim Sparen allgemein und hinsichtlich der einzelnen Sparformen im besonderen geben kann. Er muß ferner darüber informiert sein, nach welchen Gesichtspunkten er sich unter den verschiedenen Möglichkeiten entscheiden kann.

Woher aber soll ein Privathaushalt all dieses Spezialwissen haben? Ist er nicht damit überfordert? Darum empfiehlt es sich, vor größeren Sparentscheidungen sachkundige und unabhängige Informationen einzuholen, die für die eigenen Entscheidungen hilfreich sein können. Die Kundenberater vor allem größerer Banken können wichtige Tips geben. Allerdings sind sie nicht unabhängig. Bei Büchern ist die Unabhängigkeit eher gegeben. Jedoch sind sie nicht immer auf dem neuesten Stand. Sparen oder nicht: Das ist eine Frage, die in den einzelnen Haushalten beantwortet wird. Das Ergebnis der Entscheidung hat aber nicht nur für den jeweiligen Haushalt, sondern in der Summe der Entscheidungen für die gesamte Wirtschaft Folgen.

Wenn z. B. plötzlich alle Haushalte extrem viel sparen, dann bringt ein solches Verhalten die gesamte Wirtschaft durcheinander. Gespartes Geld kann nicht ausgegeben werden. Es muß also die Nachfrage nach Konsumgütern drastisch zurückgehen. Handel und Konsumgüterindustrie geraten in Schwierigkeiten. Das bekommen die Lieferanten dieser Wirtschaftszweige zu spüren. Auch sie werden in Mitleidenschaft gezogen. Schlechte Geschäfte oder gar Krisen führen zu Entlassungen von Arbeitskräften. So bekommen schließlich die Haushalte die Folgen ihrer Sparwut selbst zu spüren.

Weil das Sparen der privaten Haushalte Auswirkungen auf die gesamte Wirtschaft hat, beobachten Staat und Wirtschaftsunternehmen, vor allem Banken, das Sparverhalten der Haushalte und versuchen es zu beeinflussen, z. B. durch Sparprämien.

1. Ein Schüler will für eine Hifi-Anlage sparen. Er rechnet damit, in etwa einem Jahr sein Ziel erreicht zu haben. Welche Sparformen stehen ihm zur Verfügung?
2. Eine Familie erbt Geld, das sie „anlegen" möchte. Was kann sie tun, um eine gute Wahl unter den Möglichkeiten zu treffen?
3. Wenn Haushalte nicht sparen, kann das böse Folgen für die Wirtschaft haben. Warum?

Versicherungen: Muß das sein?

Schadensfälle: (nur) drei Gefahren von vielen

Haushalte sollen ihren Mitgliedern Sicherheit und Schutz gewähren. Was ist aber, wenn ein Haushalt selbst in Bedrängnis gerät, weil z. B. ein Unfall des einzigen Verdieners das Einkommen gefährdet, zudem hohe Kosten verursacht und Werte zerstört hat? Wie kann ein Haushalt von sich aus noch Sicherheit bieten, wenn eine langandauernde Krankheit eines Haushaltsmitgliedes alle Geldreserven verschlungen hat, das laufende Einkommen auffrißt und noch weitere teure ärztliche Behandlungen erforderlich macht? Wie ist eine gesicherte Haushaltsführung noch möglich, wenn ein Haushaltsmitglied einem Fremden einen Schaden zugefügt hat, der zu hohen Schadensersatzforderungen führt?

Die Fragen zeigen: Es gibt Gefahrenbereiche, die Haushalte in Existenzschwierigkeiten bringen können. Versucht man, solche Gefahren zu ordnen und zu systematisieren, lassen sich drei Gefahrenbereich herausstellen.

Wer die Aufgabe der Existenzsicherung ernst nimmt, wird nicht leichtfertig die Augen vor möglichen Gefahren verschließen. Denn ist die Gefahr eingetreten, ist es meist zu spät, noch etwas zu retten. Da muß Vorsorge betrieben werden.

Vorsorge und Sicherung sind wichtige Aufgaben haushälterischer Tätigkeit.

Im Hinblick auf etliche Gefährdungen hat der Staat vorgesorgt. Er zwingt die Haushalte zu Schutzmaßnahmen, z. B. durch die Versicherungspflicht im Bereich Krankheit, Altersvorsorge und Arbeitslosigkeit. Er zwingt sie auch, sich gegen Schadensersatzforderung im Zusammenhang mit Autounfällen zu versichern. In anderen Bereichen kann und muß der Haushalt von sich aus entscheiden, ob und wie er sich absichern will. Er kann sich dabei der Angebote von Versicherungsgesellschaften bedienen. Sie bieten ein breites Schutzangebot. Allerdings sind private Versicherungsgesellschaften Unternehmen, die

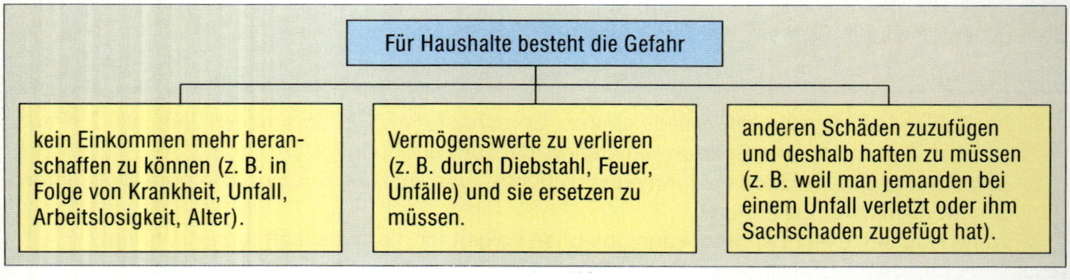

Geld verdienen wollen. Ihr Ziel ist es, möglichst viel an Versicherungen zu verkaufen. Versicherungen aber kosten Geld, oft viel Geld. Für den einzelnen Haushalt ist nicht alles sinnvoll, was ihm von Versicherungsgesellschaften und ihren Vertretern angeboten wird. Der Haushalt muß also auch hier abwägen, welches Risiko er allein tragen und in welchen Bereichen er Versicherungsschutz kaufen will.

Haushalte sollen dabei noch etwas bedenken. Versicherungsgesellschaften sind Unternehmen, die unterschiedlich arbeiten. Das Ergebnis sind unterschiedliche Kosten und Preise. Für die gleiche „Ware", z. B. ein Auto- oder Privathaftpflichtversicherung, gibt es beachtliche Preisunterschiede. Es lohnt sich, auch Versicherungsangebote zu vergleichen.

Nepper, Schlepper, Prämienfänger

Versicherungen sind ehrbare Gesellschaften. Aber sie sind auf Umsatz angewiesen. Da kann es geschehen, daß eine Versicherungsgesellschaft Verkäufer anheuert, die ihr Geschäft weniger ehrenhaft betreiben. Opfer einer solchen Verkaufstruppe waren vor einiger Zeit Berufsanfänger. Sie oder ihre Eltern schlossen, teilweise ohne es zu merken, Versicherungsverträge ab, die von zweifelhaftem Wert waren. Einige der Verkäufer hatten den Anschein erweckt, als seien sie im staatlichen Auftrag unterwegs, um den Jugendlichen besonderen Schutz zu verschaffen. Sie sagten kein Wort davon, daß sie in Wirklichkeit teure Versicherungen verkauften. Eltern und Jugendliche nahmen per Unterschrift das fürsorgliche Angebot an – und hatten damit eine Versicherung abgeschlossen. Vertrag ist Vertrag. Betrug ist meist nicht zu beweisen. Man hatte eine (teure) Versicherung mehr...

Die Sache mit der Unterversicherung

Sachverhalt:

Versicherungssumme des Hausrats:	30 000 DM
Tatsächlicher Wert des Hausrats:	60 000 DM
Verlust durch Einbruch und Diebstahl:	6 000 DM

Frage: Wieviel DM wird die Versicherung zahlen?

Dies ist der Fall, um den es immer wieder Streit gibt – unberechtigten Streit. Die Versicherungsgesellschaft wird die *Hälfte* des Verlustes zahlen. Das ist auch einzusehen. Denn in der Versicherungskalkulation sieht das so aus: Ein Hausrat ist versichert. Von diesem Hausrat werden 10 % durch Einbruch und Diebstahl entwendet. Dafür ist Ersatz zu leisten. Der Versicherungsnehmer (= der Haushalt) hat den Wert des Hausrats mit 30 000 DM angegeben. Also gibt es von diesem angegebenen Wert 10 % Ersatz.

Wer also bei einer Hausratversicherung Prämien sparen will, indem er zu niedrige Versicherungssummen wählt, spart am falschen Ende. Bei ihm ist die Mark nur fünfzig Pfennig wert – und das im Falle eines Schadens!

Fahrrad drängt 40-Tonner-Lkw in Schaufenster

Weil der Fahrer eines beladenen Lkw einen verkehrswidrig fahrenden Radfahrer nicht in die Gefahr bringen wollte, überrollt zu werden, steuerte er mit einer Reflexbewegung sein schweres Fahrzeug auf den zum Glück menschenleeren Bürgersteig. Er brachte sein Fahrzeug im Inneren eines Metzgerladens zum Stehen. Der Weg in den Laden ging durch das Schaufenster. Auch im Laden wurde niemand verletzt. Der Gesamtschaden dürfte etwa 200 000 DM betragen. Name und Anschrift des Radfahrers, der den Unfall verursacht hat, sind bekannt. Die Rechnungen dürften ihm auf Jahre und Jahrzehnte zu schaffen machen.

Dieses Beispiel zeigt, wie sinnvoll es für private Haushalte sein kann, eine Privathaftpflichtversicherung abzuschließen. Denn hier würde sie einspringen und den Schaden bezahlen. Zwar drängen nicht viele einen Lkw in ein Schaufenster. Aber man kann doch leicht durch Unachtsamkeit als Fußgänger oder Radfahrer, beim Spiel oder in der Schule anderen Schaden zufügen, für den man haften muß. Ein einziger erheblicher Schadensfall jedoch kann das ganze weitere Leben ruinieren.

1. Wie kann man bei Versicherungen Preisvergleiche anstellen?
2. Erläutere den Sinn von Versicherungen aus der Sicht der Haushaltsführung.
3. „Sicher ist sicher" sagte der Hausmann und schloß jede Versicherung ab, die ihm angeboten wurde. Wie beurteilst du das?
4. Nenne Versicherungen, die für einen privaten Haushalt in Frage kommen könnten.

Akten im privaten Haushalt

In manchen Haushalten gibt es schon Probleme, wenn eine Reklamation erforderlich wird. Wo sind die Garantieunterlagen? Wo ist der Kassenbon? Gibt es den überhaupt noch? Oder: Eine abgeschlossene Versicherung soll daraufhin überprüft werden, ob sie von den Prämien her günstig ist. Vielleicht kann man bei einer anderen Gesellschaft den gleichen Versicherungsschutz preisgünstiger erhalten. Dazu braucht man die Policen und die Prämienrechnungen. Sind sie griffbereit zusammen abgeheftet? Ein drittes Beispiel: Wem hat man eine Vollmacht gegeben, Geldbeträge vom Bankkonto abzubuchen? Dem Sportverein? Dem Finanzamt? Einem Zeitschriftenvertrieb?

Schon diese Beispiele zeigen: Ordnung kann das Leben erleichtern. Sie ist wichtig, um den Überblick zu behalten. Sonst kündigt man z. B. seine Mitgliedschaft im Sportverein, bekommt aber unbemerkt noch weiterhin die Beiträge vom Konto abgebucht, weil das Einzugsverfahren automatisch weiterläuft.

Haushalte könnten, wenn es um Übersichtlichkeit und Ordnung geht, von Betrieben lernen. Warum sollte sich ein Haushalt nicht eine kleine Büroecke zulegen, in der alle wichtigen Unterlagen aufbewahrt werden? Dann weiß man, wo man etwas findet. Ein paar Aktenordner erleichtern das Ordnunghalten.

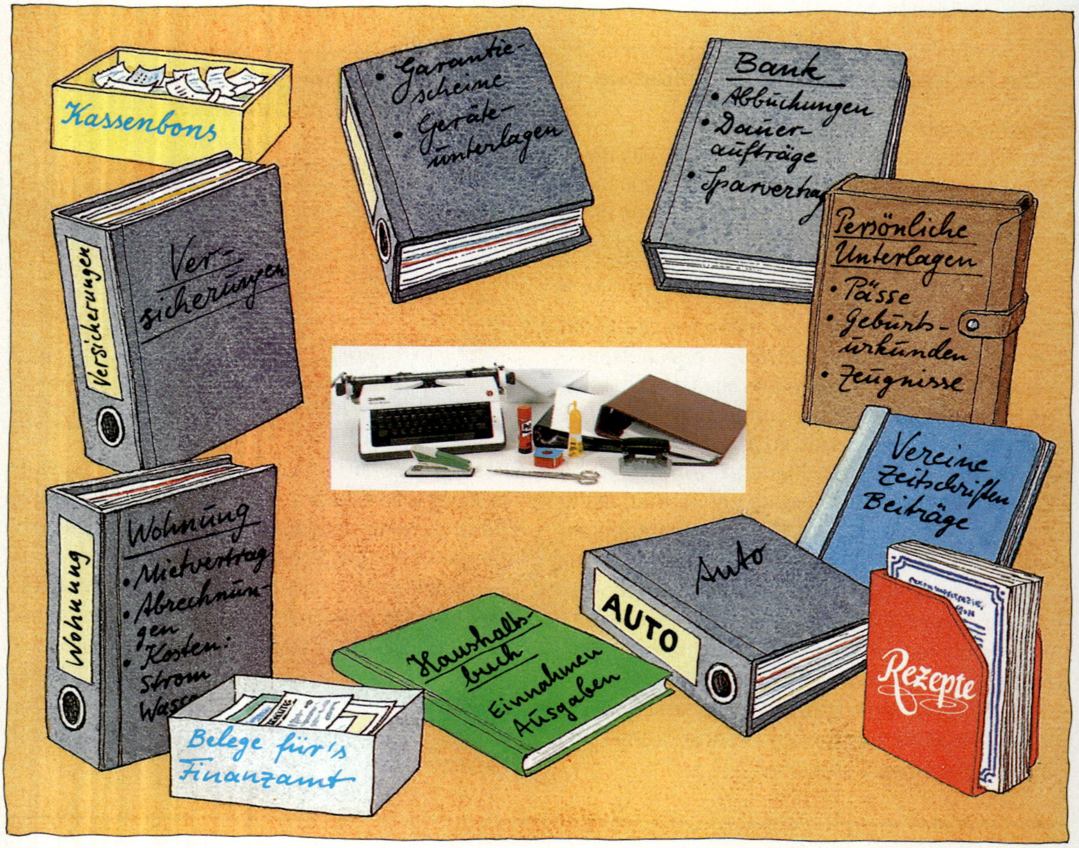

1. Akten im privaten Haushalt – ist das nicht übertrieben? Begründe deine Meinung.
2. Wozu benötigt man die in der Collage abgebildeten Unterlagen?
3. Können Computer für die Haushaltsverwaltung gute Dienste leisten? Welche?

Haushaltsgründung

Für manche Schülerin und manchen Schüler beginnt schon bald nach dem Schulabschluß der Weg in ein eigenes, selbständiges Leben. Andere bleiben noch einige Zeit im Elternhaus. Aber irgendwann starten auch sie in die Selbständigkeit. Gerade die erste Zeit der selbständigen Haushaltsführung ist schön, man fühlt sich stark. Es sind wichtige Weichenstellungen vorzunehmen, aber es fehlt an Erfahrung. So kann es leicht zu Fehlentscheidungen kommen, die lange nachwirken und möglicherweise Probleme schaffen. Worauf also ist zu achten? Was sollte bedacht werden, wenn man die erste eigene Wohnung anmietet, die erste Wohnungsausstattung beschafft? Worauf sollte man sich einstellen, wenn man einen eigenen Haushalt gründet?

1. Haushaltsgründung – ein Schritt in die Selbständigkeit

Selbständigkeit – ein schweres Los?

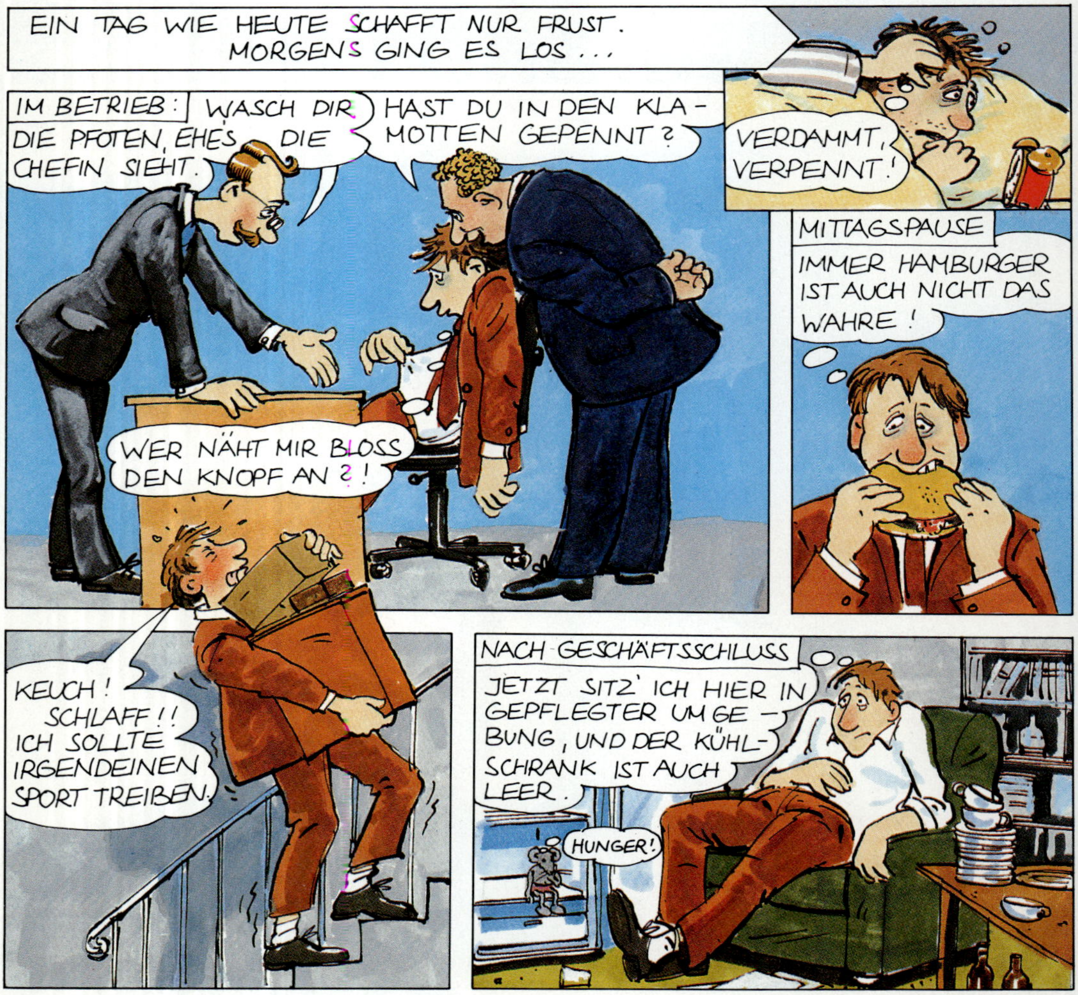

Das selbständige Leben in einem eigenen Haushalt stellt einen plötzlich vor Aufgaben, die beim Leben im elterlichen Haushalt nie ein Problem waren. Der wichtigste Unterschied zwischen dem Leben im elterlichen Haushalt und dem neuen Leben in den eigenen vier (und mehr) Wänden ist wohl der, daß man nun für sich selbst die volle Verantwortung trägt. Was man nicht selbst macht, macht niemand mehr, und wenn dann etwas schief geht, hat man ganz allein die Folgen zu tragen.

Der Schritt in die Selbständigkeit ist eine Art Weichenstellung für das künftige Leben. Darum sollte dieser Schritt gut vorbereitet sein. Dazu gehört es, sich mit seinen Wunschträumen auseinanderzusetzen und sie auf ihre Realisierungsmöglichkeiten hin zu überprüfen. Denn vielfach dürften Wunsch und Wirklichkeit weit auseinander liegen. Wer möchte z. B. nicht mit einem komplett ausgestatteten Haushalt in einer tollen Wohnung starten, und das ohne alle Geldsorgen? Die Wirklichkeit setzt allerdings oft sehr enge Grenzen. Das Geld ist knapp, denn Ausbildungsvergütungen sind nicht sehr üppig. Von den Eltern kann man oft auch nicht viel erwarten. Denn in vielen Familien sind noch Geschwister da, die ebenfalls versorgt sein wollen, und die Eltern haben auch ein Recht darauf, noch etwas für ihr eigenes Leben zur Verfügung zu haben. Da heißt es, sorgfältig über sich und seine Ansprüche auf der einen Seite und die gegebenen Möglichkeiten auf der anderen Seite nachzudenken.

Es gilt, Ansprüche, Wünsche und Vorstellungen mit den zur Verfügung stehenden Mitteln abzustimmen. Das ist keine leichte Aufgabe, denn wer mag schon von Träumen Abschied nehmen? Und woher weiß man, worauf man sich einstellen muß? Um auf diese Frage eine Antwort zu finden, ist es notwendig, Informationen zu sammeln, die helfen können, ein realistisches Bild von der Zukunft zu entwickeln.

Wenn es um die eigenen Wünsche und Vorstellungen geht, steht oft die erste eigene Wohnung im Mittelpunkt. Wie soll sie aussehen? Wie will ich wohnen? Was kann ich mir leisten? Wie vielfältig die grundlegenden Wohnmöglichkeiten sind, zeigt die Aufstellung unten.

Eine besondere Aufgabe wird es sein, sich einen neuen Freundeskreis zu schaffen. Antje Frei, die seit einem Jahr einen eigenen Haushalt in einer für sie zunächst fremden Stadt führt, sagt: „Mich selbständig zu versorgen, war für mich von Anfang an kein Problem. Aber neue Bekannte und Freunde zu gewinnen, das war eine schwierig zu lösende Aufgabe. In der ersten Zeit habe ich oft abends allein und traurig in meiner Wohnung gehockt. Aber von nichts kommt nichts. Ich mußte aktiv werden. Das ist mir gelungen. Ich habe jetzt einen großen Freundeskreis, in dem ich mich wohl fühle."

Was soll es sein?

- Eine Kleinwohnung (Apartment)?
- Ein leeres Zimmer mit eigenem Bad/mit fl. Wasser/kalt?
- Ein leeres Zimmer ohne Bad, aber mit Wasseranschluß?
- Ein leeres Zimmer ohne Wasseranschluß?
- Ein möbliertes Zimmer mit Kochstelle, mit Wasseranschluß?
- Ein möbliertes Zimmer ohne Kochstelle, ohne Wasseranschluß?
- Ein Zimmer in einer Wohngemeinschaft?

Prüfen Sie die Kosten für jede der Wohnformen. Überlegen Sie Vor- und Nachteile der einzelnen Wohnmöglichkeiten (z. B. Kosten, Nähe zu anderen, Folgen fehlenden Wohnkomforts . . .).

1. Welche Schwierigkeiten einer eigenverantwortlichen Haushaltsführung werden in der Zeichnung deutlich?
2. Welche Möglichkeiten bieten sich für das erste eigene Wohnen? Welche der Möglichkeiten kommt für dich überhaupt nicht in Frage? Welche Möglichkeiten kommen in die engere Wahl? Begründe deine Meinung.
3. Selbständigkeit hat ihre guten Seiten. Welche sind das aus euerer Sicht?
4. Neue Freunde in einer fremden Umgebung zu finden dürfte für viele eine schwierige Aufgabe sein. Was kann man tun?

Bügeln, spülen, putzen, kochen . . .

Wenn ein junger Mann noch bei seinen Eltern lebt, ist es vielleicht eine tolle Leistung, wenn er bügeln kann. Im eigenen Haushalt aber wird diese Kunst zur Notwendigkeit. Darum ist es sinnvoll, sich spätestens vor dem Auszug aus dem elterlichen Haushalt mit solchen Arbeitstechniken vertraut zu machen, die für das Leben in einem eigenen Haushalt dringend notwendig sind. Mädchen haben es da manchmal deshalb leichter, weil sie zu Hause eher und intensiver mitgeholfen haben, wenn es um Hausarbeit ging. Vor dem Bügeln drücken sich aber oft auch solche jungen Männer, die zu Hause schon mal das Spültuch in die Hand nehmen.

Entsprechendes gilt für das Putzen. Mancher sieht bei seinen ersten Putzübungen aus, als wollte er einen Witzfilm drehen. Das ist im ersten Augenblick vielleicht lustig, aber bald nervt es. Ein verschütteter Eimer mit Wischwasser macht nicht nur Arbeit, sondern kann zu Schäden führen. Vor allem aber wird die Wohnungsreinigung schnell zu einer erst lästigen, dann vielleicht sogar fast bedrohlichen Arbeit, wenn man die grundlegenden Arbeitstechniken nicht beherrscht und keine Ahnung davon hat, wie man Reinigungsarbeiten schnell und relativ mühelos bewältigen kann. Wer mit Besen, Schrubber und Wischlappen umzugehen versteht und auch noch weiß, mit welchen Reinigungsmitteln er guten (Umwelt-) Gewissens arbeiten kann, der ist für seinen Weg in die Selbständigkeit gut gerüstet. Dies gilt auch für das Wäschewaschen. Dort macht man manche Fehler zwar nur einmal (z. B. neue Jeans mit höheren Temperaturen zusammen mit anderen Wäschestücken zu waschen), aber es sind teure Fehler.

1. Manchmal machen es Mütter ihren Söhnen schwerer als ihren Töchtern, Arbeitstechniken der Haushaltsführung in ihrem Haushalt zu erlernen. Was kann man dagegen tun?
2. Welche Fehler kann jemand machen, der von Ernährungsfragen nichts versteht, aber für seine Beköstigung selbst verantwortlich ist?

2. Ausstattungs- und Finanzfragen bei einer Haushaltsgründung

Messer, Gabel, Schere, Hifi . . .

Wenn man Prospekten glauben darf, dann muß sich ein junger Haushalt mit Geräten vollstopfen. Die Anzahl der angeblich „unentbehrlichen Helfer im Haushalt“ ist kaum überschaubar. Wer einen perfekt ausgestatteten Haushalt möchte, braucht schon der vielen Geräte wegen eine große Küche, um sie überhaupt unterbringen zu können.

Auf der anderen Seite kann man auch nicht sagen, daß alles an Geräten Unsinn ist und ein junger Haushalt überhaupt keine Kleingeräte benötigt. Man kann nicht einmal eine Aufstellung der unbedingt notwendigen und der absolut überflüssigen Anschaffungen bei Haushaltsgeräten machen, denn was unbedingt notwendig, was wünschenswert und was überflüssig ist, das läßt sich nur in der konkreten Situation des einzelnen Haushalts sagen.

Ein einfacher Tip: Klein anfagen! Sich in der ersten Zeit behelfen, selbst wenn es vom Geld her möglich wäre, schon Anschaffungen im größeren Umfang zu tätigen. Erst wenn man einige Zeit in seinem eigenen Haushalt arbeitet und wenn sich Gewohnheiten herausgebildet haben, kann man erkennen, was notwendig ist und was nicht, was man wirklich nutzen würde und wofür kein Bedarf besteht.

Grundausstattung junger Haushalte

Küche:
Einbauküche (Mindestbedarf):
Unterschränke 200 cm
Oberschränke 200 cm
Hochschrank 60 cm, Spüle,
Abstell- und Arbeitsplatten
1 Elektro- oder Gasherd
1 Kühlschrank
1 Deckenleuchte
1 Wandleuchte über Herd und/ oder Arbeitsplatte
1 Klapptisch
2 Stühle
6 Küchenhandtücher (bunt)
18 Geschirr- und Gläsertücher
1 Abfalleimer
1 Milchtopf
1 Wasserkessel
1 Brotkapsel
3 Kochtöpfe (verschiedene Größen)
2 Bratpfannen
1 Auflaufform (feuerfest)
1 Schneidebrett
1 Brotmesser (rostfrei, mit Säge)
1 Kartoffelschälmesser (rostfrei)
2 Küchenmesser (rostfrei)
1 Salatbesteck
1 Reibe
1 Tranchierbesteck
1 Satz Quirle, Löffel und Kochlöffel
1 Garnitur Schöpfkelle, Schaumlöffel, Wender, Fleischgabel
2 Haarsiebe (versch. Größen)
1 Zitronenpresse
1 Schneeschläger
1 Küchenwaage
1 Meßbecher
3 Backformen (lang und rund)
1 Nudelholz
1 Korkenzieher
1 Dosenöffner
6 Brettchen
1 Servierbrett, Spülbürsten, Handtuchhalter
1 Besen
1 Handfeger mit Kehrblech
1 Teppichkehrmaschine
1 Scheuereimer
1 Schrubber
6 Staubtücher
2 Scheuertücher
1 Fensterleder
1 Trockengestell (zusammenklappbar)
1 elektr. Bügeleisen (mit Regler)
1 Bügelbrett
1 Ärmelbrett, Wäscheklammern

Wohn- und Eßzimmer
1 Eßtisch zum Ausziehen
4 Stühle
1 Wohnzimmerschrank bzw. Anbaumöbel
1 Deckenleuchte
1 Stehlampe
1 Couch
2 Sessel
1 Couchtisch
1 Teppich (etwa 200 x 300 cm)
4 Tisch- und Kaffeedecken
1 Eß-Service (für 6 Personen, 22teilig, Porzellan)
1 Kuchenteller
1 Butterdose
6 Eierbecher mit Löffelchen
1 Brotkorb
1 Satz Schüsseln (3 Stück in verschiedenen Größen)
1 Kompott-Service (1 Schüssel, 6 Schälchen)
6 Biergläser
6 Weingläser
6 Sektgläser
6 Likörgläser
3 Kannen- und Schüsseluntersetzer
1 Salz- und Pfefferstreuer
6 Bestecke, vierteilig (Edelstahl, rostfrei)
6 Kuchengabeln, 1 Buttermesser
1 Saucen-Löffel
1 Suppenschöpfer
2 Vorlege-Löffel
2 Vorlegegabeln

„Das braucht ein junger Haushalt" – Auszüge aus einer Empfehlung

Was für elektrische Haushaltsgeräte gilt, trifft auch auf andere Bereiche der Haushaltsausstattung zu. Ob ein junger Haushalt zum Start wirklich alles braucht, was in irgendwelchen Aufstellungen als „Grundausstattung" angegeben ist, darüber kann man geteilter Meinung sein. Ein gelungener Start in die eigene Selbständigkeit ist sicherlich nicht von der Vollständigkeit des Bestecks und der richtigen Anzahl an Gedecken abhängig. Wichtig ist, daß man sich in seiner ersten eigenen Wohnung wohl fühlt. Was dazu erforderlich ist, wird jeder anders sehen. Manch einer braucht zu seinem Glück ein Fernsehgerät, bei anderen geht es nicht ohne qualitativ gute Musikanlage. Die einen wollen zum Start neue Möbel haben, andere legen mehr Wert auf arbeitserleichternde Haushaltsgeräte. Kurzum: Wer seine eigenen vier Wände will, der muß sich Gedanken darüber machen, wie es innerhalb dieser Wände aussehen und zugehen soll. Das ist schon deswegen wichtig, damit er die damit verbundenen Kosten ermitteln kann. Schon hier kann ganz schnell die Ernüchterung kommen. Selbst ein einfaches Bett mit Lattenrost, guter Matratze (die sollte von Anfang an sein), Decke, Kissen und Bettwäsche kostet viel mehr, als viele Jugendliche glauben.

Da Geld in der Regel knapp ist, sollte man sich gründlich überlegen:
- Was möchte ich alles haben?
- Wofür soll ich das Geld ausgeben?
- Welche Wünsche und Vorstellungen sind dringlich, was ist weniger wichtig?

In der Fachsprache der Wirtschaftler gesagt: Es muß eine Präferenzliste (praeferre = vorziehen) aufgestellt werden.

1. Warum ist eine Aufstellung all dessen, was man sich für seine erste Wohnung anschaffen möchte, wichtig?
2. Warum sind Verzeichnisse problematisch, in denen aufgelistet ist, was ein junger Haushalt alles braucht?
3. Ist ein Telefon in der ersten Wohnung wichtig oder nicht? Diskutiert!
4. Erstelle eine Liste der Dinge, die du für deine erste Wohnung für erforderlich hältst.

Handrührgerät oder kleine Küchenmaschine?

Die moderne Technik macht es möglich: Viele Haushaltsgeräte sind heute erstaunlich preiswert. Dazu gehören kleine Küchenmaschinen, die vom Preis her mit hochwertigen Handrührgeräten (einschließlich Zubehör) mithalten können. Wofür soll man sich entscheiden?

Wer eine gute Wahl treffen möchte, der sollte sich etwas intensiver mit diesen Geräten und ihren Nutzungsmöglichkeiten befassen. Die dazu erforderlichen Sach- und Materialkenntnisse fehlen in der Regel zunächst. Vielleicht gab es im Hauswirtschaftsunterricht die Möglichkeit, solche Geräte zu testen. Dann kann man zumindest ihre Leistungsfähigkeit einschätzen. Auf jeden Fall sind weitere Informationen nützlich, z. B. Ergebnisse von Warentests oder sonstigen Produktvergleichen, wie sie gelegentlich in Zeitschriften zu finden sind. Auch ein Gespräch im Fachgeschäft oder der Fachabteilung eines Warenhauses kann hilfreich sein.

Wer im elterlichen Haushalt mitgearbeitet hat, verfügt über Kenntnisse und Erfahrungen, die bei Anschaffungsentscheidungen für den eigenen Haushalt nützlich sein können. Dabei ist allerdings Vorsicht geboten: Die eigene Erfahrung und Gewöhnung steht der Bereitschaft im Wege, sich mit neuen Geräten auseinanderzusetzen und sie auszuprobieren.

Entsprechendes gilt für Ratschläge erfahrener Hausfrauen und Hausmänner. Es ist zwar richtig, ihren Rat beim Start in die eigene Selbständigkeit einzuholen: Erfahrung ist nicht nur der beste Koch, wie ein Sprichwort sagt, sondern oft auch der beste Ratgeber in Haushaltsfragen. Allerdings gibt es auch hier so etwas wie „Betriebsblindheit“. Man sollte also die Empfehlungen und Tips daraufhin überprüfen, welchen Nutzen sie für die eigene Situation bringen können. Bei diesen Überlegungen sollte man auch seine haushälterischen Fähigkeiten einbeziehen.

1. Unter welchen Bedingungen ist eine elektrisch betriebene Zitruspresse sinnvoll? Wie läßt sich das herausfinden?
2. Welche Informationsquellen lassen sich nutzen, wenn es um die Anschaffung einer Waschmaschine geht?
3. Nenne Kriterien, die du bei der Anschaffung von Haushaltsgeräten zugrunde legen kannst.

Umgang mit Geld: die neue Aufgabe

Ein eigener Haushalt verlangt eine eigene Kassenführung und volle Verantwortung für alle Geldgeschäfte. Wenn am 20. des Monats schon alles Geld ausgegeben ist, dann wird die Durststrecke lang. Da eigene Erfahrungen kaum vorliegen, sind Buchführung und Finanzplanung dringend anzuraten. Bei der Finanzplanung sind besondere Zahlungen, z. B. die vierteljährlich fälligen Rundfunkgebühren, die jährliche Versicherungsprämie oder die zu erwartende Heizkostennachzahlung zu berücksichtigen.

Besonders vorsichtig sollte man bei Kontenüberziehungen oder Ratenkäufen sein. Gerade weil Erfahrungen fehlen, ist die Gefahr einer Fehleinschätzung groß. Hier zeigt sich, daß einfache Vermutungen nicht ausreichen, Finanzfragen zu beantworten. Rechnen ist besser und zuverlässiger. Schon oft haben gerade Ratenzahlungen und Kontenüberziehungen junge Haushalte in große Schwierigkeiten gebracht. Wenn ohnehin das Einkommen nur für einen sehr bescheidenen Lebensstandard reicht, welche Folgen hat es dann, wenn Monat für Monat zusätzlich Geld für die Rückzahlung von Verpflichtungen abgezweigt werden muß?

Für Unternehmen ist eine Kreditaufnahme sinnvoll. Sie leihen sich Geld, verbessern damit die Produktion und verdienen dadurch mehr Geld, als sie an Zinsen zahlen müssen. Unternehmen verdienen also an fremdem Geld, weil sie es produktiv einsetzen. In Haushalten ist das grundsätzlich anders. Dort kann man in den seltensten Fällen Geld produktiv arbeiten lassen. Haushalte brauchen Geld für den Konsum. Von daher stellt sich die Frage, ob Kredite für private Haushalte überhaupt sinnvoll sind.

Untersuchungen zeigen, daß junge Haushalte vor allem für den Kauf von Möbeln und Autos Schulden machen. Die Frage einer Kreditaufnahme zur Finanzierung dieser Anschaffungen sollte unter den beschriebenen Gefahren gesehen werden. Im Zusammenhang mit dem Autokauf tritt noch ein besonderes Problem auf, das auch für andere Anschaffungen gilt: das Problem der Folgekosten. Zwar achten gerade junge Käufer auf den Kaufpreis, die meisten von ihnen kaufen bewußt billige Autos, sie unterschätzen aber die Folgekosten einer Autoanschaffung. Dabei werden oft gerade die Reparaturkosten bei älteren Fahrzeugen zum Problem.

Der Alltag ist teuer . . .

Wer im Haushalt seiner Eltern lebt, hat oft keine Vorstellung davon, wie teuer die alltägliche Lebenshaltung wirklich ist. Wer häufig die Familieneinkäufe tätigt, der kennt zumindest Lebensmittelpreise und weiß in etwa, wie sehr die Lebensmitteleinkäufe den Geldbeutel strapazieren. Trotzdem wissen auch solche Jugendliche selten, wieviel Geld insgesamt im Laufe eines Monats für die Ernährung ausgegeben werden muß.

Viele, die in ihr „eigenes Leben" starten, haben zunächst falsche Vorstellungen davon, wie weit ihr Geld reicht und was sie sich leisten können. Wenn dann eine Rechnung über Müllgebühren oder eine Heizkostenabrechnung mit Nachforderungen ankommt, geraten manche der jungen „Starterhaushalte" in eine Finanzklemme. Darum ist es dringend erforderlich, sich rechtzeitig darüber Klarheit zu verschaffen, was denn „das Leben so kostet". Dabei sollten sowohl die Ausgaben für das tägliche Leben, für Freizeitaktivitäten und besondere Anlässe als auch selten anfallende, aber dennoch vorkommende Forderungen berücksichtigt werden. Schon eine erste Kostenübersicht wird zeigen: Das Geld ist knapper, als man denkt. Die Ausbildungsvergütung allein ermöglicht kaum ein Leben in Unabhängigkeit.

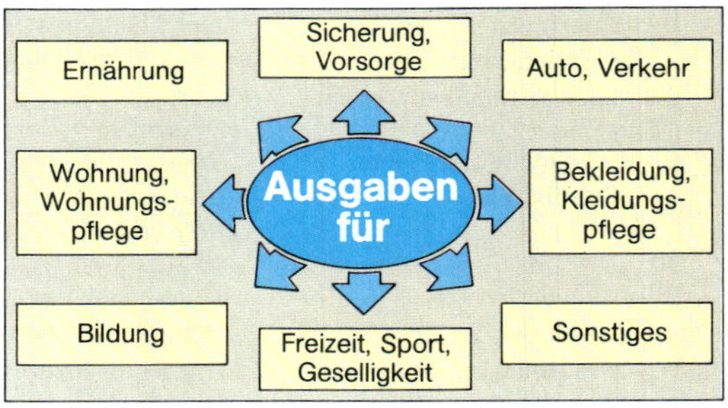

1. Beschreibe einige Kreditmöglichkeiten für private Haushalte.
2. Zeige Gefahren einer Kreditaufnahme auf.
3. Wann kann eine Kreditaufnahme für einen privaten Haushalt sinnvoll sein? Finde Beispiele.
4. Erläutere an einem selbstgewählten Beispiel das Problem der Folgekosten bei Anschaffungen.

1. Woher kann man Informationen über die Kosten und Ausgaben eines Ein-Personen-Haushaltes bekommen?
2. Was müßte bei einer Aufstellung von Ausgaben eines jungen Haushaltes alles berücksichtigt werden?
   Versucht, eine Aufstellung von den zu berücksichtigenden Positionen zusammenzustellen.

3. Wohnungssuche, Wohnungsanmietung: Bausteine der Haushaltsgründung

Vorüberlegungen und Wohnungssuche

Grundregeln für die Wohnungssuche

Zunächst ein paar allgemeine, aber nicht unwichtige Bemerkungen und Ratschläge:

- ▷ Eine gute und damit genaue Vorplanung bewahrt vor Fehlschlägen, unnötiger Hektik und überflüssigen Geldausgaben.
- ▷ Starten Sie rechtzeitig. Wer z. B. durch Wohnungsangebote im Anzeigenteil einer Zeitung eine Wohnung zu finden hofft, sollte nicht damit rechnen, bereits beim *ersten* Anlauf Erfolg zu haben.
- ▷ Wenn Sie samstags in einer für Sie fremden Stadt auf Wohnungsjagd gehen wollen, sollten Sie spätestens Freitagabend am Ort sein und sich informieren, wann Sie wo morgens die ersten Zeitungen bekommen.
- ▷ Bevor Sie auf Suche gehen, denken Sie daran: Ein gepflegtes Erscheinungsbild erleichtert es einem Vermieter erheblich, Ihnen seine Wohnung anzuvertrauen.
- ▷ Freundlich und zurückhaltend zu sein, aber dennoch genau zu wissen, was man will: *Das* macht Bewerbungsgespräche erfolgreich. Denken Sie daran: Sie bewerben sich um eine Wohnung!
- ▷ Prüfen Sie Wohnungsangebote sehr genau. Wer zu schnell ja sagt, ärgert sich oft jahrelang.

Bevor Sie irgendwelche Aktivitäten entfalten, sollten Sie sinnvollerweise einen „Schlachtplan" entwerfen:

Überlegen Sie, wie sie die Wohnungssuche konkret angehen wollen.	„Auf welchen Wegen hoffe ich eine Wohnung zu finden (eigene Suchanzeigen, Einschalten eines Maklers, Reaktion auf Angebotsanzeigen, . . .)?
Machen Sie sich einen Zeitplan.	„Wann will ich spätestens einziehen?" „Wie ist der Wohnungsmarkt dort, wo ich suchen will (Angebot groß/klein; Nachfrage groß/klein)?" „Wann muß ich spätestens mit der Wohnungssuche beginnen?"
Überlegen Sie sich, was Ihnen im Zusammenhang mit *Ihrer* Wohnung wichtig ist.	„Wo liegt für mich die Obergrenze der Belastung (Miete plus Nebenkosten plus Kaution)?" „Welche Anforderungen stellte ich *mindestens* an die Wohnung (z.B. hinsichtlich Größe, Ausstattung, Lärmschutz . . .)?" „Welche Anforderungen stelle ich an die Wohnlage (bevorzugte/ausgeschlossene Wohngebiete, Nähe zum Betrieb, Buslinien . . .)?"
Was Sie bei der Wohnungssuche mitnehmen sollten.	Notizblock, Schreibgerät, Telefongroschen (viele!), Stadtplan, Personalausweis, Übersichtsplan Buslinien.

Schreibe die einzelnen Etappen einer Wohnungssuche auf.
Ordne sie nach ihrer zeitlichen Reihenfolge.

Vom Mietvertrag zum Einzug

„Tja, dann können wir's ja mal miteinander versuchen. Hier ist der Mietvertrag. Unterschreiben Sie mal da unten. Das ist ja nur'ne Formsache. Die Mietverträge sind heutzutage vorgedruckt. Da ist einer wie der andere. Und ändern kann man sowieso nichts."

Achtung! Irrtum! Doppelirrtum!!

1. Mietverträge können sehr unterschiedlich sein. Das fällt nur dem auf, der Mietverträge wirklich liest und sie vergleicht. Gedrucktes sieht so amtlich aus, ist es aber nicht immer.
2. Auch vorgedruckte (Miet-)Verträge können handschriftlich geändert werden. Es müssen nur beide Seiten zustimmen und die geänderte Fassung unterschreiben.

Wohnungs-Mietvertrag **Nach den neuen gesetzlichen Bestimmungen**

Zwischen dem ____________ als Mieter und ____________ als Vermieter wird folgender Mietvertrag geschlossen:

1. Zur Benutzung als ____________ werden folgende im Hause ____________
____________ (Ort, Straße, Nr., Vorder-, Hinterhaus, Stockwerk rechts/links) gelegene Räume vermietet:
Zimmer, ______ Küche/Kochnische, ______ Bad/Dusche (mit WC) – WC ______ Diele, ______ Balkon, ______ Mansarde, ______ Bodenräume Nr. ______, ______ Kellerräume Nr. ______, ______ Garage, ______ Auto-Abstellplatz/Gartenlaube
2. Der Mieter ist berechtigt, Waschküche, Trockenboden und Trockenplatz gemäß der Hausordnung mitzubenutzen.
3. Dem Mieter werden vom Vermieter für die Mietzeit ausgehändigt:
______ Haus-, ______ Wohnungs-, ______ Zimmer-, ______ Boden-, ______ Keller-, ______ Garagenschlüssel

§ 2 **Mietzeit**

1. Nur für Verträge von **bestimmter** Dauer:
Der Abschluß des Mietvertrages erfolgt auf ______ Jahre. Das Mietverhältnis beginnt mit dem ____________ und endet am ____________. Wird es nicht spätestens 1 Monat/3 Monate vor Ablauf der Mietzeit gekündigt, so verlängert es sich jeweils um ein Jahr.
2. Nur für Verträge von **unbestimmter** Dauer:
Das Mietverhältnis beginnt mit dem ____________. Es läuft auf unbestimmte Zeit. Die Kündigungsfrist beträgt 3 Monate; die Kündigungserklärung muß spätestens am 3. Werktag des Monats beim Vertragspartner eingegangen sein.
3. Für die Kündigung ist Schriftform gesetzlich vorgeschrieben. Für die Rechtzeitigkeit der Kündigung kommt es nicht auf die Absendung, sondern auf die Ankunft des Kündigungsschreibens an.

§ 3 **Miete**

1. Die Miete beträgt – monatlich – ____________ DM, in Worten ____________
Deutsche Mark. In der Miete sind sämtliche Nebenkosten enthalten, soweit sich nicht aus Ziffer 2 etwas anderes ergibt.
2. Folgende Nebenkosten werden besonders erhoben (fester Betrag oder anteilig).

§ 4 **Zahlung der Miete und Nebenkosten**

1. Die Miete ist – monatlich – im voraus, spätestens am 3. Werktag des Monats an den Vermieter oder an die von ihm zur Entgegennahme ermächtigte Person oder Stelle zu zahlen.
2. Feste Nebenkosten sind mit der Miete zu zahlen. In der Höhe schwankende Nebenkosten, über die abgerechnet wird, sind binnen

Worauf bei Mietverträgen zu achten ist

- ▷ Mietpreis, Nebenkosten
- ▷ Regelungen zur Heizkostenfestlegung
- ▷ Laufzeit und Kündigungsfristen
- ▷ Kautionsregelungen
- ▷ Angaben über Mieterhöhungen (Anpassungs-, Staffelungsklauseln)
- ▷ Regelungen über Renovierungsarbeiten (Wann? Durch wen?)
- ▷ verbindliche Anlagen zum Mietvertrag (z. B. Hausordnung)
- ▷ besondere Verpflichtungen (z. B. Schneeräumen im Winter, Reinigungsarbeiten)

Manchmal bieten Vermieter Wohnungen unter der Bedingung an, daß eine **„Abstandssumme"** gezahlt wird oder etwas „übernommen" wird. Damit ist gemeint, daß der neue Mieter bestimmte Einrichtungsgegenstände, z. B. Gardinen oder Möbelstücke, käuflich erwerben soll.

Wenn Wohnungen knapp sind, versteckt sich hier hin und wieder eine heimliche Zusatzzahlung nach dem Motto: Gibst du mir Geld, bekommst du die Wohnung. Dafür darfst du die Gardinen behalten. In anderen Fällen sind es die Vormieter, die etwas zur Übernahme anbieten, das man eigentlich nicht braucht oder will.

Ein besonders schwieriges Kapitel verbirgt sich hinter dem Wort **„Nachmieter“**. Hier geht es darum, daß jemand einen gültigen Mietvertrag hat, den er noch nicht kündigen kann. Unter bestimmten Bedingungen darf er dennoch eher ausziehen, wenn er dem Vermieter solide, zahlungskräftige Nachfolger bringt. Dem üblichen Verfahren nach muß der Mieter meist mehrere Interessenten präsentieren, weil der Vermieter ein Mitspracherecht hat und die Chance haben muß, unter mehreren Bewerbern auszuwählen. Vorsicht also bei Zusagen durch jemanden, der einen Nachmieter sucht. Wer weiß, ob der Vermieter überhaupt mitspielt? Auf keinen Fall sollte man in einem solchen Fall irgendwelche Zahlungen an den Vormieter leisten, bevor nicht der Mietvertrag unterschrieben ist. Vermieter haben das Recht, eine **Kaution** (Sicherheitsleistung) zu verlangen. Die Kaution ist nach Ende des Mietverhältnisses einschließlich der in der Zwischenzeit für dieses Geld angefallenen Zinsen zurückzuzahlen.

Der Start in die neue Wohnung kostet oft mehr Geld, als mancher zunächst einkalkuliert. Deshalb ist es immer sinnvoll, sich eine Übersicht über den Finanzbedarf zu verschaffen.

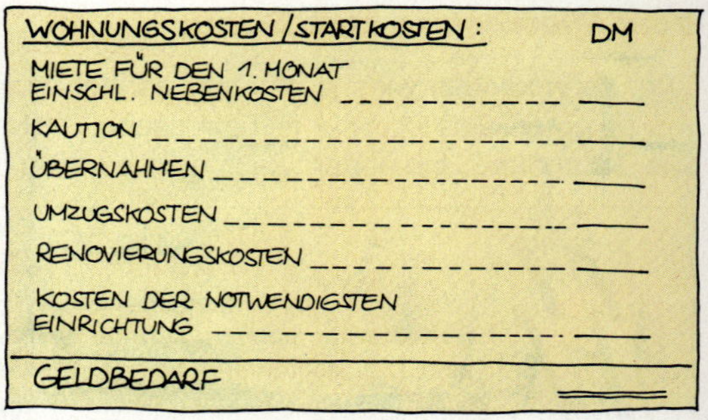

Start in die neue Wohnung: Der Finanzbedarf

Ein Einzug, der nicht gut vorgeplant ist, endet leicht im Chaos. Manchmal sind es nur Kleinigkeiten, die zu Schwierigkeiten führen. Da ist nicht daran gedacht worden, die Zugänge für das Auf- und Abladen freizuhalten oder hilfswilligen Freunden genau zu sagen, wann sie wo gebraucht werden. Das Transportfahrzeug kommt nicht rechtzeitig usw. . . . Es lohnt sich, den gesamten Umzug in Gedanken durchzuspielen und sich dabei Notizen zu machen. Hilfreich ist es auch, wenn man jemanden fragen kann, der erst kürzlich einen Umzug hinter sich gebracht hat.

Wer seine Wohnung bezogen hat, möchte in der Regel das Mietverhältnis nicht mit Kleinkrämerei oder gar Beanstandungen beginnen. Das ist verständlich, kann aber zu Problemen führen. Der Ratgeber schlägt vor:

> Wenn Sie von Ihrer neuen Wohnung Besitz ergriffen haben, raffen Sie sich trotz aller Müdigkeit und Zufriedenheit auf. Machen Sie eine genaue Inspektion:
> – Notieren Sie die Zählerstände der Zähler, die mit Ihrer Wohnung zu tun haben (Gas, Wasser, Strom). Lassen Sie die Notizen von jemandem gegenzeichnen.
> – Schreiben Sie erkennbare Mängel auf, z. B. Beschädigungen an Türen und Fenstern, an Fensterbänken und Waschbecken.
> – Überprüfen Sie Abflüsse und Armaturen.
> – Informieren Sie sich, ob eine Zwischenablesung der Meßgeräte für die Festlegung der Heizkosten stattgefunden hat. Wenn nicht, sorgen Sie dafür, daß eine Zwischenablesung von dem beauftragten Serviceunternehmen durchgeführt wird.
> Vielleicht ist es ganz gut, sich kurz den Mitbewohnern des Hauses vorzustellen. Es kommt da auf die Größe des Hauses und auf die Mitbewohner an. Auch der Postbote sollte wissen, daß jemand neu zugezogen ist. Briefkasten und Klingel sollten schnell den neuen Namen zeigen.

1. Was hast du in diesem Abschnitt Neues gelernt?
2. Du hast dich auf eine Anzeige „Nachmieter gesucht“ gemeldet. Worauf mußt du achten, wenn dir die Wohnung tatsächlich angeboten wird?
3. Welche Ausgaben können auf jemanden zukommen, der seine erste Wohnung mietet?
4. Auf welche Punkte sollte man bei einem Mietvertrag sorgfältig achten?
   Wo und wie kann man sich umfassender informieren, wenn man mehr zum Thema „Wohnungssuche und Miete“ wissen möchte?

„Meine neue Anschrift lautet . . .“

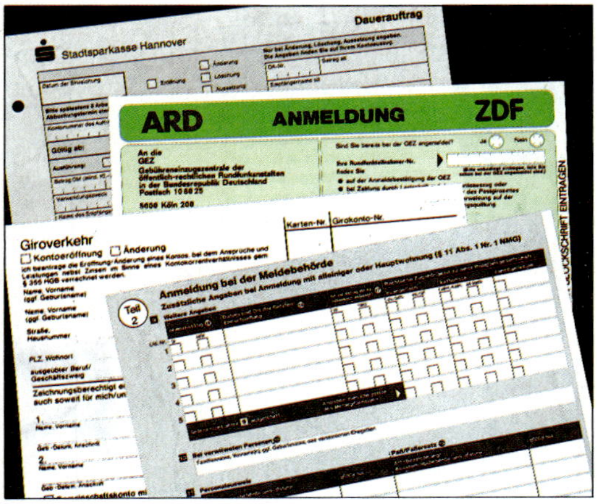

Dem Meldegesetz nach ist jeder, der sich an einem neuen Wohnort niederläßt, verpflichtet, sich bei der zuständigen Behörde zu melden. Das ist meist das Einwohnermeldeamt. Die für die Anmeldung erforderlichen Formulare kann man in Schreibwarengeschäften kaufen. Der neue Wohnsitz wird in den Personalausweis eingetragen. Den muß man also zur Anmeldung mitbringen.

Ohne Bankverbindung geht es heute nicht mehr. Man muß ein Konto haben. Die Frage ist, nach welchen Gesichtspunkten man die Bank auswählen soll, bei der man einen Kontoeröffnungsantrag stellt. Manche wählen einfach die Bank, die der Wohnung am nächsten liegt. Andere achten mehr auf Geld und Kosten. Sie vergleichen die Gebührenregelungen verschiedener Banken am Wohnort. Wieder andere möchten Miteigentümer „ihrer“ Bank werden. Sie gehen zu einer Genossenschaftsbank. Es gibt also verschiedene Gesichtspunkte, nach denen die Auswahl einer Bank erfolgen kann.

Nützlich kann es sein, sich dem zuständigen Postboten vorzustellen. Schnell auswechseln sollte man die Namensschilder an Briefkasten und Klingel.

Möglicherweise verlangt der Mietvertrag, daß man sich als neuer Bewohner noch irgendwo melden muß, z. B. bei der Stelle für die Heizkostenabrechnungen. Auch die Energieversorgungsunternehmen benötigen häufig eine Mitteilung, daß sie einen neuen Kunden haben.

Wer einen Haushalt gründet, muß sich nicht nur bei anderen melden. Es melden sich auch Leute bei ihm, wie die Zeichnung oben zeigt. Aber da sollte man vorsichtig sein.

Wer umzieht, muß überprüfen, wem er das mitteilen muß. Vielleicht hat man eine Zeitschrift abonniert, die nun an die neue Anschrift geschickt werden muß. Wer weit weg zieht, wird einem alten Sportverein nicht mehr die Treue halten. Die Einzugsermächtigung für die Beitragszahlungen ist zu widerrufen, die Mitgliedschaft zu kündigen.

Bislang galt der Versicherungsschutz der Privathaftpflichtversicherung, die die Eltern abgeschlossen hatten. Nun muß ein eigener Versicherungsvertrag abgeschlossen werden, wenn man eine Privathaftpflichtversicherung für sinnvoll hält.

Schwarzhören ist nicht gut. Wer einen eigenen Haushalt hat, muß sein Radiogerät anmelden.

1. Stelle eine Liste auf, wem du mitteilen müßtest oder mitteilen solltest, daß du an einen anderen Ort verziehst.
2. Nach welchen Gesichtspunkten würdest du dir „deine“ Bank aussuchen?
3. Es gibt clevere Geschäftsleute, die sammeln Adressen neuer Haushalte und verkaufen diese Anschriften. Wer gibt wohl für so etwas Geld aus?

Ennos Start

Enno lebte bislang mit seinen Eltern im Harz. Jetzt hat er in Braunschweig eine Ausbildungsstelle bekommen. Auch die Wohnungssuche war erfolgreich. Enno hat ein kleines Appartement im Kellergeschoß eines Zweifamilienhauses gefunden. Es besteht aus einem Leerzimmer (12 m^2), einem kleinen Badezimmer und einem Flur mit eingebautem Kochschrank und Spüle. Enno überlegt, was er tun muß, damit er möglichst schnell in seinem neuen Reich leben kann.

Anmietung der Wohnung
- erledigt, Mietvertrag geprüft, abgeheftet

Übernahme der Wohnung
- erledigt, Mängelprotokoll angefertigt, vom Vermieter gegengezeichnet, abgeheftet

Erledigung von Formalitäten
- Namenschilder: angebracht
- Meldeamt: erledigt
- Radioanmeldung vornehmen
- neue Bank suchen
- Wohngeld: klären

Renovierung und Verschönerungsarbeiten
- Gundel, Klaus und Ingo ansprechen
- Zeitbedarf? Kosten?

Einrichtung (Bedarfsplanung)
- von zu Hause mitbringen:
  ...
- darüber hinaus dringend benötigt:
  ...
- Kosten in etwa?

Einrichtung (Gestaltungsplanung)
- gezielte Suche nach Anregungen
- Anfertigung von Plänen und Skizzen

Einkaufsplanung / Markterkundung
- Einkaufsliste erstellen
- Bezugsquellen ermitteln
- Preise ermitteln/ggf. bei zu teuren Produkten über Alternativen nachdenken

Wer sich bei der Wohnungssuche und Wohnungseinrichtung Ärger ersparen und aus Erfahrungen anderer lernen will, benutzt Ratgeber zum Thema „Wohnungssuche" und fragt auch andere um Rat. Aus Büchern, Broschüren und Gesprächen kann man gute Anregungen und hilfreiche Tips für den eigenen Start erhalten. Man sollte sie nutzen.

1. Wie würdest du eine Wohnung, wie Enno sie hat, einrichten? Denke daran: Geld ist knapp!
2. Woher nimmst du die Anregungen und Vorstellungen?

Haushaltsführung und Umweltschutz

„Umweltschutz geht alle an!" „Umweltschutz beginnt im Haushalt!" Gegen diese Aussagen wendet heute fast niemand mehr etwas ein. Die Realität aber zeigt, daß gerade die privaten Haushalte wenig zum Umweltschutz beitragen, im Gegenteil: sie gehören mit zu den großen Umweltsündern. Ein Grund für das Auseinanderklaffen von grundsätzlicher Einsicht und tatsächlichem Verhalten mag darin liegen, daß in vielen Haushalten Unkenntnis darüber herrscht, wo schwerwiegende Umweltprobleme liegen, was Haushalte damit zu tun haben und wie sie zur Problemlösung beitragen könnten. Hier und da Altpapier zu sammeln oder leere Flaschen zu einem Sammelcontainer zu bringen, genügt nicht. Es muß mehr geschehen, aber was?

1. Verschwendung als Problem

Umweltbelastung und private Haushalte

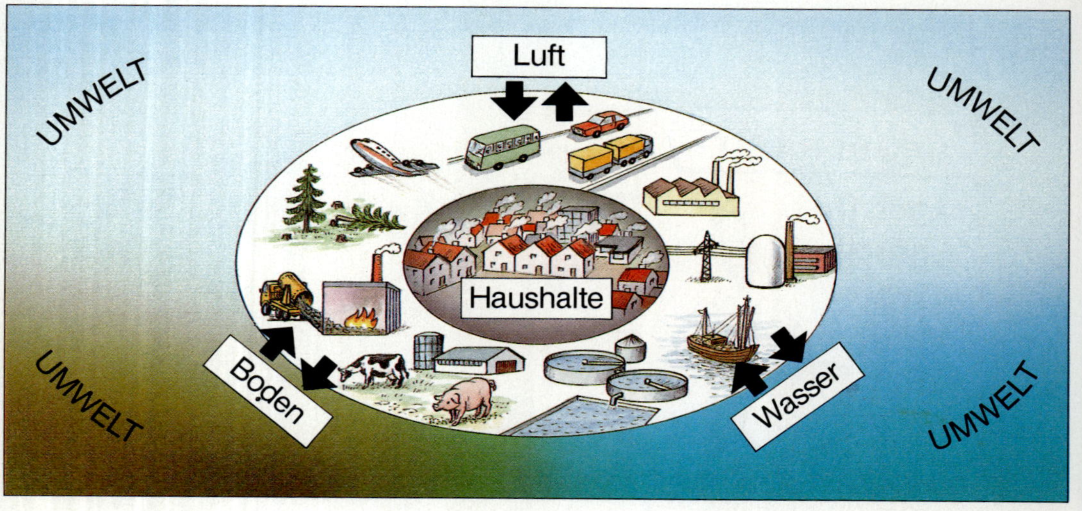

Die Haushalte, genauer gesagt die Menschen in ihnen, wirken direkt und indirekt auf die Umwelt ein: Sie belasten die Luft mit (Ab-)Gasen, sie verschmutzen das Wasser mit Chemikalien, sie führen dem Boden unverträgliche oder mengenmäßig nicht mehr zu verkraftende Stoffe (z. B. Chemikalien, Gülle) zu.

Die Umwelt verkraftet nicht mehr reaktionslos, was ihr an Belastungen zugemutet wird. Sie reagiert und verändert sich durch die stetige Einwirkung des Menschen. Diese Veränderungen wirken auf Pflanze, Tier und Mensch in schädigender Form zurück. So können z. B. Bäume mit der veränderten Luft, ihrem Säuregehalt und ihren sonstigen Stoffen nicht mehr leben. Sie sterben. Sterben aber die Bäume, hat das Folgen für ganze Lebenssysteme. Der Tod der Bäume bedroht den Menschen über eine Kette von Auswirkungen (z.B. Versiegen von Wasserquellen, Bodenerosion mit ihren Folgen, Einwirkungen auf das Klima und den Zustand der Luft).

Private Haushalte tragen durch ihr Verhalten und ihre Entscheidungen in erheblichem Maße zur Luftbelastung bei, entscheiden sie doch z. B. über die Nutzung von Autos (nach wie vor der Verdächtige Nr. 1, wenn es um die Frage nach den Ursachen für das Baumsterben geht) oder über den Umfang der Produktion von Strom. Denn auch Kraftwerke scheinen Mitverursacher der für Bäume tödlichen Luftbelastung zu sein. Je mehr Energie Haushalte nachfragen, je mehr energieaufwendige Produkte (z. B. Aluminiumprodukte!) sie kaufen, desto mehr Energie muß produziert werden. Je mehr Energie produziert wird, desto höher ist die Luftbelastung. Unsere Umwelt scheint aber einem vollgesogenen Schwamm zu gleichen, bei dem jeder zusätzliche Tropfen zuviel ist und den Schwamm überfordert. Ist es vielleicht mit Boden, Wasser und Luft ähnlich, wenn auch in jeweils unterschiedlichem Maße?

›› Der Weg zur Bescheidenheit, zur Reduzierung der Ansprüche bei materiellen Gütern ist zugleich der sinnvollste Weg zum Umweltschutz! ‹‹

Was könnte geschehen, wenn die Umweltbelastung immer weiter geht? Stellt man einmal zusammen, welche Gefahren Experten für möglich halten, ergibt sich folgendes Bild:

- Ernten geraten in Gefahr, die Ernährung vieler ist bedroht, vielleicht auch unsere Ernährung.
- Trinkwasser wird knapp. Vielleicht wird eines Tages frisches Trinkwasser zu einem kaum verfügbaren und damit sehr teuren und kostbaren Gut.
- Energie und damit elektrisches Licht, Wärme, Kraft für Maschinen kann nur noch eingeschränkt zur Verfügung gestellt werden. Die Produktion geht in allen Bereichen zurück, der Lebensstandard sinkt beträchtlich, die Arbeitslosigkeit nimmt zu.
- Umweltbedingte Krankheiten wie Allergien nehmen zu. Immer mehr Menschen leiden.
- Erdrutsche, Überschwemmungen und der Anstieg des Meeresspiegels bedrohen immer mehr Menschen.

Zugegeben, dies sind schlimmstmögliche Folgen gedachter weltumspannender Umweltkatastrophen. Aber niemand wird guten Gewissens sagen können: So etwas wird nie geschehen. Zu viele Anzeichen deuten darauf hin, daß die Belastungen von Wasser, Boden und Luft zu Reaktionen führen, die uns Menschen in Gefahr bringen. Darum muß schon allein nach dem Prinzip der Vorsicht etwas geschehen. Wir dürfen nicht einfach aus Bequemlichkeit, Nachlässigkeit, Desinteresse, Kritiklosigkeit oder Denkfaulheit zulassen, daß die Gefahr vergrößert und eines Tages das Wirklichkeit wird, was jetzt nur denkbar ist. Wir sind gefordert, wir müssen handeln. Das bedeutet:

- Wir müssen wieder lernen, ernsthaft über Probleme nachzudenken.
- Wir müssen bereit sein, uns zu informieren und auch mit schlechten Nachrichten auseinanderzusetzen.
- Wir müssen bereit sein, auf einen Teil unseres Konsums zu verzichten.
- Wir müssen liebgewonnen Gewohnheiten aufgeben.
- Wir müssen bereit sein, für den Umweltschutz Geld auszugeben.

Umweltschutz beginnt bei Kleinigkeiten wie dem Sammeln von Altpapier und Glas oder dem kontrollierten Umgang mit Wasch- und Reinigungsmitteln. Aber es beginnt dort nur. Umwetlbewußtes Verhalten verlangt mehr. Darüber sollten Sie nachdenken.

1. Beschreibe direkte Auswirkungen haushälterischer Entscheidungen auf die Umwelt.
2. Beschreibe indirekte Auswirkungen.
3. Nimm Stellung zu dem wiedergegebenen Text.

Trinkwasser – bald ein knappes Gut?

Seen in Gefahr Trinkwasserversorgung bedroht	**Trinkwasser wird knapp**
Gift im Grundwasser	**Kommt bald nur noch Gift aus dem Hahn?**

Solche Zeitungsüberschriften sind immer häufiger zu finden. Vor ein paar Jahren hieß es dann vielfach: Das ist alles nur Panikmache. Aber es hat sich etwas geändert. So hat im Jahre 1987 sogar der Bundesverband der deutschen Gas- und Wasserwirtschaft Alarm geschlagen. Er stellte fest: Das Trinkwasser ist infolge einer steigenden Verunreinigung des Grundwassers in Gefahr.

Solche Hinweise haben einen konkreten Hintergrund. Vereinzelt ist es schon vorgekommen, daß die Belastung des Trinkwassers mit problematischen Stoffen so hoch war, daß die Wasserversorgung eingestellt werden mußte. Es ist auch schon vorgekommen, daß für Säuglinge kostenlos Mineralwasser verteilt wurde, weil das Leitungswasser Stoffe enthielt, die für Säuglinge lebensbedrohend sein können. Noch sind das Einzelfälle, aber Wissenschaftler befürchten, daß unser Trinkwasser an vielen Stellen bedroht ist und von daher allgemein knapp werden könnte. Daß dies kein Schicksalsschlag aus heiterem Himmel ist, zeigt ein Auszug aus einem schon 1974 geschriebenen Zeitungsartikel.

Der mahnende Artikel ist ohne Wirkung geblieben. Die Belastung des Wassers hat von Jahr zu Jahr zugenommen. Wie ernst das Problem „Wasserversorgung" 10 Jahre später gesehen wird, zeigt der Text „Rohstoff Wasser". Beide Artikel nennen einen wichtigen Grund für die drohende Wasserverknappung: die Belastung der Gewässer (gemeint sind damit zunächst die Oberflächengewässer, also Seen und Flüsse) durch Haushalte und Industrie. Daneben tritt die Verschmutzung des Grundwassers durch einsikkernde Stoffe wie Gülle, Chemikalien zur Unkraut- bzw. Schädlingsbekämpfung oder Düngemittel. Belastetes Grundwasser kann nicht mehr als Trinkwasser genutzt werden. Grundwasser ist aber der Hauptlieferant für Trinkwasser.

Neben der Wasserverschmutzung gibt es ein weiteres Problem, an dem private Haushalte beteiligt sind: ein Mengenproblem.

Trinkwasser wird knapp

Es zeugt von erschreckender Dummheit, eine Stecknadel in einen Heuhaufen zu werfen, wenn man weiß, daß sie später mit unendlicher Mühe wieder herausgesucht werden muß. Beim Trinkwasser machen wir den gleichen Fehler, leiten die scheußlichsten, giftigsten und unappetitlichsten Stoffe erst in die Gewässer ein und versuchen dann, die Schadstoffe einigermaßen wieder herauszubekommen, wozu aufwendigste Verfahren nötig sind. Heizen zudem Oberflächengewässer noch auf und stören damit ihre beschränkte Selbstreinigungskraft.

Wird's besser? Trotz allen Mahnungen offenbar nicht. Denn es mehren sich die gewichtigen Mahner, daß uns zu den Sorgen um eine sichere Energiebelieferung auch noch eine weitverbreitete Trinkwasserverknappung ins Haus steht – nicht als irgendein Naturereignis, sondern ausschließlich durch eigene Schuld.

(Georg Trurmit Berkenhoff, in: Zeitschrift für Kommunalwirtschaft, Nr. 7/1974)

Rohstoff Wasser

Wasser war für die Menschen stets das wichtigste Lebensmittel. Es ist nicht nur die Voraussetzung für das Leben, sondern bildet seit jeher eine der Grundlagen für ökonomischen Fortschritt und menschliches Wohlergehen. Die enorme Bedeutung des Wassers für die Menschen war nie umstritten. Und trotzdem ist es noch zu wenigen bewußt, daß das scheinbar „unerschöpfliche" Wasser auch begrenzt ist. Leicht wird nämlich übersehen, daß die zur Trinkwassergewinnung nutzbare Wassermenge nicht gleichzusetzen ist mit dem verfügbaren Wasserreservoir. Denn das Wasser wird als bequemer Abfalleimer für Mensch und Wirtschaft mißbraucht. Wissenschaftler prognostizierten, daß sich die schon abzeichnenden Engpässe bei der Verteilung des Wassers noch verschärfen werden. „… bis zum Jahre 2000 wird das ökonomische, wenn nicht gar das menschliche Überleben in vielen Industriezonen von der Wasserqualität, von der Wasserversorgung oder von beiden abhängen.

(aus: Global 2000, Der Bericht an den Präsidenten, Frankfurt 1981, S. 776)

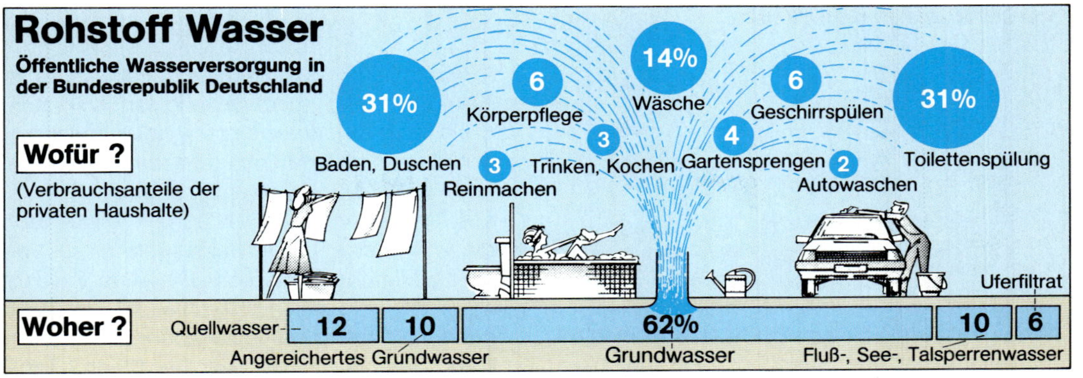

Haushalte verbrauchen sehr viel Trinkwasser. Man rechnet 140 – 160 l je Person pro Tag. Diese Wassermenge muß gefördert werden. Das aber bereitet immer größer werdende Schwierigkeiten, zumal die Vorräte an einwandfreiem Trinkwasser knapper werden. Damit z. B. in Hamburg Trinkwasser aus den Leitungen fließt, müssen Wasservorkommen in der Lüneburger Heide angezapft werden. Das aber scheint zu Problemen zu führen, wie sie bei der Versorgung der Stadt Frankfurt mit Wasser bereits deutlich geworden sind. In dem Gebiet, in dem das Wasser für Frankfurt gefördert worden ist, starben Bäume und Büsche, wurde das Land trocken und rissig, bekamen Bauwerke zum Teil schwere Mauerrisse und sackten ab. Die Erde wehrte sich gegen den Wasserraub. Die Schäden, so sagen Fachleute, sind nicht wieder gut zu machen. So sind hier wie an manchen anderen Stellen Aufforstungen mißlungen. Neu gepflanzte Bäume starben ebenso wie die alten vorher.

Das Problem „Wasserversorgung“ wird nicht nur ein Problem der Großstädte werden. Darum ist es für Haushalte überall im Lande sinnvoll, sich schon heute über Möglichkeiten eines sinnvolleren und damit sparsameren Umgangs mit Wasser Gedanken zu machen. Wie aber kann ein Haushalt seinen Wasserverbrauch reduzieren? Dazu ein einfaches Beispiel:

Wer Wasser beim Zähneputzen oder Händewaschen nicht sinnlos laufen läßt, sondern den Wasserhahn nur dann aufdreht, wenn und solange er Wasser wirklich benötigt, spart etliche Liter bei diesem alltäglichen Vorgang ein. So spart man natürlich auch Geld, besonders, da Wasser immer teurer wird. Auch Putzeimer brauchen nicht immer randvoll mit Wasser gefüllt zu werden, wenn z. B. nur eine kleine Tischfläche gereingt werden soll. „Duschen statt baden“ ist eine beliebte Sparformel, wenn das Duschen nicht unnötig lange ausgedehnt wird.

Neben dem Einsparen gibt es einen zweiten Weg, der allerdings zu Geldausgaben führt. Es werden vereinzelt Geräte angeboten, die den Wasserverbrauch verringern helfen. Dazu gehören z. B. Sparduschen oder Vorrichtungen, die in die Spülkästen der Toiletten eingebaut werden können, damit nicht bei jedem Betätigen der Spültaste unnötige Mengen Trinkwasser in die Kanalisation fließen. (Menschen, die in ständiger Wassernot leben, werden es ohnehin nicht verstehen können, daß wir gutes Trinkwasser für die Toiletten benutzen!). Es gibt sogar Überlegungen, in Häuser „Brauchwasserleitungen“ einzubauen. Dabei würde z. B. das gebrauchte Wasser aus der Waschmaschine gesammelt und für die Toilettenspülung genutzt. Dieses Beispiel zeigt: Wassersparen kann teuer werden.

1. Erläutere die Grafik.
2. Erarbeite Vorschläge, wie Haushalte ihren Verbrauch an Trinkwasser reduzieren können. Zeigt dabei auf, welche Vorschläge kostenneutral sind, bei welchen Geld eingespart werden kann und wo Sparmaßnahmen zu Geldausgaben führen.
3. Zeige auf, wie Haushalte zum Gewässerschutz beitragen können.

Produktion für den Müll

Die abgebildeten Gegenstände haben einiges gemeinsam. Sie sind formschön (von Künstlern oder Designern entworfen), stabil, aus guten Rohstoffen (z. B. Erdöl), sorgfältig unter zum Teil hohem Energieeinsatz hergestellt und haltbar. Auch die Funktion ist ihnen gemeinsam: Sie sind Blickfang und Verkaufshilfe für Produkte, denen sie als Verpackung dienen. Ihr Endziel ist der Müll. „Born to be waste" könnte ihr Slogan lauten.

Wie sinnvoll ist das eigentlich, aus knappen Rohstoffen unter hohem Einsatz von menschlicher Intelligenz, Kreativität und Arbeitskraft Dinge herzustellen, die für den Müll bestimmt sind?

Heute weiß man: Jede Industrieproduktion belastet die Umwelt. Der sicherste Weg zum Umweltschutz wäre demnach eine Verringerung der Produktion. Unter diesem Gesichtspunkt wird die Produktion aufwendiger Verpackungen und von Einwegverpackungen besonders fragwürdig. Ließe sich hier nicht am ehesten einsparen? Das Umweltproblem beim Müll beginnt also schon bei der Produktion von Verpackungsmaterialien, weil sie z. B. Energieeinsatz erforderlich macht. Jeder Energieeinsatz aber trägt zur Umweltbelastung bei.

Die gleichen Materialien schaffen dann noch einmal Umweltprobleme, wenn es um ihren Verbleib geht. Ob auf der Deponie oder in der Verbrennungsanlage: die Müllentsorgung verursacht auf jeden Fall Umweltbelastungen. Deponieraum ist knapp. Wenn eine neue Deponie geplant wird, steht der geballte Protest der betroffenen Bürger ins Haus. Niemand will stinkende Müllberge in seiner Umgebung, niemand endlose Kolonnen von Müllfahrzeugen vor seinem Haus herfahren sehen. Deponien können zudem langfristig Probleme für das Grundwasser schaffen.

Müllverbrennungsanlagen sorgen gleich auf mehrfache Weise für Umweltsorgen: Gase, vor allem der klimabeeinflussende CO_2-Ausstoß und giftige Schlacken geben allen Anlaß, mit der Müllverbrennung vorsichtig umzugehen.

Wenn aber noch immer oder mehr denn je Produkte in überflüssiger Verpackung oder in Einwegverpackungen angeboten werden, tragen die Haushalte durch ihr Kaufverhalten eine erhebliche Schuld. Was Haushalte nicht kaufen, wird letztendlich auch nicht produziert. Zwei Negativbeispiele sollen zeigen, wie sehr das Nachfrageverhalten von Haushalten die Verpackungsproduktion beeinflußt:

Dosen sind sehr aufwendig in der Herstellung. Ihre Produktion verlangt den Einsatz von knappen Rohstoffen und vor allem von Energie. Viele Verbraucher wissen das. Trotzdem wollen sie auch dann Dosen als Verpackungsmittel, wenn das der Sache nach nicht unbedingt erforderlich ist. Als z. B. ein Hersteller Kondensmilch in Papp-Verpackung statt in Dosen anbot, blieben die umweltfreundlicheren Verpackungen im Regal stehen. Die Verbraucher wollten ihre „Dosenmilch".

Ähnliche Erfahrungen mußten Abfüllbetriebe für ein Erfrischungsgetränk machen. Sie stellten sich auf die Abfüllung von Pfandflaschen um, denn Pfandflaschen gelten als umweltfreundlich. Die Verbraucher aber ließ das kalt. Sie kauften relativ wenig Getränke in Pfandflaschen. Den Abfüllbetrieben drohte der wirtschaftliche Ruin. Ihre Lösung: Sie beteiligten sich an einem Abfüllbetrieb für Dosen. Der arbeitet aufgrund der großen Nachfrage im Schichtbetrieb.

1. Finde Beispiele für Verpackungen, die mit einem hohen Einsatz an Rohstoffen und Energie gefertigt werden.
2. Versuche Alternativen aufzuzeigen wie: Pfandflasche – Einwegflasche, Joghurt in Kunststoffbechern – Joghurt in Pappbechern . . .
3. Kleidung ist eine „Verpackung". Gibt es auch bei ihr das Problem der Verschwendung von Rohstoffen und Arbeitskraft?

Müll – ein Rohstofflager

Recyclingpapier (Umweltpapier)	geplant: Aufarbeitung zu neuen Kunststoffprodukten	Kompostierung; Umwandlung zu fruchtbarer Erde	Verarbeitung zu neuem Glas	Einschmelzen; Verarbeitung zu neuem Metall

Müll ist vielfältig. Papier und Glas, Küchenabfälle und Kunststoffverpackungen, Metallfolien und Weißblechdosen sind da unappetitlich durcheinandergemischt. Aber jeder der genannten Stoffe ist für sich nützlich und verwertbar. Darum gibt es schon lange Versuche, Müll zu sortieren und die nützlichen Teile des Mülls wieder zu verwenden.

Am häufigsten geschieht das bei Textilien, Glas und Papier. Da ist es allerdings erforderlich, daß diese Stoffe erst gar nicht in den Müll gelangen, sondern vorher aussortiert werden. Das muß in den Haushalten geschehen. An vielen Orten stehen Container für Glas und Altpapier, an einigen Orten auch schon für Metalle oder Textilien. Es gibt ferner Versuche, auch Küchenabfälle und vergleichbaren Müll gesondert zu sammeln. Daraus soll dann Kompost für die Land- und Forstwirtschaft werden.

Es ist noch nicht abzusehen, was aus Müll noch alles wird. Aber sicher ist: Ohne eine Bereitschaft der Haushalte, Müllverwertungskonzepte mitzutragen und z. B. Müll zu sortieren, kann keine Lösung der Müllfrage gelingen. Leider ist die Bereitschaft zum Mitwirken nicht immer gegeben. So stellten z. B. in einer norddeutschen Gemeinde viele Bürger die ihnen übergebene „grüne Mülltonne" einfach wieder vor das Rathaus – leer. Sie meinten: Das Ding nimmt nur Platz weg. Das brauchen wir nicht!

So wichtig es ist, möglichst viele Stoffe davor zu bewahren, nur Müll zu sein und sie wieder zu verwenden, so wichtig ist die Überlegung:

Müll zu vermeiden ist besser als Müll aufzuarbeiten!

1. Welche wiederverwertbaren Bestandteile enthält der Müll aus privaten Haushalten?
2. Welche Versuche, Bestandteile des üblichen Hausmülls zu verwerten, sind dir bekannt?
3. Was hat der private Haushalt mit der Aufarbeitung von Hausmüll zu tun?
   Beschreibe mögliche Folgen einer Müllverwertung für den Haushalt.

Energieverwendung – Energieverschwendung

Es fragt sich, welcher Zusammenhang zwischen Energieverbrauch und Umwelt besteht. Zum einen werden für die Erzeugung von Wärme, Licht und Kraft Rohstoffe verbraucht. Je höher der Energiebedarf, desto höher ist der Verbrauch nicht erneuerbarer Rohstoffe. Zum anderen wirkt die Produktion von Strom aus fossilen Rohstoffen (also Kohle, Braunkohle, Erdöl) und Erdgas und die direkte Nutzung dieser Energieträger z. B. in Heizungen negativ auf die Umwelt ein. Es gilt als gesichert, daß alle Verbrennungsvorgänge für die Umwelt sehr problematisch sind. Das bei Verbrennungen zwangsläufig freigesetzte CO_2 scheint auf Dauer für nachhaltige Klimaveränderungen verantwortlich zu sein. Die aber können weltweit große Schäden anrichten und Leben beeinträchtigen. So gibt es rechnergeschützte Modelle, die zeigen, daß bei einem nachhaltigen Anstieg der durchschnittlichen Temperaturen die Weltmeere über ihre jetzigen Ufer treten und große Landstriche, z. B. ganz Norddeutschland, unter Wasser setzen.

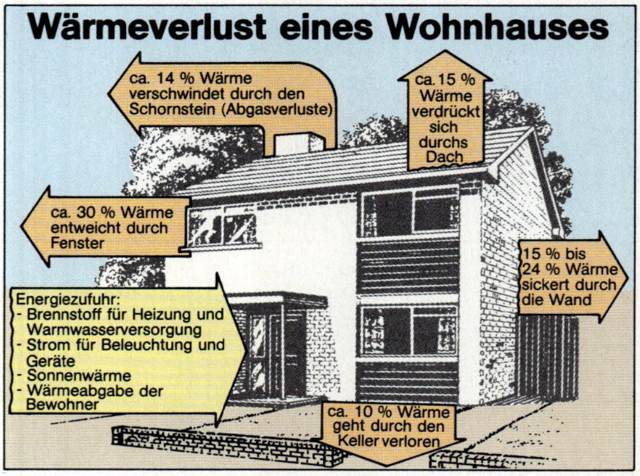

- Rohstoffe, aus denen Energie gewonnen wird, wie Erdöl, Kohle, Braunkohle, Erdgas, Uran, Holz (Primärenergieträger) sind knapp und werden immer knapper. Was machen die nachfolgenden Generationen, wenn wir die Erde ausbeuten, für uns verbrauchen, was die Erde an Schätzen enthält?

- Die Produktion von Wärme, Kälte, Licht, Kraft aus den Primärenergien schafft Umwelt-Probleme. Das gleiche gilt für die Produktion von Strom, Benzin, Gas als den aus den Energierohstoffen gewonnenen „Sekundärenergieträgern.“: Jedesmal sind Verbrennungsprozesse erforderlich, bei denen unvermeidliche Luftbelastungen (freigesetztes CO_2) entstehen. Sie gefährden unsere Erde. Die Nutzung der Atomkraft schafft andere Probleme, z. B. Sicherheitsprobleme oder Probleme der Entsorgung („Wo bleibt der Atommüll?“).

- Die Produktion von Wärme, Licht, Kraft aus sog. regenerativen Energien wie Sonnenlicht, Wind, Wasserkraft ist (noch) nicht sehr ergiebig. Hier ist auch bei großer Anstrengung in nächster Zeit kein großer Sprung nach vorn zu erwarten.

Es gibt also gute Gründe dafür, möglichst wenig Energie zu verbrauchen und mit der zur Verfügung stehenden Energie sorgfältig umzugehen. Das gilt auch für den privaten Haushalt. Private Haushalte verbrauchen viel Energie, und ihr Verbrauch steigt. Haushalte müssen also sparsamer werden und ihren Energieverbrauch verringern. Dazu eine sehr einfache Überlegung: Nur wo Energie verbraucht wird, kann auch Energie eingespart werden. Wenn also z. B. für Beleuchtung nur relativ wenig Strom benötigt wird, ist das ständige Ein- und Ausschalten von Leuchten kein sinnvoller Weg, spürbar den Energieverbrauch zu drosseln. Wenn aber über die Warmwasserversorgung oder das Beheizen einer Wohnung und Möglichkeiten einer Energieeinsparung in diesem Bereich nachgedacht wird, dann kann das ein sehr sinnvoller Beitrag zum Umweltschutz sein. Allerdings führen solche Überlegungen oft zu beträchtlichen Ausgaben: Thermostatventile, Maßnahmen zur Wärmedämmung oder gar eine neue Heizungsanlage kosten nun einmal Geld.

1. Nenne Möglichkeiten zur Energieeinsparung in privaten Haushalten.
2. „Energiesparen kostet Geld!“ Nimm Stellung zu dieser Aussage.

2. Alltagsverhalten und Umweltprobleme

Wenn Sauberkeit der Umwelt schadet

Wenn es um einen internationalen Vergleich beim Verbrauch von Reinigungsmitteln geht, hat die Bundesrepublik Deutschland einen Spitzenplatz. Wir sind sauber. Oder ist der Einsatz chemischer Helfer im Haushalt nicht unbedingt ein Maßstab für eine haushalts- und menschengerechte Sauberkeit? Denn nur chemische Mittel werden in den Verkaufsstatistiken erfaßt.

Die Reinigungs- und Pflegemittel haben ihren Sinn. Sie erleichtern die Arbeit und schaffen Sicherheit, erwünschte Ergebnisse auch zu erzielen. Die Wäsche wird blendend weiß, der Backofen sauber, der Fußboden glänzend, und die Fenster spiegeln schattenlos das Sonnenlicht. Aber viele der angebotenen Pflege- und Reinigungsmittel sind für die Umwelt nicht problemlos. Sie fließen mit dem Putzwasser in den Abfluß und gehören damit zu den Stoffen, die das Abwasser belasten. Andere Mittel sind als Sprays im Handel. Selbst wenn sie kein Fluorkohlenwasserstoff als Treibmittel enthalten, dürften sie für die Luft nicht unproblematisch sein, denn es besteht der Verdacht, daß unsere Lufthülle kaum noch zusätzliche Gase verträgt. Pflege- und Reinigungsmittel sind meistens sehr aufwendig verpackt. Ihre Verpackungsmaterialien gelten teilweise als problematisch weil umweltschädigend bei Produktion und Entsorgung. Auch das gehört in eine Bilanz der Umweltverträglichkeiten mit hinein.

Die Überschrift über diesem Kapitel ist falsch. Sauberkeit schadet nicht. Es schadet nur die Nutzung problematischer Mittel. Ob als „umweltfreundlich“ angepriesene Mittel, die immer stärker auf den Markt dringen, wirklich eine Problemlösung darstellen, bleibt abzuwarten. Möglichst wenig ins Wasser zu schütten, ist immer noch der beste Weg. Allerdings geht es im Haushalt nicht ganz ohne Reinigungs- und Pflegemittel. Bei Auswahl und Anwendung sollte jedoch beachtet werden:

- Umweltverträglichere Spül-, Wasch-, Reinigungs- und Pflegemittel auswählen. Manchmal hilft ein Schuß Essig ins Putzwasser genauso gut wie ein Spezialreiniger.
- Spül-, Wasch- und Reinigungsmittel nicht nach dem Motto „viel hilft viel“ verwenden, sondern zumindest die Dosierungshinweise der Hersteller beachten.
- Ausprobieren, ob auch mit weniger Zusatz ein zufriedenstellender Erfolg erzielt werden kann.

1. Erläutere Zusammenhänge zwischen Reinigungsarbeiten im Haushalt und Umweltschutz.
2. Überlegt, ob ihr eine kleine Ausstellung über „Putz- und Waschmittel im Haushalt“ erarbeiten und dabei für einige der Mittel Alternativen darstellen wollt.
3. Fensterputzen muß sein, zumindest gelegentlich. Welche Mittel kann man einsetzen? Wie sind sie zu beurteilen?

Bakterienjagd und Umweltschutz

Manchmal sind es kleine Dinge, die unser Umweltdenken herausfordern. Dazu ein Beispiel: Hersteller von Reinigungsmitteln hatten einen neuen Feind entdeckt, die versteckten Bakterien in Bad, Toilette und Küche. Sie entwickelten und boten (z. T. sehr scharfe) Mittel an, um verdeckte und versteckte Bakterien im Haushalt zu bekämpfen. Fachleute warnten vor solchen Mitteln. Erstens, so argumentierten sie, sind solche Bakterien nicht gefährlich. Zweitens gibt es keine Chance, sie auf längere Sicht auszurotten. Nach einer kurzen Zeit sind sie wieder da. Drittens sind die angebotenen Mittel umweltschädlich, weil sie letztlich in das Abwasser gelangen und dort ihre tödliche Kraft weiterentfalten. Trotz dieser Warnungen haben sich die Mittel einen Markt geschaffen. Es gibt also Haushalte, die sie kaufen und benutzen, allen Reden von der Notwendigkeit des Umweltschutzes zum Trotz.

Sauberkeit und Hygiene sind wichtig. Aber: Wasser, Bürste und Scheuermittel sind nach wie vor die besten Hilfsmittel, wenn es um Sauberkeit in Küche, Bad und Toilette geht. Wichtig scheint zu sein, daß alle in einer Familie damit umgehen können, auch die Kinder und Jugendlichen. Es wäre gut, wenn jeder in einer Familie sich für Sauberkeit und Hygiene verantwortlich fühlen würde, auch wenn es manchmal etwas Anstrengung verlangt.

1. Was hat die Benutzung von scharfen Reinigungsmitteln gegen „versteckte Bakterien" mit Umweltbelastung zu tun?
2. Wie erklärst du dir den Markterfolg solcher Reinigungsmittel?

„Familientaxi" – muß das sein?

„Das Auto trägt zu den Umweltschäden und zum Abbau der Energievorräte bei."

„Umweltschutz verlangt oft in kleinen Dingen ein Umdenken, ein Ablassen von gewohnten Bequemlichkeiten, ein Suchen nach anderen Lösungen."

1. Was hat die Kapitelüberschrift mit den Texten in Kästen zu tun?
2. Welchen praktischen Beitrag können demnach Schüler und Schülerinnen zum Umweltschutz hier leisten?

„Wer Hausarbeit kennt und sich nicht drückt, der ist verrückt!"

Das ist ein alter Spruch. Er enthält vielleicht ein wenig Wahrheit. Hausarbeit reizt viele dazu, sich die Arbeit leicht(er) zu machen oder andere für sich arbeiten zu lassen. Das kann sehr sinnvoll sein, auch wenn es um den Aufgabenbereich der Nahrungszubereitung geht. Aber dennoch ist es unter dem Gesichtspunkt der Umweltverantwortung wichtig, nicht nur den Effekt der Arbeitserleichterung zu sehen, sondern gleichzeitig über die Umweltverträglichkeit nachzudenken. Unter diesem Blickwinkel kann es dann sein, daß nicht jede Form der Arbeitserleichterung auch ökologisch unbedenklich ist. So haben z. B. Fertiggerichte den Markt erobert, die der einfachen Handhabung wegen in (Plastik-)Schalen angeboten werden. Sie sind für Mikrowellen-Gargeräte geeignet. Aus dem Ladenregal oder der Tiefkühltheke in die Mikrowelle und dann auf den Tisch: das ist der einfache Weg. Wer allerdings allein schon die Verpackung unter ökologischen Gesichtspunkten betrachtet, bekommt erhebliche Zweifel, wie vertretbar die neue Produktlinie ist. Entsprechendes gilt für eine bestimmte Art von „Pausensnacks", also Produkten, die vor allem als Zwischenmahlzeit gedacht sind. Es gibt hier eine Produktart, bei der getrocknete Nudeln mit weiteren Zutaten oder Trockenzutaten für eine Suppe in tassengroßen Plastikschälchen angeboten werden. Man braucht nur in die Schälchen heißes Wasser zu geben, ein paar Minuten zu warten und hat eine warme Zwischenmahlzeit. Die Plastikschälchen wandern anschließend in den Müll – tausendfach. Denn die Produkte werden viel gekauft. Man könnte den Inhalt genau so gut aus einem Tütchen in eine Tasse schütten und dann heißes Wasser zugeben. Der ökologisch so problematische Plastikbecher mit dem Verschluß aus Aluminiumfolie wäre eingespart. Aber eben dieser Schritt des Umschüttens und vielleicht noch des Suchens nach Becher oder Tasse und das Spülen sollen gespart werden: „convenience" ist das Verkaufsargument. Viele Verbraucher scheinen diese Art der Entlastung zu schätzen. Darunter sind sicherlich viele Verbraucher, die von sich behaupten, umweltbewußt zu sein. Aber sie sehen die Zusammenhänge nicht, denken vielleicht auch gar nicht ernsthaft darüber nach.

An den aufgeführten zwei Beispielen wird deutlich, daß die Beachtung ökologischer Gesichtspunkte zu Interessenskonflikten führen kann. Ein fast ohne eigene Anstrengung in Minutenschnelle verzehrfertig gemachtes Mittagessen, das man in den eigenen vier Wänden zu sich nehmen kann, hat vor allem für diejenigen, die über den Preis nicht stolpern, eine hohe Attraktivität. Welche Chancen haben da ökologische Bedenken? Hier sind einfach Schwerpunktsetzungen notwendig. Welchen Gesichtspunkten gebührt der Vorrang? Die Entscheidung muß jeder für sich verantwortungsbewußt treffen.

Fertiggerichte

PRÜFSTEIN 1	PRÜFSTEIN 2	PRÜFSTEIN 3
Zutaten ● Auswirkungen der Produktion auf die Umwelt ? ● Auswirkungen der Verarbeitung auf die Umwelt ?	**Energieaufwand** für / bei ● Produktion ● Transport / Lagerung ● Zubereitung	**Verpackung** ● Produktionsaufwand aus ökologischer Sicht ? ● Entsorgungsmöglichkeit ? ● Folgen der Entsorgung ?

1. Wie beurteilst du plastikverpackte Schnellgerichte? Begründe dein Urteil.
2. Welche Alternativen zu den neuen Schnellgerichten sind denkbar?
3. Zeige weitere Beispiele von Industrieangeboten, die zwar die Arbeit erleichtern, aber unter ökologischen Gesichtspunkten nicht unbedenklich sind.

Kotelett und Umweltschutz

Was hat das eine mit dem anderen zu tun? Es geht doch wohl nicht um Kotelettknochen, die jemand nach einem Picknick draußen liegenläßt? Die Zusammenhänge sind ernster und komplizierter. Wer viel Kotelett (oder andere Fleischstücke) ißt, trägt damit möglicherweise zu Umweltproblemen bei.

Fleischkonsum ist zu einer Selbstverständlichkeit geworden. Für viele gehört mindestens einmal am Tag Fleisch auf den Teller, und ohne Wurst schmeckt manchem das Frühstücks-, Pausen- oder Abendbrot nicht. Dieser Verbrauch hat zu einer hohen Fleischproduktion geführt. Da die Verbraucher aber nicht nur viel sondern auch noch preiswertes Fleisch haben wollen, ist die Fleischproduktion bei uns in hohem Grade industrialisiert. Nur so kann kostengünstig und viel produziert werden. Da werden dann in „Tierfabriken“ Hunderte von Schweinen oder Kälbern großgezogen und schlachtreif gemästet. Die Tiere produzieren Abfälle. Wohin damit? Die anfallende Gülle wurde lange Zeit ohne jede Begrenzung auf Acker und Wiesen gebracht. Dort sickerte sie allmählich in das Erdreich. Was in kleinen Mengen als Dünger hohen Nutzen bringt, wird in Übermengen zum Problem. Denn chemische Stoffe, die in der Gülle enthalten sind, drohen in das Grundwasser zu gelangen und damit Trinkwasserquellen zu verseuchen.

Schon gibt es Alarmmeldungen. Am schlimmsten ist die Situation in Holland, wo über Nacht ein Gesetz den Bauern einer Region verbot, auch nur ein Schwein mehr in den Stall zu stellen. Man wußte sich keinen Rat mehr, wie man das Gülleproblem lösen sollte. Auch bei uns sind in Gegenden mit großen Tierfabriken beträchtliche Belastungen des Grundwassers denkbar. Die ökologischen Probleme der Fleischproduktion reichen aber noch viel weiter. So brauchen viele Tiere viel Futter. Das aber kommt z. T. aus Staaten der Dritten Welt. Sein Anbau sorgt dort für Probleme.

Die Intensivproduktion von Fleisch bringt noch weitere Probleme mit sich. Immer wieder gibt es Fälle unerlaubter medizinischer Behandlung von Tieren. Die dabei verabreichten Medikamente bzw. einzelne ihrer Wirkstoffe gelangen über den Verzehr von Fleisch der behandelten Tiere in den menschlichen Körper. Das kann zu gesundheitlichen Schäden führen.

Fleischproduktion und Energieverbrauch

- Hoher Energieverbrauch bei Aufzucht und Mast
- Hoher Energieverbrauch für Transporte auf allen Ebenen der Produktion und Vermarktung (Futter, Tiere, Fleisch)
- Hoher Energieverbrauch bei der Vermarktung (z. B. für Kühlung, Verarbeitung)
- Hoher Energieverbrauch bei der Zubereitung

Hoher Fleischkonsum und Trinkwassergefährdung

Hohe Nachfrage nach preisgünstigem Fleisch
▽
Massenproduktion in Tierfabriken
▽
Hoher Anfall von Gülle
▽
„Entsorgung“ durch Ausbringung auf Äcker
▽
Gefahr der Grundwasserverseuchung
▽
Gefährdung der Trinkwasserversorgung

wesentlich geringerer Fleischverzehr ⇨ wesentlich geringere und artgerechte Tierhaltung ⇨ wesentlich geringere Gefährdung des Grund- und damit Trinkwassers

1. Beschreibe Zusammenhänge zwischen hohem Fleischkonsum und Umweltproblemen. Verwende dabei auch die Texte in den Kästen.
2. Versuche, Lösungsmöglichkeiten für das Problem aufzuzeigen.

Freizeit kann man nicht verbieten

„Über meine Freizeit möchte ich allein bestimmen!"

Haushalte, konkreter gesagt: die Haushaltsmitglieder entscheiden darüber, wo und wie sie ihre Freizeit verbringen.

Da gibt es den „Sonntag-muß-ich-losfahren-Typ", der fast jedes Wochenende mit seinem Auto Kilometer sammelt, als ob nie von der Umweltschädlichkeit von Autos die Rede gewesen wäre.

Erwähnenswert sind auch die „Do-it-yourself-Fachleute". Sie arbeiten zwar sehr sorgfältig, aber mit der Umwelt gehen sie nicht gut um, wenn sie z. B. einen Ölwechsel am Auto vornehmen, nach dem Streichen oder Lackieren Pinsel und Gefäße mit Lösungsmitteln säubern und die Flüssigkeit weggießen oder Beizen mit Wasser in den Abfluß spülen.

Besondere Probleme schafft der Urlaub. So ist z. B. ein Winterurlaub im Schnee meist erholsam und für die Gesundheit förderlich. Was aber für den einzelnen gut und ratsam ist, wird für die Umwelt zum Problem. Denn die große Zahl der Skitouristen führt dazu, daß in Skigebieten immer mehr Pisten und Liftanlagen entstehen. Die intensive Nutzung dieser Angebote führt zu nicht mehr zu übersehenden Umweltschäden. Dabei schaffen nicht nur die Pisten selbst Probleme, sondern auch alles, was mit ihnen und ihrer Nutzung zusammenhängt, z. B. der Autoverkehr und das dafür wiederum erforderliche Straßennetz.

Für manche ist das Campen die ideale Form der Freizeitbeschäftigung. Der Zahl der Wohnanhänger und Wohnmobile hat in den letzten Jahren beachtlich zugenommen. Gerade Freunde des Wohnmobils möchten oft gern die eingefahrenen Gleise der Urlaubsfahrt von Campingplatz zu Campingplatz verlassen. „Raus in die Natur" ist ein Satz, mit dem sogar für Wohnmobile geworben wird. Was aber ist die Folge, wenn immer mehr Camper den Satz befolgen und den stillen See, das abgelegene Tal suchen, um dort ein paar Tage zu bleiben?

1. Berichtet über Probleme aus dem Bereich „Freizeitverhalten und Umweltschutz".
2. Versucht herauszufinden, auf welchen Wegen man versucht, Surfen oder Campen oder Skitourismus zu ermöglichen, ohne dabei die Umwelt zu vergessen.

3. Einwirkungsmöglichkeiten privater Haushalte auf den Umweltschutz

Marktwirtschaft – Haushalt – Umweltschutz

Wir leben in einer sozialen Marktwirtschaft. Das bedeutet für die Wirtschaft, daß sie sich den Wünschen und den Bedürfnissen der privaten Haushalte unterzuordnen hat. Die privaten Haushalte steuern mit ihrer Nachfrage, was an Angeboten Bestand hat. Was Verbraucher nicht akzeptieren, verschwindet schnell vom Markt. Was sie wünschen, versuchen findige Unternehmer herauszufinden und nach Möglichkeit auf den Markt zu bringen. So sieht es zumindest das Gedankenmodell unserer Wirtschaft vor.

Dreh- und Angelpunkt sollen die Haushalte sein. Sie haben Konsumfreiheit. Niemand schreibt ihnen vor, was sie z. B. kaufen sollen und was nicht. Der Staat, der so etwas vorschreiben könnte, ist verpflichtet, sich zurückzuhalten. Er darf nur in Notfällen eingreifen oder wenn ein zu großes Ungleichgewicht zwischen Herstellern und Verbrauchern besteht.

Diese Konstruktion unserer Wirtschaft wirkt sich auch beim Umweltschutz aus. Der Staat muß sich auch hier zunächt einmal zurückhalten. Vorrang hat der Markt. Wenn z. B. Verbraucher umweltgefährdende Produkte einfach nicht kaufen, ist das Problem gelöst. So gesehen haben Verbraucher tatsächlich eine hohe Verantwortung. Sie ist das Gegenstück zu ihrer Freiheit. Je mehr der Staat die Konsumfreiheit beschneidet, desto leichter könnte er auch im Bereich des Umweltschutzes Vorschriften erlassen. Aber wäre es wirklich zu wünschen, daß der Staat z. B. vorschreibt: Haushalte dürfen nur zweimal in der Woche Fleisch essen? Oder wäre es ohne Probleme, wenn der Staat ab sofort alle Einwegverpackungen von Getränken verbieten würde?

Es gibt noch andere, grundsätzliche Probleme: Wenn der Staat in Sachen Umweltschutz direkt bei jedem erkannten Problem eingreifen dürfte, warum sollte er es dann in anderen Bereichen nicht auch tun, z. B. beim Gesundheitsschutz, der Freizeitgestaltung oder bei der Berufswahl?

Die Marktwirtschaft ist kompliziert. Sie verlangt viel vom Verbraucher.

Wer aber Freiheit will, muß auch Verantwortung tragen. Die Hersteller bieten an, was die Haushalte ihnen abkaufen. Wenn ein Unternehmen eine Marktchance sieht, wird es in der Regel diese Chance nutzen. Wenn also Haushalte einfach mehr Cola in Dosen als in Pfandflaschen kaufen, dann produzieren die Anbieter eben Dosen, solange der Staat nicht einschreitet. Und wenn Haushalte ihre Wäsche noch weißer und ihre Toiletten noch bakterienfreier haben wollen, dann bieten ihnen Industrie und Handel entsprechende Produkte an. Das ist ihr Job.

Auch Politiker können in den engen Grenzen, die ihnen gesetzt sind, nur dann handeln, wenn die Bevölkerung ihr Handeln akzeptiert und unterstützt. Welcher Politiker wird z. B. harte Gesetze zum Schutz der Umwelt öffentlich befürworten, wenn er von den Wählern dafür nur Ablehnung erfährt?

1. Beschreibe die Stellung des Verbrauchers in der Marktwirtschaft.
2. Zeige auf, warum die Verbraucher (und damit die privaten Haushalte) in der Marktwirtschaft eine hohe Verantwortung für die Umwelt haben.
3. Erläutere noch einmal die Schwierigkeiten, die sich für den Staat in Sachen Umweltschutz ergeben.

Verbraucherverhalten im Widerspruch

Verbrauchern wird schon lange gesagt, daß sie für die Umwelt Verantwortung tragen. Das dürften sie allmählich wissen. Auch Rezepte für umweltfreundlicheres Verhalten sind nicht neu. Aber das tatsächliche Verhalten ist bei vielen Verbrauchern nach wie vor das alte, obwohl Verbraucher bei Befragungen immer wieder sagen: Jawohl, für die Umwelt muß etwas getan werden.

Ist es nicht merkwürdig, wenn z. B. Getränkeabfüllbetriebe, die Getränke in Pfandflaschen abfüllen, in Schwierigkeiten geraten, während bei der Dosenabfüllung des gleichen Getränkes sogar in zwei Schichten gearbeitet werden muß?

Ein anderes Beispiel: Jahrelang war den Haushalten immer wieder geraten worden, beim Wäschewaschen nicht auch noch Weichspüler zu verwenden. Weichspüler seien umweltschädlich. Als aber ein Waschmittelhersteller in sein Waschpulver auch noch einen Weichspüler „einbaute", wurde das ein Markterfolg.

Die Zahl der Beispiele, die Widersprüche zwischen Reden und Tun in Sachen Umweltschutz aufzeigen, läßt sich noch erheblich erweitern. Wie kommt das?

In der nachfolgenden Skizze werden einige Gründe aufgezeigt, die eine Rolle spielen könnten und die vielleicht erklären, warum es für Verbraucher schwierig ist, sich umweltfreundlicher zu verhalten, als viele es von ihnen tun. Damit soll umweltschädliches Verhalten übrigens nicht entschuldigt werden. Im Gegenteil! Wenn man weiß, was sich auf dem Weg zu mehr Umweltbewußtsein in den Weg stellt, kann man die Hürden besser beseitigen.

1. Nenne Beispiele zur Erläuterung der Stichworte.
2. Welche weiteren Gründe lassen sich finden, das wenig umweltbewußte Verbraucherverhalten zu erklären?
3. „In der Regel lernen Kinder von ihren Eltern. In Sachen Umweltschutz müßte es eigentlich anders herum sein." Warum?

Umweltschutz hat seinen Preis

„Für Umweltschutz ist jeder, aber etwas dafür tun sollen immer die anderen. Ganz schlimm wird es, wenn Umweltschutz dann auch noch etwas kosten soll."

Das sagt eine Frau, die jahrelange Erfahrung als Umweltberaterin hat. „Umweltschutz verlangt etwas von den Leuten, nämlich Zeit, Kraft, Geld und vor allem Nachdenken. Es läßt sich nur etwas bewirken, wenn viele ihre Gewohnheiten ändern und auf Bequemlichkeit verzichten. Aber das ist schon schwer einzusehen. Dann auch noch entsprechend zu handeln, wird schon zum Kunststück. Manche haben gute Vorsätze, beginnen auch mit einem neuen, umweltverträglicheren Verhalten, z. B. beim Putzen. Aber dann kehren ganz allmählich die alten Gewohnheiten zurück. Man hat auch Entschuldigungen dafür: Was nützt es, wenn nicht alle genauso umweltbewußt handeln. Ich allein kann doch nichts bewirken . . .

Ein besonders problematischer Punkt ist das Geld. Viele glauben, sich umnweltfreundlich verhalten und Geld sparen läge in der gleichen Richtung. Beim Wasser- und Stromsparen stimmt dies ja auch zum Teil. Aber schon, wenn man wassersparende Armaturen kauft, geht das an die Geldbörse. Es ist schwierig, den Leuten klar zu machen, daß Umweltschutz in Zukunft viel Geld kosten wird – den Staat, aber auch die Haushalte. Sie werden ihre Budgets neu durchplanen müssen. Es wäre besser, schon jetzt damit anzufangen. Dies würde der Umwelt nützen und ein neues umweltbezogenes Denken fördern."

Es gibt für private Haushalte viele Möglichkeiten etwas für den Umweltschutz zu tun . . .

- Bereitschaft, sich über Fragen des Umweltschutzes zu informieren
- Umweltbewußtes Einkaufen
- Sparsamer Umgang mit Wasser, Licht und Wärme
- Verzicht auf weichgespülte Wäsche
- Aufbewahren und Zurückbringen von Pfandflaschen
- Beschaffung umweltfreundlicher Produkte, auch wenn man erst überlegen muß, wie und wo die Produkte zu bekommen sind
- Geldausgaben für Maßnahmen des Umweltschutzes
- Verzicht auf etliche Fahrten mit dem Familienauto, dafür mehr „Beinarbeit"
- Weniger chemische Putzhilfen, dafür ebenfalls mehr „Hausarbeit"
- Verzicht auf Spraydosen, dafür mehr „Handarbeit"

Umweltschutz ist mit Geldausgaben verbunden, z. B. für . . .

- Wärmeisolierung von Wohnungen
- Ersatz energie- und wasserschluckender Haushaltsgeräte (Waschmaschinen, Kühltruhen, Warmwasseranlagen, . . .)
- Kauf von (oft teureren) Lebensmitteln aus umweltfreundlicher Produktion
- Einbau wassersparender Armaturen
- Einbau eines Katalysators in das Auto
- Ersatz alter Heizsysteme mit hohen Wärmeverlusten
- Nutzung öffentlicher Verkehrsmittel

1. Hältst du die Empfehlungen für sinnvoll? Begründe deine Ansicht.
2. Mit welchen der obengenannten Empfehlungen sollte ein Haushalt beginnen, der mehr auf den Umweltschutz achten will?

Umweltschutz und Haushaltsführung: Regeln für den Alltag

Informationsmöglichkeiten in Sachen Umweltschutz

1. Nenne Möglichkeiten für private Haushalte, sich über Umweltfragen zu informieren.
2. Welchen Sinn kann die Mitgliedschaft in einer Umweltschutzorganisation haben?
3. Es ließe sich eine kleine Ausstellung über Informationsmöglichkeiten privater Haushalte zu Fragen des Umweltschutzes organisieren. Was muß alles bedacht werden?

Anleitungen & Tips zur Hausarbeit

Hausarbeit erfordert, wenn man sie schnell und ohne unnötigen Kraftaufwand, aber dennoch gefahrlos und mit gutem Ergebnis erledigen will, Kenntnisse und Fertigkeiten. Wissen, Nachdenken und Üben sind drei wichtige Elemente, wenn es um die Bewältigung von Hausarbeit geht, z. B. bei der Nahrungszubereitung oder der Wäsche- bzw. Wohnungspflege.

Auf den nachfolgenden Seiten sind einige Tips und Anregungen, aber auch grundlegende Sachinformationen für unterschiedliche Bereiche der Hausarbeit zusammengestellt. Sie ergänzen, was z. B. im Kapitel „Arbeit im Haushalt" an grundlegenden Darstellungen enthalten ist. So gehört etwa eine sinnvolle Arbeitsorganisation auf jeden Fall dazu, wenn es in Schulküche oder Haushalt darum geht, Nahrung zuzubereiten oder Reinigungsarbeiten durchzuführen.

Anleitungen & Tips zur Hausarbeit

Den Arbeitsplatz vorbereiten – Ordnung mit System

Beim Abwaschen

Ordnung halten schafft Arbeitserleichterung

▷ benutztes Geschirr gleich geordnet abstellen
▷ Speisereste sofort entfernen
▷ Töpfe, Pfannen und klebrige Arbeitsgeräte einweichen
▷ keine Arbeitsgeräte unnötig benutzen: so ist der Abwasch kleiner und schneller erledigt

Beim Arbeiten nach Rezept

▷ Rezept sorgfältig und genau durchlesen (lesen *und* verstehen!)
▷ überlegen, welche Arbeitsgeräte benötigt werden
▷ alle Zutaten und Geräte zusammenholen, Tablett o. ä. benutzen
▷ Abfolge der einzelnen Arbeitsschritte überlegen, Zutaten und Geräte entsprechend anordnen (häufig benutztes Material besonders griffbereit hinlegen)
▷ bei Wartezeiten nicht mehr benötigte Teile wegräumen, um wieder Platz zu schaffen

Beim Obst- und Gemüseputzen (für Rechtshänder)

Bei größeren Mengen lassen sich spürbar Zeit und Kraft einsparen, wenn man
▷ ein Übergreifen der Hände vermeidet,
▷ kurze Wege und kreisförmige Bewegungen der Haltehand wählt,
▷ in körpergerechter Arbeitshöhe und möglichst im Sitzen arbeitet.

Obst und Gemüse vorbereiten – und dabei Nährstoffe schonen

Vorbereitende Arbeiten	Bemerkungen
Waschen Obst und Gemüse müssen gewaschen werden, um Staub, Schmutz, Krankheitskeime und Schädlingsbekämpfungsmittel möglichst zu entfernen.	– Mit kaltem oder lauwarmen Wasser waschen. – Unzerkleinert waschen. – Schnell und gründlich waschen, evtl. bürsten (Sellerieknolle, Rote Beete). – Nie im Wasser liegen lassen. **Begündung:** Wasser und lang andauerndes Waschen laugen die wasserlöslichen Inhaltsstoffe wie Eiweißstoffe, Vitamine und Mineralstoffe aus.
Schälen (Abziehen) Die äußere Haut oder Schale sollte bei Obst und Gemüse abgetrennt werden, um Rückstände, die durch Waschen nicht entfernt werden konnten, zu beseitigen, oder aus optischen und geschmacklichen Gründen oder weil die Schale unverdaulich (z. B. Banane, Apfelsine) ist. (Umweltbelastung selbst bei Obst und Gemüse aus eigenem Garten)	– Möglichst dünn schälen. – Sparschäler oder Schälmesser mit gebogener Klinge verwenden. – Runde Obst- und Gemüsesorten wie Apfel oder Rote Beete spiralförmig schälen. Längliche Sorten wie Möhre oder Gurke lang schälen. – Tomaten, Pfirsiche, Mandeln kurz in heißes Wasser legen, dann Haut abziehen.
Putzen Obst und Gemüse müssen geputzt werden, um genußuntaugliche Bestandteile wie welke Blätter, Stengel, Stiele, holzige Teile, Steine und Kerngehäuse zu entfernen.	**Erst putzen, dann waschen:** alle Salat- und Kohlsorten, Spargel, Porrée. **Erst waschen, dann putzen:** Kartoffeln, Kohlrabi, Sellerie, Möhren, Paprika, Obst.
Zerkleinern Unter Zerkleinern versteht man bei Obst und Gemüse das Verändern der Form durch Schneiden, Reiben, Raspeln, Hobeln, Hacken oder Mahlen. Man zerkleinert aus Gründen der besseren Verdaulichkeit, der kürzeren Garzeit oder des gefälligeren Aussehens.	– Geeignete Arbeitsgeräte wählen (mechanische oder elektrische Geräte je nach Menge, die verarbeitet wird). – Kurz vor der Verwendung zerkleinern. – Zerkleinertes Obst und Gemüse sofort abdecken, evtl. mit Säure (Zitronensaft) beträufeln. – Möglichst nur kurz, dunkel und kühl stehen lassen, *besser:* gleich verzehren oder weiterverarbeiten. **Begründung:** Durch das Zerkleinern wird die Oberfläche dieser Lebensmittel stark vergrößert. Luftsauerstoff, Licht und Keime haben wesentlich mehr Angriffsfläche und können den Nährwert und das Aussehen erheblich mindern.

Obst und Gemüse sollte man möglichst täglich **roh** verzehren – als Frischkost oder Rohkostsalate. Damit man nicht nur den vollen Genuß hat, sondern auch möglichst viele Inhaltsstoffe aufnimmt, ist eine nährstoffschonende Vor- und Zubereitung besonders wichtig.

Schneiden will gelernt sein

Ob in Scheiben, Ringe, Würfel, Stifte oder Streifchen, beim Schneiden von Lebensmitteln kommt es auf ein gutes, gleichmäßiges Arbeitsergebnis an – **ohne** Schnittverletzungen. Um das zu erreichen sollte man

▷ ein nicht zu kleines, scharfes, auf den Verwendungszweck abgestimmtes Messer benutzen,

▷ ein Brett (möglichst kein Holzbrett) als Schneidunterlage verwenden,
das Schneidgut flach auflegen, evtl. halbieren, um eine entsprechende Auflagefläche zu bekommen,

▷ wenn möglich den „Tunnelgriff" anwenden, d. h. Schneidgut zwischen Daumen und übrige Finger legen.

Tip: Pellkartoffeln in Scheiben schneiden – z. B. für einen Kartoffelsalat – geht mit einem Eierschneider aus Metall. Kleine Kartoffeln kann man als ganze zerteilen, große muß man vorher halbieren.

Schnittechniken für Möhren

Schnittechniken bei Kartoffeln

Porree in Ringe schneiden

Schnittechniken bei Tomaten

Küchenkräuter: gehackt, geschnitten, ganz gelassen

Frische Kräuter eignen sich für Rohkostsalate ebenso wie für Fleischgerichte, Quark, Brote oder sonstige Speisen. Der Phantasie sind bei der Verwendung keine Grenzen gesetzt. Probieren geht auch hier über Studieren.

Die meisten Küchenkräuter sind sehr aromatisch und sollten deshalb nur sparsam verwendet werden (ausgenommen Petersilie und Schnittlauch). Bei warmen Gerichten fügt man sie erst am Ende der Garzeit zu, ohne sie mitzukochen. Sie helfen, Salz zu sparen und Speisen mit Vitaminen und Mineralstoffen aufzuwerten. Ganz frisch sind sie am besten. Darum kann man sich selber einen kleinen Kräutergarten auf dem Balkon (windgeschützt) oder auf der Fensterbank (helles Ost- oder Westfenster) anlegen. Man braucht dazu nur große Blumentöpfe oder -kästen, Blumenerde, verschiedene Samentüten oder fertige Pflänzchen vom Gärtner.

Petersilie und Schnittlauch sind hinlänglich bekannt. Trotzdem ein paar Tips gefällig?

○ Frische Petersilie als Ganzes waschen, gut abtropfen lassen, in ein Schraubglas stecken. Gut zugeschraubt hält sie sich im Kühlschrank einige Tage knackig.

○ Schnittlauch läßt sich mit einer scharfen Schere leicht in kleine Röllchen schneiden.

○ Petersilie gründlich waschen, die krausen Blätter abzupfen und in ein Trinkglas geben. Senkrecht von oben mit einer scharfen Schere zerkleinern. Diese Methode eignet sich auch für alle anderen frischen Kräuter.

Majoran hat die beste Würzkraft kurz vor der Blüte. Die kleinen dunkelgrünen Blätter haben einen kräftigen, etwas brennenden Geschmack. Sie machen Speisen leichter verdaulich. Mit Majoran lassen sich Bohnen- und Erbsensuppen, Kartoffelsalat, aber auch Pizza würzen.

Liebstöckel oder Maggikraut duftet intensiv und schmeckt stark nach Suppenwürze. Darum eignet es sich auch gut als Beigabe zu Eintöpfen und Gemüsebrühen. Kurz mitgekocht, entfaltet es sein volles Aroma. Bei grünen Salaten oder Tomatensalat sollte man es sehr sparsam verwenden.

Zitronenmelisse mit ihrem erfrischenden, würzigen Geschmack und dem feinen Zitronenaroma wird stets frisch verwendet. Die kleinen, noch weichen Blättchen sollte man nehmen. Sie passen geschmacklich zu Fisch, Möhren-, Sellerie- und Obstsalat.

Der Herd

Der Herd gehört zu den wichtigsten Ausrüstungsgegenständen eines Haushalts: „Ein eigener Herd ist Goldes wert!“ Wie alle technischen Geräte hat er eine lange Entwicklungsgeschichte hinter sich und wird auch heute noch weiterentwickelt. Das führt dazu, daß in Haushalten (und Schulen) unterschiedliche Arten von Herden zu finden sind.

Ein grundlegender Unterschied liegt in der genutzten Energieart. Es gibt Gasherde und Elektroherde. Man wird nicht sagen können, welche Art grundsätzlich „besser“ ist. Gas- oder E-Herd: Das ist weitgehend Gewöhnungssache. Der Gasherd hat allerdings ökologische Vorteile (geringerer Verbrauch an Primärenergie).

Moderner Elektroherd

Wie bei allen technischen Gebrauchsgütern sollte man als Anfänger gründlich die Bedienungsanleitung lesen. Vor allem aber gilt: Man sollte beobachten und Erfahrungen sammeln. Erfahrung macht auch im Umgang mit dem Herd den Meister.

Wichtig ist, herauszufinden, ob man während des Garungsvorganges die Energiezufuhr per Schalter ändern muß („schalten“). Bei Herden mit sog. „Normalkochplatten“ ist das häufig der Fall (siehe nächste Seite), bei „Automatikkochplatten“ weniger, wenn die Anfangseinstellung stimmt (siehe Seite 190).

Für alle Herde gilt: Die richtigen Töpfe benutzen (Größe, Material); Topfgröße und Größe der Wärmequelle müssen zueinander passen.

Reinigung und Pflege: Schon aus hygienischen Gründen sollte ein Herd nach der Benutzung stets gesäubert werden. Milde Reinigungsmittel und Handarbeit sind der Umwelt zuliebe der scharfen Chemie aus der Spraydose vorzuziehen. Hartnäckige Verschmutzungen auf Kochplatten und Glaskeramik-Kochfeldern können mit einem Holzspachtel oder Spezialschaber (der Herdfirma), mit einer milden Scheuermilch, verseifter Stahlwolle und Kraft entfernt werden. Ab und zu sollten gußeiserne Kochplatten mit wenig salzfreiem Öl (Maschinenöl) eingerieben werden (Schutz vor Rost).

Vorsicht!

Verbrennungsgefahr
Dazu braucht man wohl nichts zu schreiben ...

Brandgefahr
Papier oder Tücher, die dicht neben oder gar auf Brennstellen liegen, können in Flammen aufgehen. Weg damit! Darauf achten, daß Herde nur bei kontrolliertem Gebrauch angeschaltet sind.

Sonstige Gefahren
Heiße Feuerstellen und der Backofen können Schnüre und Kabel beschädigen. Vorsicht also vor allem bei Elektrokabeln in Herdnähe. Manche Herde haben schlecht geschützte Steckdosen an der Frontseite. Vorsicht vor Nässe!

Normal- und Blitzkochplatte

Schalter mit 7 Stufen	Schaltung	stufenloser Schalter
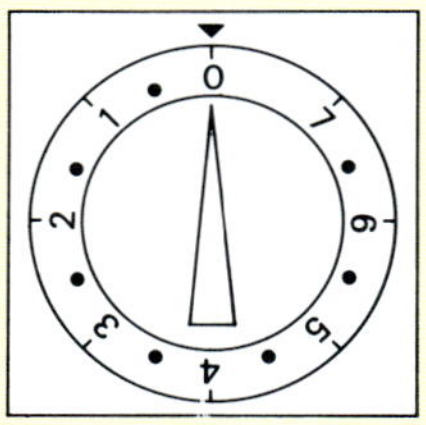	• Auf höchste Stufe einschalten (dadurch schnelle Aufheizung), • im richtigen Moment zurückschalten (kurz **vor** dem Kochen), • rechtzeitig ausschalten und • Restwärme ausnutzen (spart Energie, Kurzzeitwecker stellen).	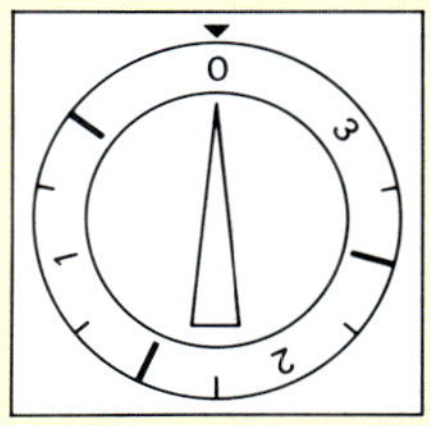

Wichtig: Umschalten von Hand!

EINSTELLBEREICHE NORMALKOCHPLATTE

3	ANKOCHEN, ANBRATEN
•	LANGSAMES ANKOCHEN UND ANBRATEN
2	BRATEN
•	MILDES BRATEN
1	FORTKOCHEN
•	FORTKOCHEN KLEINER MENGEN, QUELLEN
0	AUS, RESTWÄRME

Blitz-Kochplatten sind mit einem roten Punkt gekennzeichnet. Sie werden genauso wie die Normalkochplatten geschaltet. Sie sind aber in der Anheizleistung bei höchster Stufe um 500 Watt stärker und heizen deshalb besonders schnell auf (deshalb Blitz-Kochplatte).

Bei beiden Kochplatten **muß** von Hand auf die richtige Stufe zurückgeschaltet werden. Das erfordert Wissen und Mitdenken. Ansonsten wird unnötig Strom verbraucht, und ein Überkochen und Anbrennen ist vorprogrammiert.

Wichtig: Umschalten von Hand!

Automatikplatte

stufenloser Schalter mit 12 Kennzahlen	Schaltung	stufenloser Schalter mit 9 Kennzahlen
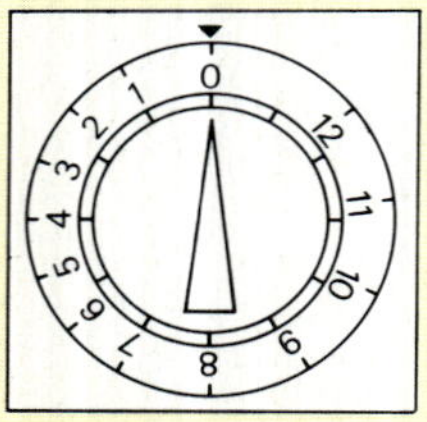	• **Eine** Kennzahl einstellen entsprechend der gewünschten Garmethode, • nicht zurückschalten, Regler steuert automatisch die eingestellte Heizleistung, • rechtzeitig ausschalten und • Restwärme ausnutzen (spart Energie, Kurzzeitwecker stellen).	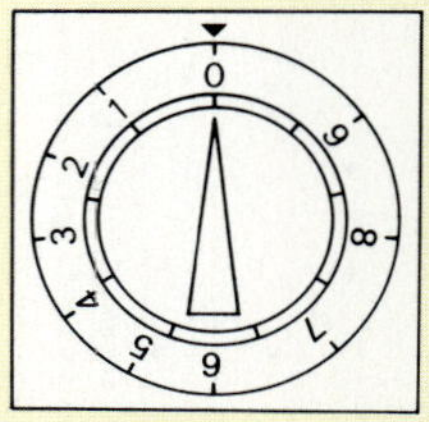 *Wichtig: Nicht zurückschalten!*

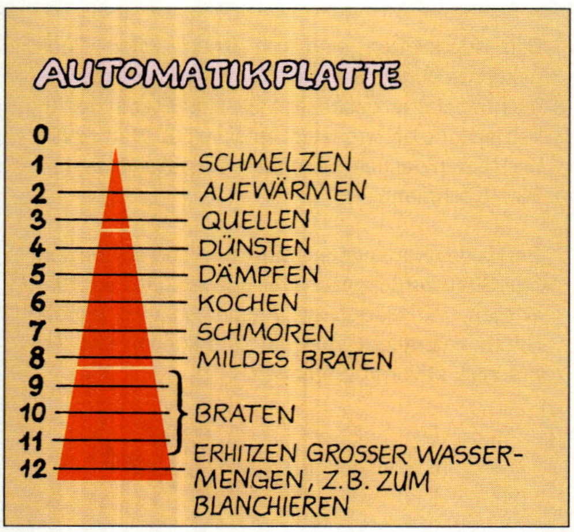

Die Automatikplatte funktioniert anders als die Normal- und Blitzkochplatte. Man stellt **sofort** die richtige Heizleistung (Temperatur) ein und schaltet nicht zurück. Die Automatikplatte heizt bei jeder Schaltereinstellung mit voller Leistung schnell auf. Ist die eingestellte Heizleistung erreicht, steuert ein Regler (je nach Technik unterschiedlich) die Temperatur automatisch.

Der Backofen

Der Elektro-Backofen eignet sich zum Backen, Braten, Grillen und Überbacken (wenn Grilleinrichtung vorhanden), Garen ganzer Menüs, Sterilisieren, Aufwärmen, Auftauen und Trocknen. Nach Art der Beheizung und Wärmeübertragung unterscheidet man Backöfen mit Ober- und Unterhitze und mit Umluft. Außerdem bietet die Technik Backöfen mit kombinierter Ausstattung und mit integriertem Mikrowellenteil.

	Backofen mit Ober- und Unterhitze	**Backofen mit Umluft**
	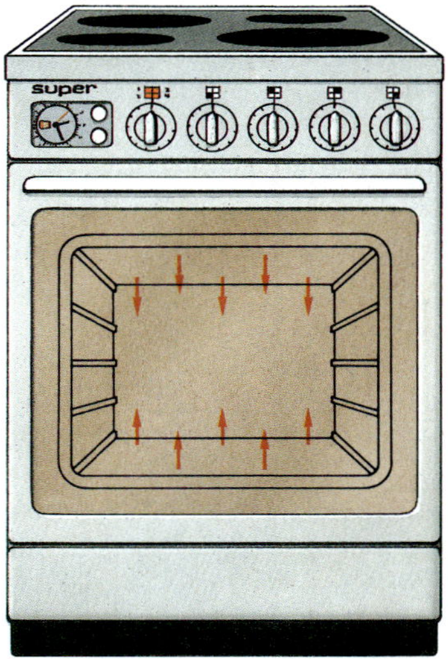	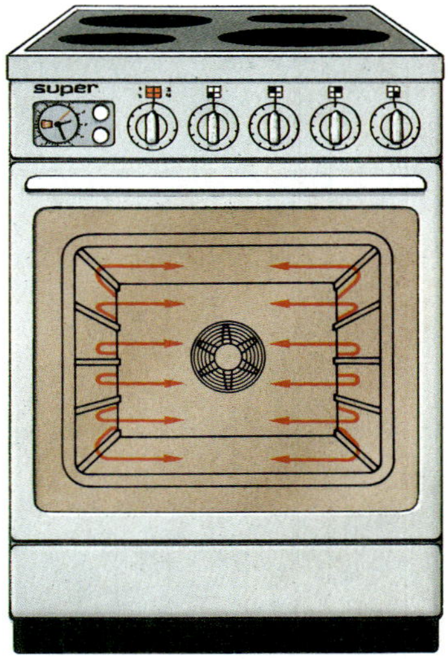
Wärmeübertragung	durch Strahlung und natürliche Konvektion (Luftströmung) langsame Wärmeverteilung	durch erzwungene Konvektion mit Hilfe eines Ventilators schnelle Wärmeverteilung
Beschicken	auf einer Ebene d. h. nur **ein** Blech zur gleichen Zeit	auf mehreren Ebenen d. h. 2 – 3 Bleche zur gleichen Zeit, deshalb Zubereitung größerer Mengen möglich
Vorheizen	ca. 10 Minuten vorheizen	kein Vorheizen notwendig
Temperaturbereiche	von 50 bis 275° C	von 30 bis 250° C
	Zu wählende Temperatur den Rezepten entnehmen!	

Reinigung und Pflege: Schon aus hygienischen Gründen sollte auch der Backofen von Zeit zu Zeit gesäubert werden. Milde Reinigungsmittel und Handarbeit sind der Umwelt zuliebe der scharfen Chemie aus der Spraydose vorzuziehen. Hartnäckige Verschmutzungen im Backofen können mit einem Holzspachtel oder Spezialschaber (der Herdfirma), mit einer milden Scheuermilch, verseifter Stahlwolle und Kraft entfernt werden.

Garmethoden

Nicht alle Lebensmittel sind roh zu verspeisen (z. B. Kartoffeln, grüne Bohnen, Okra). Sie müssen gegart, d. h. mit Hitze behandelt werden, um für den Verzehr geeignet zu sein. Aber Garmethoden werden auch angewandt, um Speisen leichter verdaulich zu machen, um Nährstoffe besser aufzuschließen (z. B. Kohlenhydrate) oder um bestimmte Geschmacksrichtungen zu erzielen. Als Hitzeüberträger können Wasser, Fett oder Wärmestrahlen dienen.

Garmethoden		Vor- und Nachteile
Kochen ist ein Garen von Lebensmitteln in reichlich Flüssigkeit bei einer gleichbleibenden Temperatur von 100° C.		
Gargerät 	geeignet für stärkereiche und wasserarme Lebensmittel wie Nudeln, Hülsenfrüchte, Trockenobst; für Knochen, Suppenfleisch zum Auslaugen; für Pellkartoffeln	+ Stärke und Eiweiß werden leichter verdaulich, Zellwände gelockert – wasserlösliche Inhaltsstoffe gehen in das Kochwasser über – Nährstoffverluste bei Nichtverwendung des Kochwassers – hoher Energieverbrauch
Garziehen (Quellen) ist ein Garen in reichlich Flüssigkeit bei einer Temperatur unterhalb des Siedepunktes zwischen 95 – 75° C.		
Gargerät 	geeignet für formempfindliches Gargut ohne festen Zellverband wie Klöße, Eierspeisen, Fisch; für wasserarme und kohlenhydratreiche Lebensmittel wie Reis, Getreidekörner, -schrot	+ Form des Garguts bleibt erhalten – wasserlösliche Inhaltsstoffe werden ausgelaugt + beim Quellen weniger Nährstoffverluste + niedrigerer Energieverbrauch als beim Kochen – längere Garzeit als beim Kochen
Dampfdruckgaren ist ein Garen in einem hermetisch verschlossenen Topf bei Überdruck und Temperaturen über 100° C (maximal 120° C).		
Gargerät 	vor allem geeignet für Nahrungsmittel und Speisen mit langer Garzeit wie Rote Beete, Hülsenfrüchte, Suppenhuhn, Rotkohl, Gulasch	+ zeit- und energiesparend + Garzeiten verkürzen sich beträchtlich – Vitaminverluste (bei hitzeempfindlichen Vitaminen) durch erhöhte Temperaturen – Geschmacksbildung nicht so intensiv wie bei Dünsten oder Schmoren

Dämpfen ist ein Garen im Siebeinsatz in strömendem Wasserdampf bei Temperaturen zwischen 100° und 120° C.

Gargerät

geeignet für wasserhaltige Lebensmittel mit weicher bis mittlerer Zellstruktur wie Kartoffeln, Gemüse, Fisch

- \+ Eigengeschmack und Farbe bleiben weitgehend erhalten
- \+ form- und nährstoffschonend
- \+ leicht bekömmlich
- – geringe Nährstoffverluste durch höhere Temperatur
- – etwas längere Garzeiten als beim Kochen

Dünsten ist ein Garen im eigenen Saft evtl. unter Zugabe von wenig Flüssigkeit und/oder Fett bei einer Temperatur um 100° C.

Gargerät

Römertopf *Jenaer Glas* *Alufolie*

geeignet für wasserreiche Lebensmittel mit zarter Zellstruktur wie Obst, junges Gemüse, Kartoffeln, Fisch, zartfaseriges Fleisch

- \+ Eigengeschmack bleibt erhalten
- \+ nährstoffschonend
- \+ leicht bekömmlich und verdaulich
- \+ zeit- und energiesparender als Kochen (das gilt jedoch nur für das Garen im Topf. Römertopf – hoher Energieaufwand durch lange Garzeit – und Alufolie – Rohstoffverschwendung – sind sehr ungünstig.)

Schmoren ist ein kombiniertes Garverfahren von Anbraten in wenig heißem Fett in einem offenen Gefäß bei Temperaturen von 180 – 200° C und ein anschließendes Weitergaren nach Zugabe von wenig heißer Flüssigkeit im geschlossenen Topf bei 100° C.

Gargerät

Anbraten *Schmoren*

geeignet für Fleischstücke mit festem Bindegewebe;
für Gemüse mit Füllungen

- \+ durch Bildung von Röststoffen kräftiger, würziger Geschmack
- \+ viel dunkle Soße
- – geringe Nährwertminderung
- – lange Garzeit

Braten ist ein Garen in offener Pfanne unter Bräunung in wenig Fett bei Temperaturen zwischen 120° und 200° C.

Gargerät

Stahl
Teflonbeschichtung
schweres Gußeisen

geeignet für Eierspeisen, Getreidebratlinge, Fisch, Fleisch, Kartoffeln

- \+ durch Bildung von Röststoffen kräftiger, würziger Geschmack
- \+ durch Krustenbildung bleibt Eigensaft erhalten
- – Fettgehalt des fertigen Bratguts
- – Nährstoffverluste durch hohe Temperaturen
- – schwer verdaulich
- – Braten im Ofen erfordert hohen Energieverbrauch

Anleitungen & Tips zur Hausarbeit

Fritieren ist ein Garen unter Bräunung im heißen Fett, in viel Fett bei Temperaturen zwischen 180° und 200° C.

Gargerät		
	geeignet für Backwaren aus Hefeteig; für kleine Fisch- und Fleischstücke; für Pommes frites und paniertes Gemüse	+ schmackhafte Krustenbildung – hoher Fettgehalt des fertigen Fritierguts – schwer verdaulich – hinterher große Fettmenge, die übrigbleibt – Problem der „Entsorgung“

Grillen ist ein Garen unter Bräunung im geöffneten Grillraum durch Einwirkung starker Strahlungshitze von 300 – 350° C.

Gargerät		
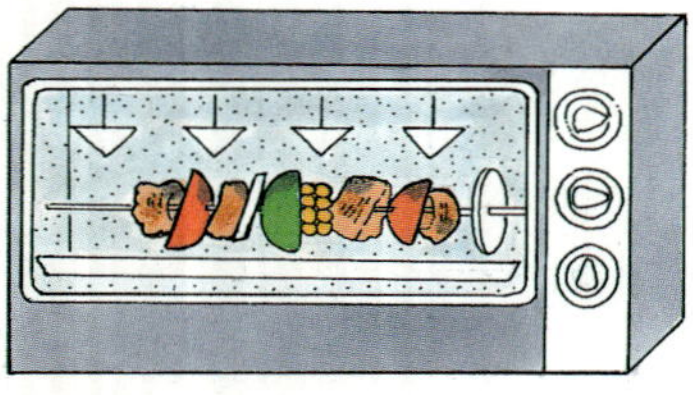 Tischgrill Strahlung von oben	geeignet für kleine Fleisch- und Fischstücke, Wurstwaren; für Gemüse	+ kurze Garzeiten + energiearm, wenn ohne Fettzugabe + durch Bildung von Röststoffen würziger Geschmack – Nährstoffminderung durch hohe Temperaturen – hoher Energieverbrauch

Backen ist ein Garen unter Bräunung in trockener Heißluft bei Temperaturen zwischen 120° und 250° C.

Gargerät		
	geeignet für Gebäck aus verschiedenen Teigarten, Brot, Brötchen; für Aufläufe	+ durch Bildung von Röststoffen und Kruste kräftiger Geschmack + gut bekömmlich durch „Aufgehen“ – lange Garzeit – Vitaminverluste durch hohe Temperaturen – hoher Energieverbrauch

Garen mit **Mikrowellen** ist ein Erhitzen unter Einwirkung elektromagnetischer Wellen ohne Bräunung des Gargutes in sehr kurzer Zeit. Die Gartemperatur wird im Lebensmittel selbst erzeugt.

Gargerät		
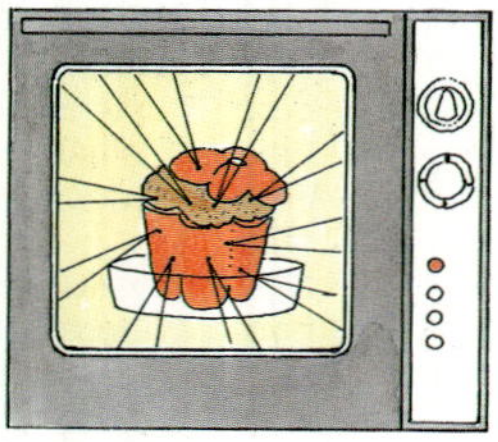	geeignet für wasserreiche Lebensmittel und Speisen mit zarter Zellstruktur wie Obst, junges Gemüse, Kartoffeln, Fisch, Fleisch	+ Inhaltsstoffe bleiben weitgehend erhalten + sehr kurze Garzeiten bei kleinen Mengen + Erhaltung des Eigengeschmacks – keine Bildung von Röststoffen – höherer Energieverbrauch als vermutet – Umdenken und Umlernen von anderen Garverfahren erforderlich

Von Römern und Chinesen lernen

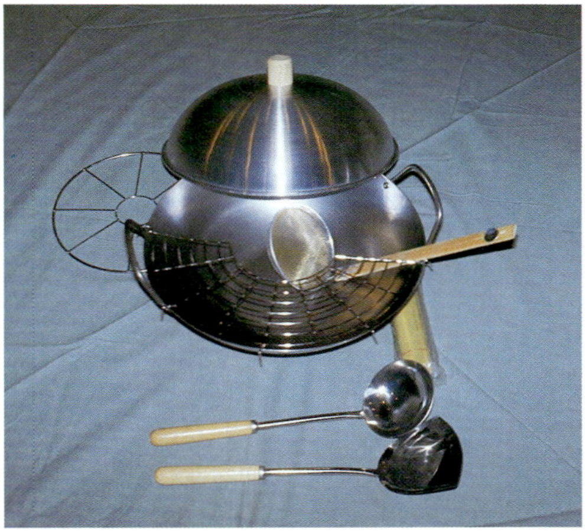

Kann man von den Chinesen lernen? In China ist der Wok ein verbreitetes Küchengerät. Es ist ein (gußeiserner) Topf, der aussieht wie eine Schüssel, die nach unten kleiner wird. Im Wok werden klein geschnittene Gemüse und zerkleinertes Fleisch bzw. Fisch mit wenig Fett praktisch im eigenen Saft gegart. Das geschieht, indem das Gargut mit einem Löffel immer wieder an die hocherhitzten Wände des Wok geschaufelt wird und so mit der heißen Fläche in Kontakt kommt. Das Garen geht relativ schnell, verlangt allerdings ständige Tätigkeit. Das Ergebnis ist dann Fleisch und Gemüse, das sich durch einen besonders intensiven Eigengeschmack auszeichnet. (Übrigens: Diese Garmethode verdankt ihr Entstehen dem Mangel an Brennmaterial in China.)

Auch bei uns wird der Wok angeboten, meist allerdings als Partygerät. Man kann die Gartechnik aber auch in einer Pfanne oder einem Edelstahltopf nachahmen:

- Gemüse putzen und gleichmäßig zerkleinern
- wenig Fett in die Pfanne/den Topf geben
- Gargut ständig „rühren"
- würzen

Diese Technik hat ihre Nachteile, aber auch Vorteile, z. B. die Geschmacksstärke der so zubereiteten Gemüse. Entsprechendes gilt für Fleisch oder Fisch, die gemeinsam mit dem Gemüse gegart werden können. Ein solches „Pfannengemüse" läßt sich gut für zwei Personen in einer normalen Pfanne herstellen. Es ist mal etwas anderes und zeigt die weltmännische Kennerschaft.

Gewürzbrot im Blumentopf

Zutaten
500 g Mehl
40 g Hefe
1/8 l Milch
1 Prise Salz
50 g Margarine
2 Eier, Gewichtsklasse 4
2 Zwiebeln
etwas Muskat, 1/2 TL Fenchel, 4 EL gehackter Dill, 1/2 TL Rosmarin, 2 EL gehackte Petersilie und Schnittlauch oder 1 Paket TK-Kräuter

Backzeit: etwa 40 Minuten
E-Herd 225°C; Gas Stufe 4–5
unterste Einschubhöhe
Umluftherd 200°C

Zubereitung und Arbeitsablauf

- 2 neue Blumentöpfe aus rotem Ton (Durchmesser 14 cm) kochendheiß ausspülen (ohne Spülmittel), kalt nachspülen, antrocknen lassen und sehr gut mit Margarine ausfetten. Über das Wasserloch ein Stück Alufolie legen
- Hefeteig herstellen
- in der Zwischenzeit alle Kräuter waschen und vorbereiten, die Zwiebeln schälen und feinwiegen, der Teig sollte ziemlich weich sein
- den weichen Teig gleich in die Formen bis 2/3 voll füllen, am warmen Ort gehen lassen
- den Backofen auf 180°C vorheizen
- die Oberfläche der Brote mit kaltem Wasser bestreichen
- im vorgeheizten Backofen ganz unten einschieben

Backen für Anfänger

Backutensilien: ① Schneebesen ② Teigrolle aus Marmor ③ Pieform ④ Schwingkessel ⑤ Kasten-, Ring- und Napfkuchenform ⑥ Obstkuchenform ⑦ Kuchengitter ⑧ Tortenplatte mit Spritzbeutel und verschiedene Tüllen, Teigkarte und Tortenring ⑨ Teigrädchen ⑩ Papierförmchen ⑪ Handrührgerät mit Knethaken und Schlägern

Backen mit dem vollen Korn macht besonderen Spaß, wenn die Backergebnisse gut gelingen. Das hängt ganz wesentlich von den Backzutaten ab:

- **Mehl** frisch mahlen (oder beim Händler mahlen lassen) und sofort verarbeiten. Nicht lange lagern.
- Für welches **Fett** man sich entscheidet, hängt von der Teigart ab. Geeignet sind Butter, Reformmargarine oder kaltgepreßte Öle. Sonnenblumenöl ist geschmacksneutral, für süßes und salziges Gebäck verwendbar.
- Frische **Eier** möglichst von freilaufenden Hühnern sind zu bevorzugen. Vorsichtshalber jedes Ei einzeln in einer Tasse aufschlagen, ehe man es zum Teig gibt.
- **Zucker** ist ein kritischer Punkt in der Vollwertküche. Statt dessen wird Honig empfohlen. (Akazienhonig entwickelt beim Backen keinen intensiven Eigengeschmack.) Aber egal, ob Zucker oder Honig, für beide gilt: Menge reduzieren!!! Und ungeschwefelte Trockenfrüchte wie Rosinen, Aprikosen, Feigen geben dem Gebäck auch Süße.

Doch auch die Vorbereitung der Backformen will gekonnt sein, damit das fertige Backwerk nicht auseinanderbricht:

- **Backblech** oder Kuchenform mit Öl auspinseln, es läßt sich gut verteilen. Bei Obstkuchenformen besonders sorgfältig arbeiten.
- **Napfkuchenform** ausfetten und mit Vollkornpaniermehl oder -grieß ausstreuen. (Vollkornpaniermehl selber herstellen aus Baguettes oder Brötchen, wenn es keines zu kaufen gibt.)
- Bei **Blätterteig** daran denken: Backblech mit kaltem Wasser abspülen, *nicht* fetten.
- **Oblaten** auf ein ungefettetes Blech legen, sonst kleben sie fest.
- **Backtrennpapier** erspart das Einfetten und ist mehrfach verwendbar. Aber Aufdruck beachten!
- Bleche und Springformen für **Biskuitteig** mit Pergamentpapier auslegen, Ränder nicht fetten.
- **Kastenformen** mit Pergamentpapier oder Backtrennpapier auslegen (Papierschnitt anfertigen). Mindestens den Boden auslegen und die Ränder fetten.
- Sollte sich **nach dem Backen** ein Kuchen doch nicht gleich aus der Form lösen, dann die Form mit einem nassen kalten Tuch bedecken. Das hilft.
- Wenn der Kuchen **zu braun** geworden ist: braune Außenschicht vorsichtig abschneiden oder mit einer Metallreibe abreiben; mit Puderzucker bestäuben oder mit Glasur überziehen. Das ist zwar aus Ernährungssicht nicht günstig, aber . . .
- Wenn die Tortenoberfläche **bucklig** geraten ist: Oberfläche glattschneiden und die Torte einfach umdrehen.

Teigarten, die man kennen (können) sollte

Früher wurden Kuchenteige in mühevoller Kleinarbeit hergestellt – mit dem Holzlöffel gerührt, mit dem Schneebesen geschlagen, mit den Händen geknetet. Zu den Kuchenteigen zählen Rührteig, Knetteig, Hefeteig, Biskuitteig, Blätterteig, Quark-Öl-Teig, Brandteig, Strudelteig. Heute geht die Zubereitung mit Hilfe der Küchenmaschine und des elektrischen Handrührgerätes schneller und leichter. Die Grundzutaten sind geblieben, aber die Herstellungsweisen sind vielfältiger geworden. Hier einige Vorschläge zum Ausprobieren:

Teigart	Zutaten	Zubereitung	geeignet für	Besonderheiten
Rührteig	200 g weiche Margarine 150 g Zucker 4 Eier abgeriebene Zitronenschale ——— 250 g Mehl 1/2 P. Backpulver	Mit den Turboquirlen des elektrischen Handrührgerätes die ersten Zutaten schaumig rühren. Mehl und Backpulver mischen und unterrühren. Teig in eine Backform füllen.	Obsttorte Obstkuchen auf dem Blech, Sandkuchen Marmorkuchen Frankfurter Kranz Rosinenkuchen Waffeln, Kekse, Baumkuchen ...	▷ Backpulver als Lockerungsmittel ▷ leichte, schnelle Zubereitung ▷ vielseitig abwandelbar durch weitere Geschmackszutaten ▷ bleibt einige Tage saftig ▷ läßt sich gut einfrieren
Knetteig (Mürbeteig)	250 g Mehl 125 g kalte Margarineflöckchen 65 g Zucker n. B. 1 Ei 1 Prise Salz	Alle Zutaten in eine Rührschüssel geben, mit den Knethaken des elektrischen Handrührgerätes durchkneten, mit den Händen nachkneten, bis ein glatter Kloß entsteht. Kalt stellen, ausrollen.	Tortenboden mit Obst, Torteletts, Kleingebäck, Käsekuchen gedeckter Obstkuchen, Linzer Torte, Quiche Lorraine ...	▷ Fett als Lockerungsmittel ▷ leichte, schnelle Zubereitung ▷ fester, flacher Teig ▷ für süßes und salziges Gebäck geeignet ▷ läßt sich ungebacken einfrieren
Hefeteig	250 g Mehl ——— 20 g Hefe (= 1/2 Würfel) 1/8 l lauwarme Milch 1 TL Zucker ——— 1 Prise Salz 1 Ei 40 g weiche Margarine 50 g Zucker n. B.	Mehl in eine Schüssel geben, in die Mitte eine Vertiefung drücken. Die nächsten Zutaten in die Mulde geben, zu einem Vorteig verrühren, mit Tuch abdecken, 15 Minuten gehen lassen. Restliche Zutaten zufügen, mit Knethaken zu glattem Teig verarbeiten, mit der Hand kräftig kneten, Kugel formen, zugedeckt gehen lassen. Nochmals kneten, ausrollen.	Obstkuchen auf dem Blech, Hefezopf, Rosenkuchen, gefüllte Hefeteilchen, Pizza, Brötchen, Zwiebelkuchen, Brot, Stollen, Schinkenhörnchen	▷ frische Hefe oder Trockenhefe als Lockerungsmittel ▷ zeitaufwendige Zubereitung ▷ Gebäck frisch verzehren, trocknet leicht aus ▷ für süßes und salziges Gebäck geeignet ▷ fertige Backwaren lauwarm einfrieren ▷ Brioche ist eine Kombination aus Hefe- und Rührteig
Quark-Öl-Teig	250 g Quark 1 Ei 1 Prise Salz 70 g Zucker n. B. 6 EL Milch 6 EL Öl ——— 400 g Mehl 1 P. Backpulver	Erste Zutaten mit Turboquirlen kräftig vermischen. Mehl und Backpulver mischen, unterrühren. Mit der Hand zu glattem Teig verkneten, ausrollen.	Pizza, Zwiebelkuchen, Gemüse-Quiche, Brötchen, gefülltes Kleingebäck, Obstkuchen auf dem Blech, Wickelkuchen ...	▷ Backpulver als Lockerungsmittel ▷ leichte, schnelle Zubereitung ▷ für salziges und süßes Gebäck geeignet ▷ läßt sich ungebacken einfrieren

Vorratswirtschaft: Möglichkeiten, Nutzen, Grenzen

Vorratshaltung: ganz persönliche Einschätzungen

Die Vorratswirtschaft hat schon immer eine wichtige Rolle in der Haushaltsführung gespielt. Allerdings ist im Vergleich zu früheren Zeiten ein Wandel festzustellen: Wer schlachtet heute schon, um seine Versorgung mit Fleisch über den Winter sicherzustellen, wie das früher nicht nur in ländlichen Haushalten geschah? Wo reiht sich in den Kellerregalen noch Einmachglas an Einmachglas, wie das in den Haushalten der Großeltern der Fall war?
Bei der Vorratshaltung heute gibt es, vom Marktangebot her gesehen, *zwei Linien:*
– Bei der einen Linie wird dem Haushalt die Vorratshaltung abgenommen und auf Industrie und Handel verlagert. Dadurch, daß ein Haushalt z. B. das ganze Jahr über Äpfel bekommen kann, wird eine Lagerhaltung wie in alten Zeiten weitgehend überflüssig. Äpfel werden nur noch in den Haushalten gelagert, die selbst über Apfelbäume verfügen. Niemand kauft mehr Äpfel auf Vorrat. Das Angebot von Äpfeln durch das ganze Jahr hindurch wird durch den weltweiten Handel und durch moderne Lagerverfahren bei Erzeugern und Großhändlern möglich. Die wirtschaftliche Entwicklung macht also bestimmte Verfahren der Vorratswirtschaft überflüssig oder zumindest nicht mehr so notwendig wie früher. Allerdings kostet Vorratshaltung durch Industrie und Handel Geld. Der Verbraucher bezahlt die Vorratswirtschaft über den Kaufpreis für das gekaufte Produkt mit. Das muß jedoch nicht unbedingt ein schlechtes Geschäft sein, denn dafür spart er die Kosten einer eigenen Lagerhaltung, hat keine Arbeit mit der Pflege der gelagerten Produkte und hat nicht das Problem mit dem Verderb.
– Die andere Linie moderner Vorratshaltung ist durch technisch hochentwickelte Geräte gekennzeichnet. Hier sind vor allem Kühlschränke und Tiefkühlgeräte zu nennen. Kühlschränke eignen sich für eine kurzfristige Lagerhaltung verderblicher Lebensmittel. Sie gehören schon lange zur Standardausrüstung privater Haushalte. Ob das bei Tiefkühlgeräten, die sich auch für eine langfristigere Vorratshaltung eignen, im gleichen Umfang der Fall sein wird, muß man allerdings abwarten.

Anleitungen & Tips zur Hausarbeit

Die Tiefkühltechnik hat eine nachhaltige Veränderung in der Vorratshaltung privater Haushalte bewirkt. Vielfach werden nicht mehr Rohwaren gelagert, sondern bereits bearbeitete Produkte bis hin zu verzehrfertigen Mahlzeiten. Mikrowellengeräte geben diesem Trend weiteren Auftrieb. So ist „Vorkochen" heute durch die Möglichkeit, portionierte Mahlzeiten einzufrieren und so zu lagern, zu einem für manchen Haushalt sinnvollen Weg geworden. Vorhandene Tiefkühlgeräte versetzen Haushalte ferner in die Lage, Himbeeren oder Erdbeeren oder gern gegessene Gemüsesorten in der Saison zu günstigen Preisen zu kaufen und für spätere Zeiten auf Vorrat zu halten. Ob das wirtschaftliche immer so sinnvoll ist, wird von den konkreten Gegebenheiten abhängen. Wer z. B. Gemüse nur lagert, ohne es zu verbrauchen, wird besser daran tun, gelegentlich ein Päckchen Tiefkühlkost zu kaufen. Entsprechendes gilt für die Bevorratung mit Sonderangeboten. Es kann sinnvoll sein, z. B. Sonderposten an Tiefkühlkost oder Fleisch zu kaufen und so einen Vorrat anzulegen. Es kann aber auch sehr unökonomisch sein.

Denn auch Tiefkühlkost ist nicht endlos haltbar. Was gelagert wird, sollte auch genutzt werden. Sonst wird die Lagerung sinnlos. Hinzu kommt, daß eine Tiefkühltruhe Kosten verursacht. Ob es sich finanziell lohnt, ein Produkt zwar zu günstigen Preisen zu kaufen, dann es aber lange zu lagern, ist fraglich. Dazu kommt die Frage nach der Qualität. Man kann zwar nicht sagen: Tiefkühlen beeinträchtigt die Qualität. Das stimmt so generell auf keinen Fall. Aber es gibt Produkte, die eignen sich besser zur Lagerung in der Tiefkühltruhe als andere. Hinzu kommt das Problem der Verarbeitung. Je nach Art, Zustand und Pflege des Tiefkühlgerätes z. B. können Produkte, die man selbst eingefroren hat, nach dem Auftauen einen unterschiedlichen Qualitätsstand haben. Was nützt aber z. B. ein günstig einkauftes und dann eingefrorenes Broccoligemüse, das nach dem Zerteilen keinem mehr so richtig schmeckt, weil es unter dem Tiefgefrieren gelitten hat?

Bei der Vorratswirtschaft ist nicht nur über die *Beschaffung,* sondern auch über die *Verwendung* nachzudenken.

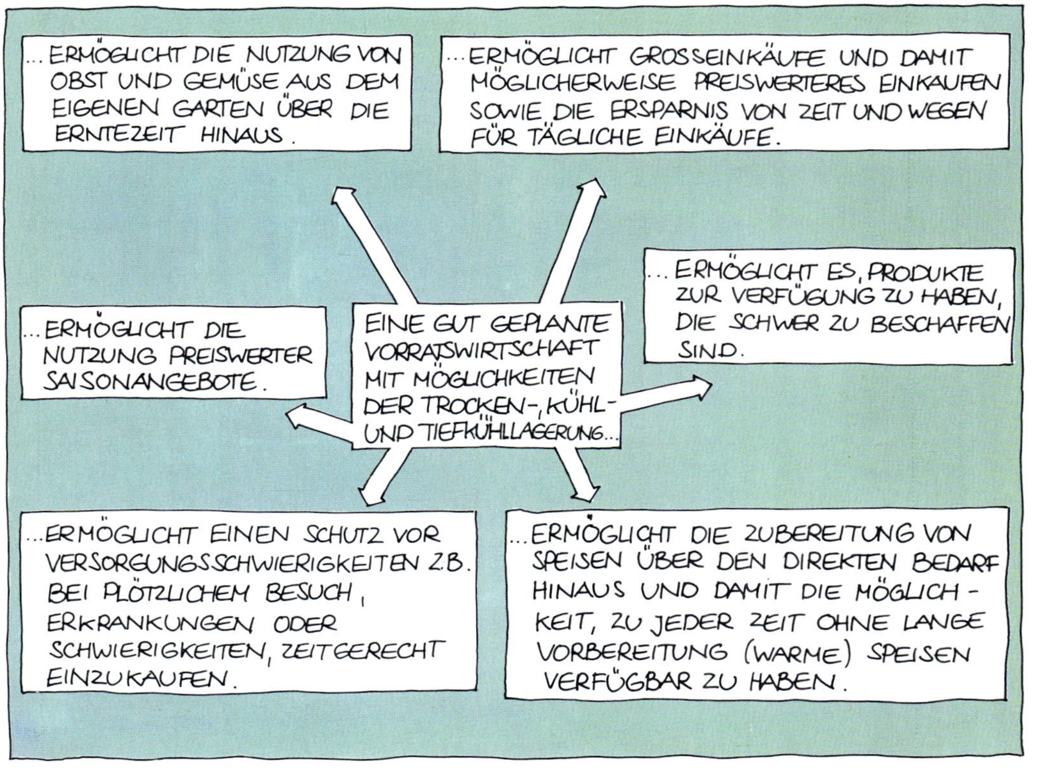

In (fast) jedem Haushalt zu finden: Kühlgeräte

Inhalt, Größe und Einbaubarkeit

- ▷ Größe und Art des Gerätes sind abhängig vom Haushaltstyp und den Versorgungsgewohnheiten
- ▷ **Standgeräte:** frei aufstellbar
  - – Kühlbox: niedriger als 82 cm, kann auf Unterschrank gestellt werden
  - – Tischmodell mit Arbeitsplatte: Höhe 85 cm, Tiefe 60 cm, Breite 50 oder 60 cm
  - – großes Standgerät: höher als 85 cm, bietet den größten Nutzinhalt
- ▷ **Unterbaugeräte:** Tischmodelle mit abnehmbarer bzw. ohne Arbeitsplatte, zum Einfügen unter durchgehende Arbeitsplatte bei Einbauküchen; Höhe 82 cm, Tiefe 60 cm, Breite 60 oder 90 cm (auf Hinterlüftung achten!)
- ▷ **Einbaugeräte:** werden in Hochschrank eingebaut, mit kleinem Unter- und Oberschrank, günstige Sicht- und Greifhöhe; Breite 60 oder 90 cm (auf Hinterlüftung achten!)
- ▷ Bei jedem Gerät auf den Türanschlag achten!

Sternekennzeichnung

- ▷ **ohne Stern:** 0° C bis +5° C im Hauptkühlfach, evtl. mit Eisfach, gute Ergänzung zum Gefriergerät
- ▷ *: –6° C und kälter (Mindesttemperatur im Verdampferfach), 1–3 Tage Lagerung von Tiefkühlkost
- ▷ **: –12° C und kälter, 1–2 Wochen Lagerung von TK-Waren
- ▷ ***: –18° C und kälter, mehrere Monate Lagerdauer von Gefriergut
- ▷ */***: –18° C und kälter, mehrere Monate Lagerdauer, geeignet zum Einfrieren kleiner Lebensmittelmengen

Energiespar-Telegramm

- ▷ kühlen Standort wählen: Sonne, Herd- oder Heizungsnähe vermeiden
- ▷ Rohrschlangen an der Rückwand regelmäßig reinigen
- ▷ Lüftungsgitter freihalten
- ▷ richtige Innentemperatur wählen: +7° C reichen völlig aus
- ▷ Tür zu, auch zwischen einzelnen Handgriffen
- ▷ nur abgekühlte Speisen hineinstellen und abdecken
- ▷ Verdampferfach bei Reifbildung gleich abtauen
- ▷ einmal im Monat reinigen (Essigwasser bringt's, aber mit klarem Wasser nachwischen!)
- ▷ Tip: Filme und Kosmetika (Fettcremes) können im Kühlschrank lange gelagert werden.

Abtauverfahren

- ▷ **von Hand:** selber aus- und einschalten, Auffangschale mit Tauwasser entleeren
- ▷ **teilautomatisch:** von Hand ausschalten, schaltet selbsttätig wieder ein; Auffangschale mit Tauwasser muß entleert werden
- ▷ **automatisch:** Gerät taut selber ab, Tauwasser wird nach außen geleitet und verdunstet (gilt nur für den Kühlteil; bei Geräten mit 3- oder 4-Sterne-Kennzeichnung muß das Gefrierfach per Hand abgetaut werden)

Anschaffungskosten

- ▷ Neu oder gebraucht? (Für den ersten eigenen Haushalt eine lohnende Frage!)
- ▷ Preise verschiedener Hersteller und Händler vergleichen
- ▷ Bemerkenswert: Großhandel und Discountmärkte leisten keinen Kundendienst

Stromverbrauch

- ▷ **Kompressor-Geräte** sind günstig im Stromverbrauch, verursachen aber Lauf- und Schaltgeräusche
- ▷ **Absorber-Geräte** sind höher im Stromverbrauch (und bei den Anschaffungskosten), aber sie laufen nahezu geräuschfrei

Kalt, kälter, tiefgekühlt: Gefriergeräte

Welches Gerät für welchen Haushalt?

Viele Überlegungen sind die gleichen wie bei der Anschaffung eines Kühlschrankes. Aber wie tief man letztendlich bei einem Gefriergerät in den Geldbeutel greifen muß oder will, hängt auch davon ab:

- späterer Standort (Küche, Keller, Abstellraum)
- Isolierung des Gerätes (Kostenfaktor, Energieeinsparung, Kühlreserve bei Stromausfall)
- Gefriervermögen (größte Menge, die auf einmal eingefroren werden kann, möglichst bei –40°C)
- Kontrollanzeigen (nur optisches oder auch akustisches Warnsignal bei Temperaturanstieg)

Wie geht man sachkundig mit den Geräten um?

Bedienungsanleitung des Herstellers gründlich lesen, verstehen und umsetzen; Tips ausprobieren.

Wann lassen sich Gefriergeräte sinnvoll einsetzen?

- zum Vorkochen und Vorbacken, als Vorbereitung bei Feiern oder als Reserve für unverhofften Besuch
- zum Lagern von Tiefkühlkost, auch aus Sonderangeboten
- zum Zwischenlagern von „Saisonartikeln" aus dem Garten (z. B. Beeren, die später erst zu Saft verarbeitet werden)
- zur Vorratshaltung nach Schlachtung, Ernte oder Großeinkauf

Einfrieren? Achtung!

- nur einwandfreie Ware einfrieren
- geeignetes Verpackungsmaterial verwenden (starke Aluminium- oder Kunststoffolie, Beutel, Dosen, Aluschalen)
- Gefrierbehälter zu 3/4 füllen; bei Gefrierbeuteln möglichst wenig Luft
- Gefriergut flach verpacken, dann friert es schneller durch
- Portionsgröße auf späteren Verwendungszweck abstimmen
- Packung mit Datum versehen
- möglichst rasch bei –40°C einfrieren, um Eiskristalle klein zu halten
- bei gekaufter Tiefkühlkost Haltbarkeitsdatum beachten
- *Tip:* Gebäck aus Hefeteig lauwarm einfrieren. Später schmeckt es wie frischgebacken. Brot in Scheiben geschnitten einfrieren, läßt sich gut portionieren.

Zubereitung tiefgefrorener Lebensmittel

- gefrorenes Gemüse gleich in die kochende Suppe geben
- Obst unaufgetaut auf den Kuchenteig legen und backen, sonst rasch auftauen
- Kuchen und Torten antauen, dann kann man sie gut schneiden;
  Stücke etwas auseinanderrücken
- kleine Fischportionen unaufgetaut (höchstens angetaut) weiterverarbeiten
- Salatgemüse auf einem Durchschlag mit lauwarmem Wasser trennen, abtropfen lassen,
  in die Marinade geben,
  30 Minuten durchziehen lassen
- nur das Mikrowellengerät taut blitzschnell auf; bei Zimmertemperatur dauert es 1 Stunde pro cm
- Lebensmittel nach dem Auftauen rasch verbrauchen, keinesfalls wieder einfrieren
- nach dem Auftauen geben TK-Lebensmittel mehr Saft ab als Frischware
- Garzeiten verkürzen sich (bei TK-Gemüse etwa um ein Drittel).

Gefriergeräte: die Reinigung

- Reifschichten „fressen" unnötig Strom, deshalb Gefriergeräte mindestens 1–2mal jährlich abtauen (möglichst vor der Einlagerung größerer Mengen Lebensmittel)
- Gerät vor dem Abtauen 4–5 Stunden auf Dauerbetrieb stellen
- Stecker aus der Steckdose ziehen
- Gefriergut entnehmen, in Kühltaschen oder -boxen lagern (oder Pappkartons dick mit Zeitungspapier oder Styropor auskleiden, mit dicker Lage Zeitungspapier abdecken),
  kühl stellen
- Schalen mit heißem Wasser in das geöffnete Gerät stellen, das beschleunigt den Abtauvorgang (auf gar keinen Fall einen Fön benutzen!)
- lose Reifschichten mit einem Kunststoffschaber entfernen, Tauwasser ausleeren
- zum Reinigen Essigwasser oder etwas umweltschonendes Reinigungsmittel verwenden, mit klarem Wasser nachwischen, gut austrocknen
- Gerät einschalten,
  auf Dauerbetrieb stellen, bis wieder –18°C erreicht sind,
  Gefriergut einlagern
- nicht von optischen oder akustischen Warnsignalen irritieren lassen!

Man(n) kann waschen, nicht nur waschen lassen

Internationale Pflegekennzeichen

Waschen Maschinen- oder Handwäsche	95	95	60	60	40	40	30		
	Koch- bzw. Weiß- wäsche	Koch- wäsche pflege- leicht	Heiß- wäsche	Heiß- wäsche pflege- leicht	farb- empfind- liche Wäsche	farbige pflege- leichte Textilien	Wolle Acryl	nicht ma- schinen- fähige Textilien	nicht wasch- bare Textilien

Bügeln	•••	••	•	
	starke Einstellung: Baumwolle Leinen	mittlere Einstellung: Wolle, Seide, Polyester, Viskose	schwache Einstellung: Polyacryl, Acetat, Polyamid	nicht bügeln

Chemisch reinigen	Ⓐ	Ⓟ	Ⓟ	Ⓕ	Ⓕ	⊗
	allgemein übl. Lösungsmittel	Perchlorethylen oder Benzin	pflegeleicht	Benzin, FKW's	pflegeleicht	nicht chemisch reinigen

Vorbereitungsarbeiten

Waschmittel

☆ Sind die richtigen Waschmittel in ausreichender Menge vorhanden?
- ▷ Vollwaschmittel für Wäsche mit Waschtemperaturen über 60° C, phosphatfrei
- ▷ Fein- und Buntwaschmittel für niedrigere Waschtemperaturen

Oberbekleidung, Unterwäsche und sonstige Textilien

☆ Sortieren nach
- Eignung für Maschinenwäsche, Handwäsche, chemische Reinigung
- erforderlicher Waschtemperatur / benötigtem Waschprogramm
- Hell-Dunkel-Schema (*Vorsicht:* Kleidungsstücke, die färben könnten – z. B. neue Jeans –, aussondern)

☆ Überprüfen auf erforderliche Vorbehandlung, z. B. Fleckentfernung, stark verschmutzte Kragen (*Tip:* Teeflecken o. ä. mit Gallseife einreiben)

Waschmaschine, Trockenraum

☆ Ist die Waschmaschine einsatzbereit?

☆ Kann die Wäsche anschließend zum Trocknen aufgehängt, notfalls in den Trockner gegeben werden? (*Tip:* Beim Trocknen in Innenräumen für ausreichende Belüftung sorgen)

Waschen und Trocknen

☆ Wäsche einfüllen (Trommel ganz füllen, Wäsche muß aber locker liegen)

☆ Richtiges Waschprogramm einstellen (Nicht alles, was „Kochwäsche" heißt, muß auch mit 90° C und mehr gewaschen werden. Oft genügen 60° C. Energiesparen!)

☆ Waschmittel richtig dosiert einfüllen (Härtegrad des Wassers beachten)

☆ Wasserzufuhr sicherstellen

☆ Start

☆ Zwischenkontrolle: „Alles okay?"

☆ Nach Ablauf des Waschprogramms Wasserzufuhr abstellen

☆ Wäsche sorgfältig aufhängen – Hemden, Blusen evtl. auf Bügel –, glattziehen (Das erspart Bügelarbeit!)

Anleitungen & Tips zur Hausarbeit

Putzen: Man sieht, was man geschafft hat

Zum Beispiel Fensterputzen

Fensterputzen muß hin und wieder sein. Es ist als Arbeit halb so schwer und halb so lästig, wenn man von den Profis lernt. (Wer Fensterputzern bei der Arbeit zusieht, staunt oft, wie schnell und lässig sie große Fensterflächen sauber bekommen.) Erst kommt der Rahmen, dann die Glasfläche. Wichtig ist gutes Handwerkszeug, vor allem ein breiter Wischer, mit dem man die mit wenig (!) Wasser geputzten Glasflächen „abzieht". Die Ränder werden bei den Profis mit einem Fensterleder nachgearbeitet, und schon ist das Fenster fertig.

Wichtig: Für das Fensterputzen werden viele Haushaltschemikalien angeboten. Meist helfen Hausrezepte genausogut, z. B. Essig und/oder etwas Spiritus ins lauwarme Waschwasser.

Sicherheit geht vor! Standfeste Trittleitern benutzen! Keine Kletterübungen auf Fensterbrettern veranstalten!

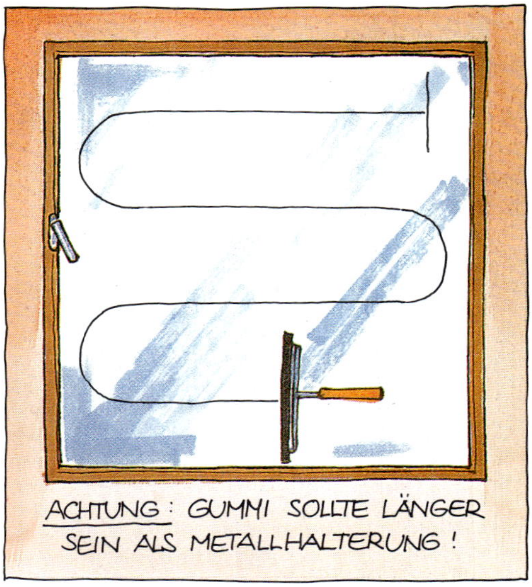

Zum Beispiel Fußbodenreinigung

Ob man staubsaugt, fegt oder wischt, die gesamte Fußbodenfläche muß „erfaßt" werden – also die Ecken nicht vergessen. Nach getaner Arbeit sollte man die Reinigungsgeräte ihrerseits reinigen – also Staubsauger ab und zu entleeren, Besen ausbürsten, Feudel ausspülen und zum Trocknen aufhängen.

Bei der Naßreinigung ist zu bdenken:

★ Wassereimer höchstens zur Hälfte füllen (5 l Wasser wiegen schon 5 kg!)
★ umweltschonendes Reinigungsmittel sparsam verwenden
★ Schrubber mit langem Stiel benutzen (Bücken strengt an!)
★ nicht durch das frisch Gewischte laufen
★ Fußboden nicht „unter Wasser" setzen (Feuchtigkeitsgrad hängt vom Fußbodenbelag und vom Verschmutzungsgrad ab!)
★ hinterher gut nachtrocknen (sonst Rutschgefahr!)

Und wie wird es gemacht?

Fegen 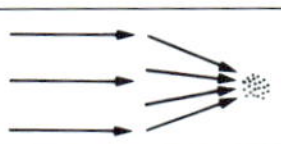	Besen von sich weg führen. Vom Rand zur Mitte hin oder vom Rand zur Tür hin kehren.

Wischen 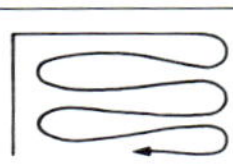 oder: 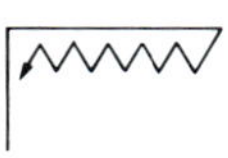	Erst die Ränder und Ecken, dann abschnittweise weiterwischen mit bogenförmigen oder zackigen Bewegungen (Bogen strengen weniger an, aber Zacken bringen mehr Druck). Dabei rückwärts gehen und zu sich hin arbeiten. (Achtung, Eimer mit Wischwasser!) Naßwischen, Trockenwischen, evtl. mit saugfähigem Tuch Restnässe aufnehmen.

Anleitungen & Tips zur Hausarbeit

Computer und Hausarbeit

Frage: Können Computer die Hausarbeit erleichtern?

Antwort: Das kommt darauf an!

In der Tat: Es kommt darauf an, was man unter ‚Hausarbeit' versteht und wie man seinen (nicht zu leistungsschwachen) Computer nutzt. Kein Computer kann putzen, aufräumen oder bügeln. Den computergesteuerten Küchenroboter gibt es noch nicht, aber bei Verwaltungsaufgaben kann ein Computer auch zu Hause eine Hilfe sein.

Ich habe für meine Eltern eine Liste erstellt, die aufzeigt, an wen Einzugsermächtigungen und für was Daueraufträge erteilt sind. Natürlich kann man das einfacher haben. Papier, Lineal und Stift tun es auch, aber mit dem Computer macht es mehr Spaß.

Ich habe ein gutes Textverarbeitungsprogramm. Damit lassen sich Briefe mit professionellem Aussehen schreiben. Bei einer Reklamation hat uns das letztens schon sehr geholfen. Zugegeben, das ist auch ein bißchen Spielerei und kommt nicht oft vor. Aber Spaß macht es, und einen Übungseffekt hat es auch.

Meine Schwester ist Diabetikerin. Ein gekauftes Ernährungsprogramm für Diabetiker erlaubt es uns, das Angebot an Speisen für sie zu erweitern. Das Programm enthält viele Anregungen und Tips. Wir können den Computer auch befragen, wieviel Broteinheiten die von uns ausgewählten Nahrungsmittel haben. Das Programm gibt auch Auskunft darüber, in welchem Verhältnis bei Diätvorschlägen einzelne Komponenten ausgetauscht werden können.

Ich erledige die Haushaltsbuchführung mit dem Computer. Mit Heft und Bleistift würde das zwar auch gehen, aber mit dem Computer macht es mir mehr Spaß. Außerdem kann ich damit gute Übersichten erstellen.

Ich schreibe Computer-Programme. Zur Zeit bin ich dabei, eine Öko-Buchhaltung für unseren Haushalt zu entwickeln. Da soll deutlich werden, wieviel Energie wir verbrauchen und wofür. Und dann kommt der Wasserverbrauch dran! So können wir feststellen, wo wir einsparen können. Vielleicht nehme ich mit meinen Programmen auch einmal an dem Wettbewerb „Jugend forscht" teil.

Rezepte · Rezepte · Rezepte · Rezepte

Rezepte beschreiben, wie aus einzelnen Lebensmitteln (Zutaten) durch Kombination und Bearbeitung Speisen (bzw. Getränke) entstehen. Mancher braucht die Bilder der fertig zubereiteten Speise, um sich für ein Rezept zu begeistern. Anderen reicht ein Blick auf die Zutatenliste und die Zubereitungsempfehlung, um schon „zu schmecken“, was sie nach Umsetzung eines Rezeptes erwartet.

Mancher sucht Rezepte für einfache, alltägliche Speisen. Er hat noch kein Erfahrungswissen in der Zubereitung von Speisen. Für ihn sind Rezepte Anregung zur Lösung einer alltäglichen Aufgabe und Arbeitsanweisung zugleich. Andere suchen das Besondere, die über das Alltagsrepertoire hinausreichende Idee. Sie sind auf der Suche nach neuen Geschmackserlebnissen.

Rezepte können kleine Kunstwerke sein, die man für sich nachschafft. Rezepte können aber auch die eigene Kreativität anspornen, durch Variation und Ergänzung etwas Neues zu schaffen. Dazu gibt es viele Möglichkeiten, denn die Vielzahl der Lebensmittel und die Vielfalt der Zubereitungsarten erlaubt immer wieder neue Kombinationen – oft mit überraschenden Ergebnissen.

Umgang mit Rezepten

Rezepte dienen als Hilfe und Arbeitsanweisung für die Zubereitung von Speisen. Die Art der Arbeitsanweisung in Rezepten ist jedoch unterschiedlich. Um so wichtiger ist es, Rezepte genau zu lesen. Dies gilt besonders für Anfängerinnen und Anfänger. Wird das Rezept nur überflogen, gibt es bei der Umsetzung meistens Schwierigkeiten.

Rezepte enthalten wichtige Informationen über Zutaten, Mengen, Arbeitsschritte und manchmal auch über benötigte Geräte. Damit die Zubereitung der Speise gelingt, sollte man folgendes beachten:
- Rezept sorgfältig lesen und darauf achten, daß man alles versteht.
- Zutaten und Arbeitsgeräte übersichtlich bereitstellen.
- Rezept Schritt für Schritt wie beschrieben umsetzen.

Ein Tip: Vorsicht mit den Mengen (vor allem mit Flüssigkeiten)! In der Regel handelt es sich um Cirka-Angaben. Zugeben kann man immer noch, aber herausnehmen ist meistens nicht möglich.

Nicht jedes Rezept enthält genaue Mengenangaben oder beschreibt jeden Arbeitsschritt. Das ist auch nicht immer notwendig. Mit ein wenig Phantasie kann man auch mit wenigen Angaben leckere Speisen zubereiten. Ein solch unvollständiges, die Phantasie (und Erfahrung) herausforderndes Rezept kann so aussehen:

Quark-Apfel-Creme / 1 Person

Quark, Vollmilch, Honig, Sahne, Apfel, anderes Obst, gehackte Nüsse, getrocknete Weinbeeren oder ähnliches.

Quark mit den Zutaten gut verrühren, Apfel / Obst dazugeben, abschmecken, garnieren.

Was macht die Milch so wertvoll?

Milch enthält:

▷ **Milch-Eiweiß:** wichtig für den Aufbau der Körperzellen
▷ **Milch-Fett:** besonders bekömmlich; sogar Babys vertragen Milchfett
▷ **Milch-Zucker:** wichtig für die Darmbakterien
▷ **Vitamine:** fördern die Leistungsfähigkeit und Konzentration
▷ **Mineralstoffe:** vor allem **Kalzium,** wichtig für Knochen und Zähne

Milch, vor allem frische Vollmilch (pasteurisierte Milch), ist ein vollwertiges Nahrungsmittel.

BUNTER SOMMER-SALAT

Knackig frische Jugend-Kost – auch für Erwachsene geeignet
Bei Salaten ist alles erlaubt, was schmeckt. Man kann beliebig kombinieren. Also versucht es, überlegt Zusammenstellungen – auch verrückte!
Für alle, die lieber nach Anweisung arbeiten oder Salat zum erstenmal zubereiten, hier ein Rezeptvorschlag:

Zutaten	**Arbeitsschritte**
1/3 Salatgurke 1 Tomate 3 Radieschen	▷ waschen, in Scheiben schneiden
einige Blätter Eisbergsalat*	▷ waschen, in mundgerechte Stücke teilen
* oder: Blattspinat, Endiviensalat, Pflücksalat	

Wichtig für jeden Salat ist die Marinade (Soße). Durch sie gewinnen Salate ihren besonderen Geschmack.
Hier zwei Vorschläge:

1. Joghurt-Marinade	**2. Essig-Öl-Marinade**
1/2 Becher Natur-Joghurt* 1 Eßl. Salatöl** 1 TL Zitronensaft (frisch gepreßt) 1 TL gem. Kräuter (frisch oder tiefgefroren) Kräutersalz weißer Pfeffer evtl. etwas Honig	1 EL Obst- oder Weinessig 1 EL Wasser 1/2 TL Senf (wer es schärfer mag) Kräutersalz weißer Pfeffer evtl. etwas Honig oder Fruchtzucker 2 EL Salatöl** Kräuter nach Belieben
* oder Sahne, Kefir...	** kaltgepreßte Öle sind zu bevorzugen

Jeweils alle Zutaten in eine Schüssel geben, gut verrühren, abschmecken.
Könner rühren die Marinade (Soße) gleich in der Salatschüssel an, geben dann die Salatgemüse hinzu und mischen die Salate mit der Marinade.

Möhren-Rohkost
1 Person

1 mittelgroße Möhre ½ Apfel	▷ waschen, schälen, waschen, fein oder grob raspeln

Dazu gehört die passende Salatmarinade:

Zitronensaft-Öl-Marinade

2 TL Zitronensaft	▷ sofort über die Rohkost geben
1 TL Salatöl (z. B. kalt gepreßtes Sonnenblumenöl) 1 TL Zucker oder Honig oder Ahornsirup	▷ dazugeben; alle Zutaten gut miteinander vermischen und abschmecken

Ein anderer Vorschlag:

Joghurt-Marinade

1 TL Zitronensaft	▷ sofort über die Rohkost geben
3 TL Naturjoghurt mit L+ (rechtsdrehende Milchsäure) 1 TL Zucker oder Honig (flüssig)	▷ dazugeben; alles gut vermischen und abschmecken

Steckrüben-Möhren-Apfel-Rohkost
1 Person

Warum nicht mal eine Rohkost aus Steckrüben?
Ein typischer Wintersalat ist

▷ lecker ▷ mineralstoffreich
▷ preiswert ▷ ballaststoffreich

Zutaten	Arbeitsschritte
1 TL Obst- oder Weinessig 1 EL Salatöl, möglichst kalt gepreßt Kräutersalz weißer Pfeffer	▷ alles in eine kleine Schüssel geben, mit dem Schneebesen gut verrühren
1 EL Sahne	▷ dazugeben, gleichzeitig weiterrühren
100 g Steckrüben 1 kleine Möhre ½ Apfel (z. B. Boskop)	▷ waschen, schälen, grob raspeln ▷ Marinade über die Rohkost geben ▷ alles gut mischen ▷ abschmecken ▷ auf einem Salatteller servieren

Hauptsache „frisch“: Frischkost versorgt uns vor allem mit Vitaminen, Mineralstoffen und Ballaststoffen. Allerdings: Bei „Grünzeug“ denken viele sofort an Kopfsalat und meinen, der sei besonders gesund. Irrtum: Im Kopfsalat ist so gut wie nichts „drin“.
Ob Blatt-, Wurzel-, Knollen- oder Kohlgemüse: Fast alle Sorten lassen sich roh zu einer Frischkost verarbeiten. Wichtig ist nur, daß man Gemüse der Saison der Treibhausware bevorzugt. Es ist billiger, meistens aromatischer und gesundheitlich wertvoller.
Je bunter und vielfältiger ein Salat, um so besser für unsere Gesundheit. Erlaubt ist, was schmeckt und appetitlich aussieht. Kombiniert verschiedene Salat- und Gemüsesorten miteinander. Nur Mut – auch zu unbekannten und ungewöhnlichen Salatvariationen!

Soßen für Salate und Rohkost

Auf die Soße kommt es an! Erst die Soße gibt dem Salat den *besonderen* Geschmack: lieblich mild oder säuerlich-würzig – nach Belieben.
Der gute Geschmack der Salatsoße hängt vorrangig von der **Qualität der Zutaten** ab. Deshalb hochwertige Lebensmittel verwenden:
– kaltgepreßtes Öl
– frisch gepreßter Zitronensaft
– Wein- oder Obstessig
– Sauerrahm – Sahne
– Natur-Joghurt – Kefir
– viele, viele Kräuter
Mengenangaben können immer nur Cirka-Angaben sein. Erfindet ganz nach persönlichem Geschmack eigene Rezepturen! Phantasie und Lust zum Ausprobieren sind hier gefragt!

Einige Beispiele:

Kohlrabi – Möhren – Äpfel
Möhren – Äpfel – Nüsse
Chicoree – Orangen – Mandarinen – Äpfel
Endivien – Zwiebeln – Orangen
Feldsalat – Birnen – Orangen – Chicoree
Gurken – Tomaten – Paprikaschoten
Eisbergsalat – Gurken – Tomaten
Weißkohl – Gewürzgurken – Äpfel
Linsen – Porree – Möhren

Zwei klassische Salatsoßen

Essig-Öl-Soße (Vinaigrette)/1 Person	**Sahne-Soße/1 Person**
1 EL Weinessig 1 EL Wasser 1 TL mittelscharfer Senf 1 kleine Zwiebel (fein würfeln) Kräutersalz weißer Pfeffer, evtl. Knoblauch evtl. etwas Honig, flüssig 1 TL Kräuter, frisch oder TK 2–3 EL Salatöl	1–2 EL Sauerrahm oder süße Sahne 1 TL Zitronensaft wenig Kräutersalz 1–2 TL Honig, flüssig weißer Pfeffer evtl. 1 TL Kräuter, frisch oder TK

Diese Rezepte können natürlich auch abgewandelt werden. Rührt die Zutaten in einer Schüssel mit einem Schneebesen gut durch. Wenn ihr schon etwas Erfahrung habt, könnt ihr die Soße auch gleich in der Salatschüssel zubereiten (das spart Abwasch!).

SALATE ALS HAUPTMAHLZEIT

Salat als Hauptmahlzeit? Natürlich! Frische Gemüse kombiniert mit Vollkornnudeln, Naturreis, Pellkartoffeln, Käse, Bratenaufschnitt, Wurst oder hartgekochten Eiern sind eine vollständige Mahlzeit. Je nach Zusammenstellung enthalten sie eine gute Portion pflanzliches und tierisches Eiweiß, sie sättigen und sind leicht verdaulich. Wer wenig Bewegung hat, gut essen und seine Figur behalten will, für den sind Salate eine besondere Empfehlung.

Mögliche Zutaten:

Pellkartoffeln
Vollkornnudeln
Naturreis
Radieschen
Salatgurke
Gewürzgurke
Tomate
Paprikaschote
Champignons
Möhre
Porree
Erbsen
Apfel
Banane
Apfelsine
Fleischwurst
Bratenaufschnitt
Hartgekochte Eier
Käse

Mögliche Zutaten für die Salatsoße:

Naturjoghurt
Kefir
Sauerrahm
Sahne
Saure Sahne
Salatöl, kaltgepreßt
Weinessig
Zitrone
Gewürze
frische Kräuter oder TK

Ist ja irre, alle Zutaten für einen Salat?

Quatsch, von diesen Zutaten sollst du einige auswählen und daraus einen leckeren Salat zusammenstellen

Mögliche Beigaben:

Vollkorntoast
Vollkornbrötchen
Vollkornbaguette
Vollkornknäckebrot
* * *
Milchshake
Obstsaft m. Mineralwasser
Teelimonade

Gebt eurem Salat einen tollen Namen z.B. ERDAPFEL-SALAT ALTERNATIV

Gemüse garen – aber wie?

Gemüse ist gesund. Das weiß inzwischen wohl jeder. Ob aber gegartes Gemüse tatsächlich immer voller „Gesundheit" steckt, ist die Frage. In manchen Haushalten wird Gemüse leider in viel Wasser relativ lange gekocht. Vitamine und Mineralstoffe, Farb- und Geschmacksstoffe werden dabei durch Wasser und Hitze ausgelaugt. Übrig bleibt ein zerkochtes, blasses, wäßrig schmeckendes Gemüse. Aufgepäppelt wird es dann mit einer weißen Soße (Mehlschwitze), heute oft in Form einer Fertigsoße. Da kann von gesundem Gemüse keine Rede mehr sein.
Besser ist es, Gemüse in sehr wenig Wasser zu dünsten. Es soll **bißfest** sein – also nur kurz dünsten. Dadurch behält Gemüse weitgehend seine Vitamine und Mineralstoffe und auch seine leuchtend frische Farbe. Wer nicht auf eine Soße verzichten möchte, bindet das Dünstwasser mit etwas Vollkornmehl und verfeinert es mit Sahne oder Creme fraiche.

Gemüse-Allerlei

1 Person

Zutaten	**Arbeitsschritte**
150 g verschiedene Gemüsesorten z. B. Möhren, Kohlrabi, Paprikaschoten	▷ waschen, putzen, zerkleinern
20 g Margarine, Butter **oder** 1 TL Soja-Öl 1 kleine Zwiebel	▷ in einen kleinen Topf geben, schwach erhitzen ▷ würfeln, dazugeben, 2 – 3 Min. andünsten, zerkleinertes Gemüse dazugeben, 2 – 3 Min. dünsten
100 ml heißes Wasser (etwa 8 EL) ½ Gemüsewürfel, Kräutersalz, Basilikum, weißer Pfeffer, Thymian	▷ dazugeben ▷ dazugeben, Topf gut schließen ▷ ca. 15 – 20 Min. bei schwacher Hitze dünsten, abschmecken ▷ nach Wunsch mit 1 TL Sahne verfeinern
Dazu passen: Naturreis oder Pellkartoffeln	

GEMÜSE ALS BEILAGE

Gemüse ist vielseitig verwendbar: als Rohkost, als Beilage, als Hauptmahlzeit. Es ist am wertvollsten und schmackhaftesten zur Saison (siehe Seite 130). Gemüse, das außerhalb seiner natürlichen Wachstumszeit angeboten wird, reift in Gewächshäusern mit hohem Einsatz von Spezialdüngern, Pflanzenbehandlungsmitteln und Heizenergie. Durch die übermäßige Anwendung von Stickstoffdüngern enthalten einige Sorten viel Nitrat. Deshalb: Gemüse möglichst saisonbedingt kaufen.

GLASIERTE MÖHREN

2 Personen

Zutaten	Arbeitsschritte
ca. 300 g Möhren	▷ waschen, schälen, je nach Dicke längs halbieren oder vierteln und je nach Länge einmal quer durchschneiden
20 g Butter, 1 TL Honig 1 TL Sojasoße 2 – 3 EL Wasser	▷ in einen kleinen Topf geben, schwach erhitzen ▷ Möhrenstreifen dazugeben, Topf schließen ▷ ca. 15 Minuten bißfest dünsten
1 EL Sahne weißer Pfeffer etwas Kräutersalz	▷ dazugeben, unterrühren, abschmecken
gehackte Petersilie	▷ zum Schluß darüberstreuen
Dazu passen: kleine Pellkartoffeln, Frikadellen oder kurz gebratenes Fleisch	

Blumenkohl, Broccoli oder Romanesco mit Mandelsoße

2 PERSONEN

Zutaten	Arbeitsschritte
ca. 300 g Blumenkohl oder Broccoli oder Romanesco	▷ in größere Röschen zerteilen, gründlich waschen
ca. 100 ml Wasser 2 EL Milch etwas Gemüsewürze weißer Pfeffer, Muskat	▷ in einen breiten Topf geben, erhitzen ▷ Gemüseröschen dazugeben, 15 – 20 Min. bißfest dünsten ▷ Gemüse mit einem Schaumlöffel herausnehmen, in eine Servierschüssel geben, warm halten
1 TL gemahlene Mandeln 1 EL fein ger. Emmentaler 1 kleines Eigelb 2 EL Sahne oder Creme fraiche 1 EL Wasser	▷ in einen Becher geben, gut verrühren ▷ in die kochende Dünstflüssigkeit geben, gut mit einem Schneebesen verrühren, bis eine cremige Soße entsteht ▷ Soße abschmecken, über das Gemüse gießen
Dazu passen: kleine Petersilien-Kartoffeln, Frikadellen oder kurz gebratenes Fleisch	

Kartoffelsuppe

Zutaten:
Knapp 1/2 l Wasser, 1 Gemüsewürfel, 3 – 4 Kartoffeln, 1 mittelgroße Möhre, 1 dünne Stange Porree, 1 kleine Zwiebel, Paprika, Pfeffer, Majoran, 1 rohe Bratwurst

Zubereitung:

▷ die äußeren Blätter vom Porree entfernen,
Porree der Länge nach durchschneiden,
gründlich waschen (oft sehr sandig),
in dünne Ringe schneiden

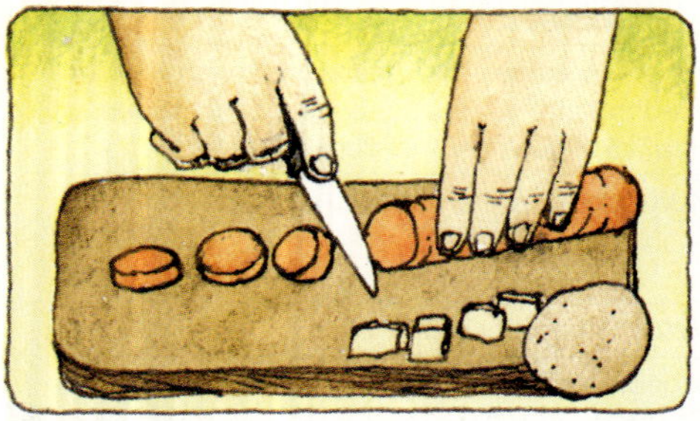

▷ Kartoffeln und Möhren waschen, schälen,
Kartoffeln würfeln,
Möhre in dünne Scheiben schneiden

In der Zwischenzeit:
▷ Wasser mit dem Gemüsewürfel erhitzen

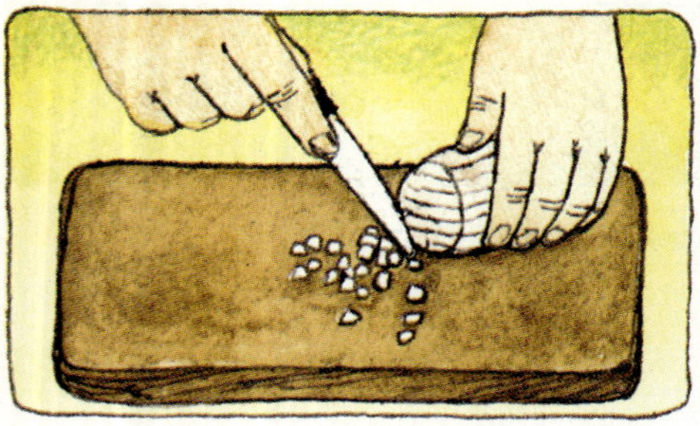

▷ Zwiebel fein würfeln

▷ das kleingeschnittene Gemüse und die Gewürze
in die kochende Brühe geben,
Suppe etwa 15 Min. bei schwacher Hitze im
„normalen" Topf kochen
oder im Dampfdrucktopf 8 Min. kochen

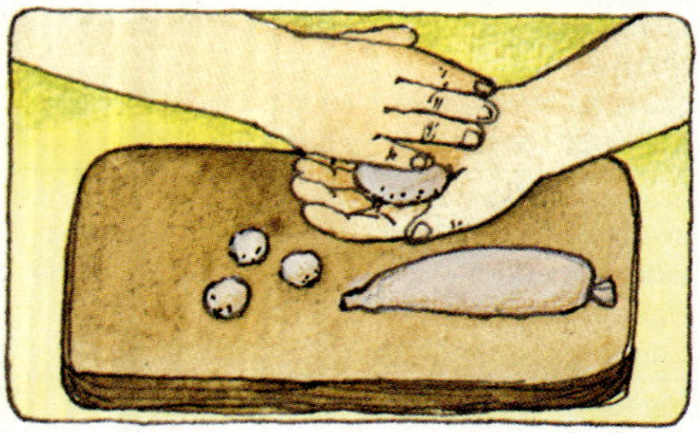

In der Zwischenzeit:
▷ Bratwurstmasse aus der Haut drücken,
kleine Bällchen formen,
in die Suppe geben und noch etwa 5 – 10 Min.
garen

▷ Suppe abschmecken

Pellkartoffeln mit Kräuterquark

Zutaten	Arbeitsschritte
3–4 Kartoffeln 1 TL Kümmel	▷ waschen, mit wenig Wasser garen ▷ Kümmel in das Wasser geben und mitkochen
80 g Magerquark 1/3 Becher Naturjoghurt 1 TL Salatöl	▷ in eine Schüssel geben, cremig rühren
1 kleine Zwiebel 1 kleines Stück Salatgurke 1/4 Apfel (Boskop) 1/2 gekochtes Ei	▷ sehr fein würfeln, alles in den Quark geben, verrühren
Kräuter (frisch oder 1 TL tiefgefroren)	▷ frische Kräuter waschen und zerkleinern, Kräuter in den Quark geben
Kräutersalz weißer Pfeffer	▷ nach Bedarf zugeben, abschmecken
Kartoffeln pellen, mit Kräuterquark auf einem Teller anrichten	

Gemüsesuppe

Zutaten	Arbeitsschritte
1 mittelgroße Kartoffel 1 kleine Möhre	▷ waschen, würfeln
1/4 Kohlrabi, ersatzweise tiefgefroren* evtl. 1 kleine Zwiebel	▷ würfeln
1/4 l heißes Wasser	▷ in einen kleinen Topf geben ▷ zum Kochen bringen ▷ Normalkochplatte Stufe 3 schalten
zerkleinertes Gemüse	▷ in das kochende Wasser geben
1/2 Gemüsewürfel **oder** 1/2 TL Streuwürze weißer Pfeffer	▷ dazugeben
	▷ Normalkochplatte auf Stufe 1/2 schalten, 15 Minuten garen
Dazu paßt: Vollkorntoast	* oder Gemüse der Saison

Hülsenfrüchte – ungewöhnlich köstlich!

Getrocknete Erbsen, Bohnen und Linsen: Alle diese Hülsenfrüchte sind sehr ballaststoffreich. Kein anderes Lebensmittel versorgt uns auf so preiswerte Weise mit pflanzlichem Eiweiß, Mineralstoffen und Vitaminen – das ganze Jahr über: Hülsenfrüchte kennen keine Saison.

Linseneintopf

Zutaten	Arbeitsschritte
80–100 g Linsen (kleine, gelbgrüne)	▷ waschen, über Nacht in ca. 1 l Wasser einweichen
1 kleine Zwiebel 1 große Möhre 2 mittelgroße Kartoffeln 1 dünne Stange Porree	▷ würfeln ▷ waschen, würfeln ▷ waschen, in 1 cm dicke Scheiben schneiden
1 EL Sonnenblumenöl zerkleinertes Gemüse	▷ in einem kleinen Dampfdrucktopf schwach erhitzen ▷ dazugeben, 3–5 Min. andünsten
ca. ½ l Einweichwasser 1 Gemüsewürfel eingeweichte Linsen Kräutersalz weißer Pfeffer, Thymian, Basilikum	▷ dazugeben ▷ Dampfdrucktopf schließen ▷ 10 Min. garen
evtl. 1 TL Sauerrahm oder Obstessig	▷ Dampfdrucktopf nach Anweisung öffnen ▷ dazugeben, abschmecken

Linsen-Salat

Zutaten	Arbeitsschritte
ca. 50 g Linsen (gelbgrüne)	▷ waschen, über Nacht in ca. 1 l Wasser einweichen 10 Min. im Dampfdrucktopf kochen
1 mittelgroße Möhre 1 mittelgroße rote Zwiebel 1 dünne Stange Porree	▷ waschen, grob reiben ▷ halbieren, in feine Streifen schneiden ▷ waschen, in feine Streifen schneiden
2 EL Weinessig (rot) 1 EL Wasser 1 TL mittelscharfer Senf 3 EL Sonnenblumenöl, kaltgepreßt Kräutersalz, weißer Pfeffer, Petersilie	▷ Salatmarinade zubereiten ▷ über den Salat geben, mind. ½ Std. durchziehen lassen
Beigabe: Vollkorn-Toast, -Brötchen oder -Baguette	

Mexikanischer Bohnentopf

2 Personen

Darf scharf abgeschmeckt werden!

Zutaten	Arbeitsschritte
80–100 g rote und gescheckte Bohnen	▷ waschen, über Nacht in ca. 1 l Wasser einweichen ▷ 15–20 Min. mit dem Einweichwasser im Dampfdrucktopf kochen
	In der Zwischenzeit:
1 kleine Zwiebel	▷ grob würfeln
½ grüne und rote Paprikaschote	▷ waschen, in nicht zu kleine Stücke schneiden
½ Stange Porree (längs durchgeschnitten)	▷ waschen, in 1 cm dicke Scheiben schneiden
evtl. 2 Kartoffeln	▷ grob würfeln
1 TL Sonnenblumenöl	▷ in einer Pfanne schwach erhitzen
100 g Gehacktes	▷ leicht anbraten
zerkleinertes Gemüse	▷ dazugeben, 3–5 Min. andünsten
2–3 EL Wasser	▷ dazugeben, ablöschen
	▷ Dampfdrucktopf öffnen ▷ Gemüse zu den Bohnen geben
1 TL gekörnte Gemüsebrühe Kräutersalz weißer Pfeffer, Oregano Paprika, edelsüß oder scharf	▷ dazugeben
	▷ Dampfdrucktopf schließen, 10 Min. garen
	▷ Dampfdrucktopf öffnen
2 abgezogene Tomaten	▷ achteln, dazugeben
evtl. 1 – 2 EL Mais (Dose)	▷ dazugeben
evtl. Chilipulver	▷ abschmecken (wer es scharf mag!)

1. Alle Zutaten am Arbeitsplatz zusammenstellen
2. Alle benötigten Arbeitsgeräte an den Arbeitsplatz
3. **Anfangen**
   ▷ Eier aufschlagen, in Rührschüssel geben
   ▷ 2 EL Milch hinzugeben
   ▷ etwas Kräutersalz (wer's mag, auch Pfeffer) hinzugeben
   ▷ gut verquirlen
   ▷ Schinken würfeln (auf dem Brett arbeiten!), hinzugeben, kurz verrühren
   ▷ Kräuter waschen, zerkleinern, hinzugeben
4. **Heiß-Phase**
   ▷ Margarine (oder Butter) in kleiner Pfanne schwach erhitzen (Stufe . . . ?)
   ▷ Eier-Schinken-Mix hinzugeben
   ▷ bei schwacher Hitze stocken (= festwerden) lassen
   ▷ dabei mit Bratenwender „lüften" (vorsichtig durch das fester werdende Eier-Schinken-Gemisch ziehen, gestockte Masse leicht vom Pfannenboden heben)
   ▷ rechtzeitig ausschalten (Nachhitze nutzen)
5. **Anrichten**
   ▷ daran denken: das Auge ißt mit
   ▷ vervollständigen, z. B. durch Vollkorntoast

Abwandlung – Ergänzung – Verfeinerung
Der Norddeutsche (und die Norddeutsche auch) mögen's gern mit Krabben statt mit Schinken. „Rührei mit Pilzen" steht auf mancher Speisekarte (z. B. Champignons statt Schinken).
Komfortabel: Rührei „Mamma mia"
Speck- oder Wurstwürfel mit geschnittenen Zwiebeln anrösten, Tomatenstücke (klein!) hinzugeben, gut würzen (z. B. mit Oregano – weil es so italienisch ist – und mit Pfeffer aus der Mühle), herunterschalten, Eimasse dazugeben, stocken lassen.

Spaghetti für Zwei
(WEIL SPAGHETTI-ESSEN ZU ZWEIT MEHR SPASS MACHT, ZU DRITT VIELLEICHT NOCH MEHR...)
WASSER
VOLLKORN-SPAGHETTI -ETWA 100g-
ÖL
SALZ ½ TL
GERIEBENER PARMESANKÄSE (TÜTE)
HACKFLEISCH (CA. 100-150 g)
TOMATEN (NATUR ODER DOSE)
ZWIEBELN
GEWÜRZE, Z.B. OREGANO, BASILIKUM, KRÄUTERSALZ
(TIP: BRÜHWÜRFEL STATT SALZ)
Die Nudeln
SALZ
ODER
BRÜH-WÜRFEL
ÖL
CA. 1 l
ETWAS ÖL (CA. 1 TL), DAMIT DIE NUDELN NICHT KLEBEN
WASSER ZUM KOCHEN BRINGEN
DECKEL SCHRÄG AUFLEGEN ODER AUSNAHMSWEISE OHNE DECKEL GAREN
VOLLKORN-SPAGHETTI (ETWA 100g)
• HINEIN-GEBEN
• GELEGENT-LICH UM-RÜHREN
NUDELN CA. 12 MIN. GAREN LASSEN
„BISSPROBE"
(NUDELN NICHT ZU WEICH WERDEN LASSEN!)
• ABGIESSEN
• WARM HALTEN ODER ANRICHTEN
ANDERE NUDELN WERDEN GENAUSO ZUBEREITET. BEIM EINKAUF AUF DAS WORT „VOLLKORN" ACHTEN.
Die Hackfleischsoße
TOMATEN UND ZWIEBELN VORBEREITEN
HEISS ÜBERBRÜHEN
WÜRFELN
WÜRFELN
SCHALE ABZIEHEN
ZUBEREITUNG:
ÖL
• ETWA 2 TL ÖL IN DIE PFANNE GEBEN
• ÖL SCHWACH ERHITZEN
• BEIDES DÜNSTEN (NICHT SCHARF ANBRATEN)
• TOMATEN HINZU-GEBEN
ORE-GANO
KRÄUTER-SALZ
WASSER
• WÜRZEN
• BEI BEDARF ETWAS WASSER HINZU-GEBEN
• PFANNE SCHLIESSEN
CA. 5 MIN. GAREN
• PROBIEREN
• NACHWÜRZEN
KÖNNTE WEGGELASSEN WERDEN. GESCHMACKS- UND GELDFRAGE!
• MIT SAHNE U. TOMATENMARK VEREDELN
SAHNE
TOMATEN MARK

Schnelle Nudelpfanne

1 Person

Zutaten	Arbeitsschritte
50 g Vollkornnudeln	▷ 10 Min. garen, abtropfen lassen
1 kleine Möhre	▷ waschen, in feine Scheiben schneiden
1 kleine Zwiebel	▷ grob würfeln
1 TL Sonnenblumenöl	▷ in einer Pfanne erhitzen
Zwiebelwürfel	▷ leicht bräunen
50 g Gehacktes	▷ dazugeben, etwas bräunen
100 ml heißes Wasser 1 TL Streuwürze	▷ dazugeben
Möhrenscheiben 2 EL Erbsen TK 1–2 EL Champignons gekochte Nudeln	▷ alle Zutaten in die Pfanne geben, Pfanne schließen, 10 Min. bei schwacher Hitze garen
1 TL Sojasoße, weiß. Pfeffer, Paprika, Basilikum	▷ abschmecken
Beigabe: Möhrenrohkost oder eine andere Frischkost	

China-Reispfanne

1 Person

Zutaten	Arbeitsschritte
1 kleine Möhre*	▷ waschen, in dünne Scheiben schneiden
½ Stange Porree (längs durchgeschnitten)	▷ waschen, in ½ cm dicke Ringe schneiden
1 Zwiebel	▷ grob würfeln
50 g mageres Schweine- oder Rindfleisch	▷ in feine Streifen schneiden
1 EL Sojaöl	▷ in einer Pfanne erhitzen
Fleischstreifen	▷ 2–3 Min. anbraten
Zwiebeln und Gemüse 1–2 EL Erbsen TK	▷ dazugeben, kurz weitergaren
3–4 EL heißes Wasser 1–2 EL Sojasoße weißer Pfeffer, etwas Streuwürze	▷ dazugeben
ca. 80 g frische Bohnensprossen	▷ dazugeben, ca. 10 Min. bei schwacher Hitze garen, Pfanne schließen
1–2 TL Sauerrahm Gewürze	▷ dazugeben ▷ abschmecken
* **Alternative:** ½ rote oder grüne Paprikaschote	
Dazu passen: Curry-Naturreis und Chinakohlsalat oder eine andere Frischkost	

Gulasch-Gemüse-Topf für 2 Personen

Vorbereitungsarbeiten

Gemüse waschen, putzen, zerkleinern

Zubereitung

1 EL Öl in kleinem Dampfdrucktopf erhitzen, Fleisch dazugeben (Vorsicht Spritzgefahr!) Fleisch anbraten (von allen Seiten, darum Pfannenwender benutzen)

Wenn das Fleisch angebraten ist, Möhren und Zwiebeln dazugeben; kurz mitbräunen

heißes Wasser langsam dazugeben, ebenfalls die geschnittene Paprika; würzen mit etwas Pfeffer und Salz, Dampfdrucktopf schließen

Garen lassen (vorgeschriebene Zeit beachten)

Topf vorschriftsmäßig öffnen, nachwürzen, wenn man mag (und das Geld reicht: mit Sauerrahm oder Creme fraîche veredeln)

Beilagen: Pellkartoffeln, Vollkornnudeln, Naturreis oder Vollkornbrot

Benötigte Zutaten
ca. 150 g Gulasch
Öl
Zwiebeln,
eine Möhre,
eine halbe Paprika
Gewürze
Sauerrahm
$1/8$ l heißes Wasser

KARTOFFEL-GULASCH 2 Personen

Zutaten	**Arbeitsschritte**
400 g Kartoffeln festkochend	▷ waschen, in der Schale kochen ▷ pellen, in Scheiben schneiden
1 Zwiebel 1 geräucherte Mettwurst	▷ fein würfeln ▷ in Scheiben schneiden
30 g Margarine	▷ in einem Topf (18 cm ∅) erhitzen ▷ Zwiebelwürfel dazugeben, glasig dünsten
1 EL Vollkornmehl $1/4$ l Milch 1 Gemüsewürfel	▷ dazugeben, mit einem Schneebesen gut rühren ▷ nach und nach dazugeben, gut weiterrühren, bei milder Hitze 3 Min. leicht kochen lassen
weißer Pfeffer, Muskat Kartoffelscheiben Mettwurstscheiben gehackte Petersilie	▷ dazugeben, vorsichtig mit einem Rührlöffel umrühren ▷ abschmecken, in eine Servierschüssel geben ▷ darüberstreuen
Dazu paßt: frischer Salat oder Rohkost	

Für Anfänger, Fortgeschrittene und Könner:

Gehacktes ist preiswert, vielseitig verwendbar und geschmacklich variierbar. Mit etwas Phantasie läßt sich aus dem Grundrezept allerlei Interessantes zaubern.

Ob Kräuter oder Knoblauch, Senf oder feingehackte Gewürzgurken, ob geriebene Möhren oder feingeschnittene Champignons, geraspelter Käse oder Quark: Es gibt kaum eine Zutat, die nicht zum Gehackten paßt.

Was kann man aus Gehacktem zubereiten? Frikadellen und Klöße (na klar!), Hackbraten, Soßen, Pasteten, Aufläufe, Eintöpfe und Füllungen für Paprikaschoten, Gemüsezwiebeln, Kohlrouladen und und . . .

(Damit es auch wirklich lecker schmeckt und bekömmlich ist, sollte man mageres Hackfleisch verwenden.)

Und nun viel Spaß und Erfolg beim Erfinden und Ausprobieren eigener Rezeptideen!

FÜR ANFÄNGER!

Fleischteig für 2 Personen

Zutaten	**Arbeitsschritte**
½ altes Brötchen	▷ in Wasser 5–10 Min. einweichen, ausdrücken
200 g Gehacktes, halb und halb 1 kleine Zwiebel, feingehackt 1 kleines Ei Kräutersalz, Pfeffer Paprika, Majoran	▷ alle Zutaten in eine Schüssel geben und mit einer Gabel gut durchkneten ▷ 2 Frikadellen formen
Sonnenblumenöl	▷ in einer Pfanne erhitzen ▷ Frikadellen von beiden Seiten mittelbraun braten

Fleischgerichte: Güte statt Menge

„Preiswertes“ Fleisch – dahinter verbirgt sich sehr oft fettreiches und schadstoffbelastetes Fleisch. Und das bekommt unserer Gesundheit nicht gerade besonders gut. Wenn Fleisch, dann bitte auch vom Besten: mager und möglichst schadstoffarm.

Rinderroulade

1 Person

Zutaten	Arbeitsschritte
1 Rinderroulade, ca. 120 g etwas Senf, mittelscharf Salz, weißer Pfeffer, evtl. Paprika 1–2 Scheiben Speck, durchwachsen 1 Zwiebel	▷ Roulade dünn bestreichen ▷ Roulade würzen ▷ in Streifen schneiden, Roulade damit belegen ▷ fein würfeln, dazugeben ▷ Roulade zusammenrollen und mit 2 Rouladennadeln oder Küchenband zusammenhalten
1 TL Sonnenblumenöl 1 Zwiebel ca. 1/8 l heißes Wasser wenig Salz, Pfeffer, Paprika	▷ in einen kleinen Dampfdrucktopf geben, erhitzen ▷ Roulade von allen Seiten mittelbraun anbraten ▷ würfeln, zum Schluß kurz mitbräunen, nach und nach angießen ▷ dazugeben ▷ Dampfdrucktopf schließen, 15–20 Min. garen
 evtl. 1 TL Tomatenmark 1–2 TL Sauerrahm oder Sahne	▷ Dampfdrucktopf öffnen ▷ in die Soße rühren ▷ dazugeben, abschmecken
Beigabe: Vollkornnudeln und Salat	

Schweinelendchen in Orangensoße

1 Person

Zutaten	Arbeitsschritte
1 TL Sojaöl 2 Stücke Lendchen, ca. 1 cm dick *oder* ein kleines Schnitzel, ca. 100 g Salz, weißer Pfeffer	▷ in einer kleinen Pfanne erhitzen ▷ von beiden Seiten 2–3 Min. anbraten, Lendchen würzen, herausnehmen, auf einen vorgewärmten Teller legen, mit einem Deckel abdecken
10 g Butter 1 TL Orangenkonfitüre Saft von 1 kleinen Apfelsine evtl. wenig Zitronensaft etwas gekörnte Fleischbrühe }	▷ im Bratenfond zerlassen ▷ dazugeben, gut verrühren ▷ Soße kurz aufkochen lassen
4 – 6 kleine Champignons 3–4 Apfelsinenstücke 1–2 TL Sauerrahm	▷ dazugeben ▷ dazugeben, abschmecken ▷ Lendchen in die Soße geben, 2–3 Min. ziehen lassen
Beigabe: Curry-Naturreis und gemischter Salat	

Gemüse-Hack-Pilav

1 Person

Zutaten	Arbeitsschritte
2 EL Naturreis	▷ ca. 2–3 Std. in Wasser quellen lassen ▷ in ein Sieb geben, gut abtropfen lassen
1 Zwiebel 1 Knoblauchzehe 150 g Auberginen, Zucchini, Paprikaschote	▷ würfeln ▷ durch die Knoblauchpresse drücken ▷ waschen, in grobe Stücke schneiden
1 EL Olivenöl 80 g Lamm-Gehacktes oder Rinder-Hack	▷ in einem kleinen Topf schwach erhitzen ▷ Zwiebel, Knoblauch, Reis u. Gemüse dazugeben ▷ 3–4 Min. andünsten, dabei rühren ▷ dazugeben, leicht bräunen
1/8 l heißes Wasser 1/2 Gemüsebrühwürfel Basilikum, weißer Pfeffer Kräutersalz	▷ dazugeben ▷ dazugeben, Topf **gut** schließen ▷ ca. 10 Min. auf **kleiner** Stufe garen
1–2 mittelgroße Tomaten 1 TL Rosinen 1 TL abgezogene Mandeln	▷ mit kochendem Wasser überbrühen, abziehen, **vierteln,** dazugeben ▷ heiß waschen, dazugeben ▷ hacken, dazugeben ▷ noch ca. 5 Min. garen
1 TL Sauerrahm	▷ dazugeben, abschmecken

Dazu paßt: Weißkrautsalat, Chinakohlsalat, Möhrenrohkost und Blattsalate

Gaumenfreude aus der Türkei

Dolmas sind gefüllte Gemüse – eine türkische Erfindung. Sie sind so lecker, daß inzwischen alle Welt sie kennt und gerne ißt. Mit etwas Phantasie lassen sich viele Variationen zusammenstellen, um verwöhnte Gaumen damit zu erfreuen.

Zutaten (für eine Person)	**Arbeitsschritte**
2 gestr. EL Naturreis	▷ ca. 20 Min. kochen, abgießen
1 rote oder grüne Paprikaschote 1 Zwiebel	▷ Deckel abschneiden, waschen, die weißen Samen entfernen ▷ fein schneiden
1 TL Olivenöl 1 Knoblauchzehe 80 g Rinder- oder Lammhackfleisch gekochter Reis Salz, Pfeffer, Oregano	▷ **schwach** erhitzen ▷ geschnittene Zwiebel dazugeben ▷ pressen, dazugeben ▷ dazugeben, kurz mitbraten ▷ dazugeben, mischen abschmecken ▷ Masse in die Paprikaschote füllen
1 TL Olivenöl gefüllte Paprikaschote 125 ml heißes Wasser ½ Gemüsewürfel 1 TL Tomatenmark	▷ in einem kleinen Topf *schwach* erhitzen ▷ hineingeben ▷ bei **schwacher** Hitze kurz anbraten ▷ angießen ▷ dazugeben ▷ dazugeben ▷ Topf schließen, ca. 15–20 Min. garen
1–2 Tomaten 1–2 TL saure Sahne oder Sauerrahm	▷ abbrühen, Haut abziehen, zerkleinern, dazugeben ▷ dazugeben, abschmecken

Fischgulasch *Feinschmecker Art*

Zutaten	Arbeitsschritte
100 g Fischfilet (Kabeljau oder Seelachs) ersatzweise TK	▷ waschen, mit Zitronensaft beträufeln ▷ in *große* Stücke schneiden
¼ rote Paprikaschote 1 Stück Zucchini 50 g frische Champignons 1 Frühlingszwiebel *oder* ½ kleine Stange Porree evtl. ½ Stange Bleichsellerie	▷ waschen, in feine Streifen schneiden ▷ waschen, in ½ cm dicke Scheiben schneiden ▷ waschen, in Scheiben schneiden ▷ waschen, in ½ cm dicke Ringe schneiden ▷ waschen, in dünne Stücke schneiden
20 g Butter oder Margarine 1 kleine, feingehackte Zwiebel 1 feingehackte Knoblauchzehe	▷ in einem kleinen Topf schmelzen ▷ andünsten
Gemüse ⅛ l heißes Wasser 1 TL Streuwürze weißer Pfeffer, Paprika Fischstücke	▷ dazugeben, ca. 5 Min. dünsten ▷ dazugeben ▷ auf das Gemüse geben, Topf schließen, 10 Min. bei schwacher Hitze garen, *nicht* umrühren, Fisch zerfällt sonst
1–2 TL Sauerrahm Gewürze 1 TL gehackte Petersilie oder Dill	▷ vorsichtig unterrühren ▷ abschmecken ▷ Fischgulasch auf einen vorgewärmten Teller geben ▷ darüberstreuen

Dazu passen: Petersilien-Pellkartoffeln oder Naturreis und gemischter Salat

Fisch kann man auch anders zubereiten, z. B. mit Gemüse, mit Kräutern, mit einer Joghurtsoße oder exotisch süß-sauer. Da Fisch beim Garen leicht zerfällt, sollte man vorrangig die schonende und werterhaltende Garmethode Dünsten wählen.
Und noch ein Tip: Fisch nach dem Waschen mit Küchenpapier abtupfen und mit Zitronensaft oder Weinessig beträufeln. Das Fischfleisch wird fester und riecht nicht so intensiv nach Fisch.

Curry-Fisch „MAHARADSCHA“	1 Person
Zutaten	**Arbeitsschritte**
100 g Fischfilet (Seelachs oder Goldbarsch)	▷ waschen, mit Zitronensaft beträufeln, in große Stücke schneiden
20 g Butter oder Margarine	▷ in einem kleinen Topf schmelzen
1 kleine Zwiebel	▷ fein würfeln, andünsten
1 gestr. EL Mehl Type 1700	▷ dazugeben, gut verrühren
½ mittelgroßer Apfel	▷ fein würfeln, dazugeben
⅛ l heißes Wasser etwas Streuwürze ½ TL Curry etwas Mango Chutney	▷ alles dazugeben, gut verrühren
2 Stücke Senfgurken (Glas) 2 Stücke Aziagurken (Glas) 2 Stücke Kürbis Fischstücke	▷ dazugeben, 10 Minuten bei schwacher Hitze garen. Topf schließen!
2 Ananasstücke ¼ Banane in Scheiben	▷ dazugeben
1 TL Sahne evtl. etwas Ananassaft und Gurkensaft 1 TL Dill	▷ abschmecken
Dazu passen: Naturreis oder Pellkartoffeln und Salat	

Müsli für jeden Geschmack

Ob aus Getreideflocken oder aus frisch gemahlenem Getreide: Müsli selbstgemacht ist unbestritten ein gesundes Frühstück. Denn das Getreide liefert Mineralstoffe und Vitamine – vor allem die wichtigen **B-VITAMINE** – außerdem reichlich Ballaststoffe. Fertigmüslis enthalten manchmal Bestandteile, die ihren Ernährungswert in Frage stellen, z. B. reichlich Industriezucker. Zudem verleiten sie dazu, auf Frischobst als Zutat zu verzichten. Beides ist nachteilig. Also wenn Müsli, dann auch „richtig“.

Soll’s schnell gehen, macht man Müsli aus Getreideflocken. Hat man etwas mehr Zeit und eine Getreidemühle, sollte man Frischkorn-Müsli zubereiten. Es hat noch mehr Nähr- und Wirkstoffe.

Zutaten	Arbeitsschritte
150 ml lauwarmes Wasser 1 TL Honig (flüssig) 20 g Hefe }	▷ im Litermaß abmessen ▷ dazugeben, alles gut verrühren
250 g Weizen-Vollkornmehl 1 EL Sonnenblumenöl etwas Salz 1 TL Brotgewürz **oder** Zimt, Anis }	▷ in eine Schüssel geben ▷ zu dem Mehl geben ▷ Hefewasser dazugeben ▷ alles mit dem elektrischen Handrührgerät (Knethaken) oder mit den Händen gut verkneten ▷ **wichtig:** ca. 5–10 Min. gut durchkneten
Hinweis: den Teig einfrieren oder bei vorhandener Zeit weiterverarbeiten	
Teigruhe! 15–20 Minuten	▷ Schüssel mit einem sauberen Geschirrtuch abdecken ▷ Schüssel an einen warmen Ort stellen ▷ Zugluft vermeiden
Wartezeit nutzen!	▷ Backblech mit Öl einfetten oder mit Backpapier auslegen ▷ Mohn, Sesam, Kümmel auf kleine Teller geben ▷ Becher mit Wasser und Pinsel bereitstellen ▷ flache Metallschüssel mit Wasser füllen ▷ Backofen auf 220°C vorheizen – nicht beim Umluftbackofen!
▷ Teig noch einmal mit den Händen durchkneten ▷ aus dem Teig eine Rolle formen ▷ Teigrolle in 6 gleichgroße Stücke schneiden ▷ daraus 6 Brötchen formen ▷ nach Belieben einschneiden ▷ Brötchen mit Wasser bepinseln ▷ in Sesam, Mohn oder Kümmel tauchen ▷ auf das Backblech setzen ▷ ca. 5–10 Min. auf dem Blech gehen lassen	
Backen:	▷ Metallschüssel mit Wasser in den Backofen stellen ▷ **10 Min.** bei 220°C **mit Dampf** backen ▷ Schüssel aus dem Backofen nehmen, Backofen zurückschalten ▷ **10 Min.** bei 180°C **ohne Dampf** backen

ein fach und schnell — QUARK-BRÖTCHEN AUS VOLLKORNMEHL

Zutaten	Arbeitsschritte
250 g Magerquark etwas Salz 2 TL Zucker 1 TL Honig 1 großes Ei	▷ alle Zutaten in eine Rührschüssel geben ▷ mit dem elektrischen Handrührgerät (Knethaken!) verrühren
250 g Weizen-Vollkornmehl 1 Pk. Backpulver 80 g Rosinen, ungeschwefelt	▷ Mehl auf der Waage abwiegen und mit dem Backpulver gut mischen, in die Quarkmasse geben und zu einem **festen** Teig verrühren, mit leicht bemehlten Händen 8 Brötchen formen und auf ein gefettetes Backblech legen
Backen: 20 – 25 Minuten bei 200° C	

PLÄTZCHEN

eine pfiffige Süßigkeit für zwischendurch

Ist das nicht merkwürdig? Gebacken wird in Haushalten oft. Plätzchenbacken geschieht aber meist nur zur Weihnachtszeit, obwohl Plätzchen das ganze Jahr über gegessen werden. Da müssen dann gekaufte Plätzchen herhalten. Warum eigentlich?

Teekugeln (ca. 16 Stück)

Zutaten	Arbeitsschritte	Tips
60 g Margarine (ungehärtet)	▷ abwiegen, schaumig rühren	▷ Partnerarbeit ▷ auf Brotpapier abwiegen, Papier zum Einfetten des Backblechs weiterbenutzen
1 EL Honig (flüssig) 1 kleines Ei abgeriebene Zitronenschale	▷ dazugeben, schaumig rühren	
125 g Weizenmehl Type 1700 oder 1050 1 gestr. TL Backpulver	▷ zusammen in die Schüssel sieben, unterrühren	▷ Vollkornmehl immer auf der Waage abwiegen!
1 EL Haferflocken (blütenzart)	▷ mit TL etwas Teig abstechen ▷ in den Haferflocken wälzen ▷ mit den Händen zu einer kleinen Kugel formen ▷ Teigkugeln auf ein gefettetes Backblech setzen ▷ in die Mitte jeder Kugel eine Vertiefung drücken	▷ Haferflocken auf einen Teller geben ▷ mit Backpapier belegte Bleche ersparen Arbeit
Aprikosenmarmelade	▷ in die Vertiefung geben	▷ oder Orangen- oder Kirschmarmelade
Backen: 15–20 Minuten bei 180°C		

VOLLKORNBÄCKEREI

Kuchen aus Vollkorn kann man ohne Reue genießen. Er ist leicht bekömmlich, schmackhaft und gesund. Die Ballaststoffe im vollen Korn sättigen zudem ungemein, ein Zuviel *kann* deshalb nicht sein.

Läßt sich gut einfrieren

QUARK-ÖLTEIG

PROBLEMLOS UND VIELSEITIG

Zutaten	Arbeitsschritte
300 g Weizenvollkornmehl 1 Päckchen Backpulver	▷ in eine Rührschüssel geben
70 g Zucker 1 Päckchen Vanillezucker 1 Prise Salz 150 g Magerquark 6 EL Milch 6 EL Sonnenblumenöl 1 kleines Ei	▷ alle Zutaten in der Reihenfolge dazugeben ▷ Teig mit dem elektrischen Handrührgerät **(Knethaken!)** genau 1 Minute kneten ▷ Teig mit einem Teigschaber auf die *wenig* bemehlte Arbeitsfläche geben, ▷ mit bemehlten Händen *kurz* durchkneten und weiter verarbeiten
Möglichkeit 1: **Obst-Blechkuchen**	
ca. 1 kg Äpfel *oder* Pflaumen 2–3 EL Zimt-Zucker 1–2 EL gehackte Mandeln }	▷ Teig auf dem Blech ausrollen und belegen ▷ darüberstreuen
Möglichkeit 2: **Gefüllte Teilchen**	
Nußfüllung 150 g gemahlene Nüsse 1–2 EL Honig, flüssig 2 EL heiße Milch }	▷ Teig auf der *wenig* bemehlten Arbeitsfläche ausrollen und Teilchen ausradeln (z. B. Hörnchen, Hahnenkämme, Taschen, Windmühlen) ▷ alle Zutaten miteinander verrühren (es muß eine feste, streichfähige Masse sein), Teilchen füllen
1 Eigelb, 1 TL Milch	▷ verrühren, Teilchen bepinseln
Backen: 25 – 30 Minuten bei 180° C	

NUSS-KUCHEN

IN DER KLEINEN KASTENFORM (20 cm)

PARTNER ★ARBEIT★

Zutaten	Arbeitsschritte
120 g weiche Margarine 100 g Honig, flüssig	▷ mit dem elektrischen Handrührgerät cremig rühren
2 große Eier, 1 TL Zimt 100 g gemahlene Haselnüsse }	▷ nach und nach dazugeben, rühren
200 g Weizenvollkornmehl ½ Paket Backpulver 4–5 EL Milch }	▷ mischen, dazugeben, rühren
	▷ Kastenform ausfetten, mit etwas Paniermehl ausstreuen ▷ Teig einfüllen
Backen: 30–35 Minuten bei 180 °C	

Kokos-Orangen-Plätzchen

einfach und schnell

Zutaten	Arbeitsschritte
100 g Akazienhonig 1 mittelgroßes Ei	▷ schaumig rühren
50 g weiche Butter 2 EL Orangenlikör abgeriebene Schale von ½ unbehandelte Apfelsine	▷ dazugeben, weiterrühren
100 g Weizenvollkornmehl 100 g Kokosflocken	▷ dazugeben, unterrühren
	▷ mit 2 Kaffeelöffeln kleine Häufchen auf ein Backblech setzen ▷ Backblech vorher dünn einfetten oder mit Backpapier auslegen
Backen: etwa 15 Minuten bei 180° C	

Früchtekuchen

in der kleinen Kastenform (20 cm)

PARTNER ARBEIT

Zutaten	Arbeitsschritte
150 g Trockenfrüchte, z. B. Rosinen, Pflaumen, Aprikosen, Feigen – ungeschwefelt!	▷ fein schneiden, evtl. in etwas Rum einweichen
100 g weiche Margarine 60 g Zucker **oder** 1 ½ EL Akazienhonig	▷ mit dem elektrischen Handrührgerät (Rührbesen) cremig rühren
2 mittelgroße Eier abgeriebene Schale von ¼ unbehandelter Zitrone	▷ dazugeben, weiterrühren
100 g Weizenvollkornmehl 1 TL Backpulver	▷ dazugeben, kurz unterrühren
50 g gemahlene Haselnüsse kleingeschn. Trockenfrüchte	▷ dazugeben, unterrühren (Knethaken)
	▷ Kastenform ausfetten, mit etwas Paniermehl ausstreuen, Teig einfüllen
Backen: 60 Minuten bei 175° C	

Butter-Spritzgebäck (ca. 20–25 Stück)

PARTNER ARBEIT

Zutaten	Arbeitsschritte
65 g weiche Butter 50 g Honig, flüssig (1½ EL)	▷ cremig rühren
1 kleines Ei abgeriebene Zitronenschale 1 TL Rum 100 g Weizenvollkornmehl	▷ Zutaten nach und nach unterrühren ▷ Teig in einen Spritzbeutel oder in eine Gebäckspritze füllen und schöne Formen auf das Blech spritzen
Backen: 15–20 Minuten bei 180 °C	

BiskuitRolle (ca. 12 Stück) – Mit Erdbeer-Joghurt-Creme

Zutaten	Arbeitsschritte
	▷ Kuchenblech mit Backtrennpapier auslegen
130 g Honig, flüssig 5 Eigelb 2 EL warmes Wasser	▷ mit dem elektrischen Handrührgerät auf höchster Stufe so lange rühren, bis eine dicke Creme entsteht
abgeriebene Schale unbeh. Zitrone	▷ dazugeben
5 Eiweiß 130 g Weizenvollkornmehl ½ TL Backpulver	▷ sehr steif schlagen (für die Qualität der Biskuitmasse besonders wichtig!) ▷ gut mischen ▷ Eischnee und Mehl *abwechselnd* vorsichtig unter die Eigelbmasse *heben* (nicht rühren!) ▷ Biskuitmasse gleichmäßig auf das Backpapier streichen ▷ *sofort* backen, sonst fällt der Teig zusammen!
Backen: 225 °C, 8–10 Min.	
	▷ ein sauberes Geschirrtuch mit wenig Zucker bestreuen ▷ Kuchen vorsichtig auf das Geschirrtuch stürzen ▷ oben liegendes Papier abziehen und Kuchen mit dem Geschirrtuch aufrollen
Füllung: ca. 300 g Erdbeeren 1 – 2 EL Honig, flüssig	▷ waschen, *kurz* pürieren
1 kleiner Becher Naturjoghurt	▷ in das Püree geben
200 g Sahne, 1 Päckchen Sahnesteif	▷ sehr steif schlagen, unterheben
	▷ Erdbeercreme gleichmäßig auf den ausgerollten Kuchen streichen ▷ mind. 30 Min. in Kühlschrank stellen

Sättigendes aus vollem Korn

Aus Schrot und Korn läßt sich allerlei Schmackhaftes zubereiten. Auch Skeptiker und überzeugte Fleischesser sind bei vielen Gerichten angenehm überrascht: Das „Körnerzeug" schmeckt tatsächlich! Allerdings verwendet man in der Körnerküche andere Zutaten als in der „gutbürgerlichen" Küche. Und auch die Garmethoden sind schonender: Starkes Braten und langes Kochen sind tabu.

VOLLKORN-PFANNKUCHEN

2 Personen

Zutaten	Arbeitsschritte
125 g Weizenmehl Type 1700 oder frisch gemahlen 2 kleine Eier etwas Zitronen- oder Orangenschale 1 Prise Salz 1 EL Honig, flüssig 1 EL feingehackte Haselnüsse	▷ alle Zutaten in eine Rührschüssel geben
1/8 l Milch 4–5 EL Mineralwasser	▷ Milch und Mineralwasser nach und nach dazugeben ▷ mit dem Handrührgerät oder Schneebesen gut verrühren
wenig Pflanzenöl zum Braten (Backen)	

Tip: die Eier trennen, Eischnee zum Schluß unterheben: die Pfannkuchen werden lockerer
Beigabe: Apfelmus oder Preiselbeer-Joghurtcreme

PIZZA aus Vollkornmehl

Schon mal probiert?

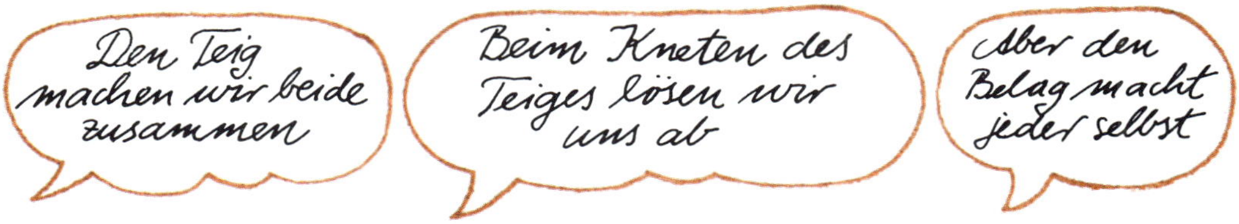

Zutaten	**Arbeitsschritte**	**Tips**
50 ml lauwarmes Wasser 15 g Hefe 1/2 TL Zucker	▷ im Litermaß abmessen ▷ dazugeben ▷ alles gut verrühren	
200 g Weizenvollkornmehl	▷ in eine Schüssel geben	▷ statt Buttermilch Wasser verwenden
100–150 ml Buttermilch 1/2 TL Salz gemahlener Kümmel gemahlener Koriander 2 EL Sonnenblumenöl	▷ zu dem Mehl geben	▷ Partnerarbeit
Hefewasser	▷ dazugeben, alles gut verkneten (entweder mit den Händen oder mit dem Handrührgerät [Knethaken])	▷ 5–10 Minuten kneten, Teig wird dann lockerer ▷ den Teig einfrieren (Gefrierbeutel) oder bei vorhandener Zeit weiterverarbeiten
Teigruhe! 15–20 Minuten	▷ Schüssel mit einem sauberen Geschirrtuch abdecken ▷ Schüssel an einen warmen Ort stellen ▷ Zugluft vermeiden	
Wartezeit nutzen – Belag vorbereiten		
Belag für eine Pizza		
Zutaten	**Arbeitsschritte**	**Tips**
1 kleine Zwiebel	▷ würfeln oder in Scheiben	▷ Einzelarbeit
1 mittelgroße Tomate 3 – 4 frische Champignons	▷ waschen, in Scheiben schneiden	▷ Varianten für Belag anbieten (z. B. rote, gelbe, grüne Paprikaschoten, Porree, Spinat, Oliven)
30 g Käse (Emmentaler oder Gouda)	▷ grob reiben oder in kleine Stücke schneiden	
Pizza formen und belegen ▷ Teig halbieren ▷ Teig noch einmal mit den Händen durchkneten ▷ eine runde **dünne** Pizza formen ▷ Pizza belegen, mit viel Oregano und Basilikum bestreuen ▷ zum Schluß mit 1–2 EL Olivenöl beträufeln ▷ Pizza auf ein geöltes Backblech legen		▷ Einzelarbeit ▷ aus Teigrest Brötchen formen, mit abbacken ▷ vier Pizzen für ein Backblech
Backen: 20 Minuten bei 200°C		

Grünkern-Bratlinge

Zutaten	Arbeitsschritte
100 g (8 EL) Grünkern	▷ mittelgrob mahlen
1 mitteldicke Stange Porree 1 mitteldicke Möhre	▷ längs durchschneiden, waschen, fein schneiden ▷ waschen, grob reiben
300 ml Wasser 1 TL gekörnte Gemüsebrühe viel Basilikum, gerebelt weißer Pfeffer	▷ alle Zutaten – auch Grünkern, Porree und Möhre – 10 Min. bei schwacher Hitze kochen ▷ öfter umrühren, setzt leicht an
1 Zwiebel 1 TL Petersilie, frisch oder TK 2 kleine Eier 2 EL Vollkornpaniermehl 1 TL Edelhefeflocken	▷ sehr fein schneiden ▷ alle Zutaten in den Grünkernbrei geben und gut mischen
	▷ Masse abkühlen lassen
Sonnenblumenöl	▷ in wenig Öl von jeder Seite 5–10 Min. bei schwacher Hitze braten

Tip: Die Bratlinge fallen leicht auseinander, deshalb ganz vorsichtig mit 2 Bratenwendern wenden. Bratlinge schmecken auch kalt.

Hirseauflauf mit Früchten

Zutaten	Arbeitsschritte
300 ml Milch 1 Prise Salz	▷ in einen kleinen Milchtopf geben, aufkochen
60 g Hirse	▷ einrühren, 10–15 Min. auf kleinster Stufe quellen lassen (öfters umrühren!)
40 g Margarine 2 kleine Eigelb 2 EL Zucker	▷ mit dem Handrührgerät oder Schneebesen cremig rühren
1 EL gehackte Mandeln etwas abgeriebene Orangenschale	▷ dazugeben, die abgekühlte Hirsemasse in die Eigelbmasse geben
1 mittelgroßer Apfel *oder* 1/3 Glas Süßkirschen oder andere Früchte ohne Saft	▷ Apfel würfeln, in die Hirsemasse geben
2 Eiweiß 1 TL gehackte Mandeln nach Belieben	▷ steif schlagen, unter die Hirsemasse rühren, kleine Auflaufform fetten, Hirsemasse einfüllen ▷ über die Hirsemasse streuen

Backen: 25–30 Minuten bei 180 °C

Die selbstgemachte Quarkspeise

Ein kreativer Nachtisch

Was braucht man?

- Magerquark
- Frischmilch
- geschlagene Sahne
- Honig oder Zucker
- Frischobst der Saison (z. B. Apfel, Banane, Erdbeeren, Apfelsine)

Wieviel?

- je nach Appetit – jedoch Vorsicht mit den Mengen!
- zugeben kann man immer noch, herausnehmen nicht

Womit kann man variieren?

- grob gehackte Nüsse, Mandeln, Sonnenblumenkerne
- ungeschwefelte Weinbeeren oder Rosinen
- unbehandelte Trockenfrüchte (z. B. Pflaumen, Aprikosen, Feigen, Bananen)
- etwas Zitronensaft
- etwas abgeriebene Schale einer unbehandelten Zitrone
- Zimt, etwas Vanillemark einer Vanilleschote
- Sanddornsaft

QUARKAUFLAUF mit Früchten

2 PERSONEN

Zutaten	**Arbeitsschritte**
2 kleine Eigelb 3 EL Zucker oder Honig	▷ mit dem Handrührgerät oder Schneebesen cremig rühren
200 g Magerquark 1 gehäufter EL Grieß geriebene Zitronen- oder Orangenschale	▷ in die Eigelbmasse geben, gut verrühren
1 mittelgroßer Apfel **oder** 1/3 Glas Süßkirschen oder andere Früchte ohne Saft	▷ würfeln ▷ in die Quarkmasse geben
2 Eiweiß	▷ steif schlagen ▷ unter die Quarkmasse rühren
1 TL gehackte Mandeln nach Belieben	▷ kleine Auflaufform einfetten ▷ Quarkmasse einfüllen ▷ Mandeln über die Quarkmasse streuen
Backen: 25–30 Minuten bei 200°C	

OBSTSALAT AUS FRISCHEM OBST
die natürliche Vitaminspritze

Frischobst enthält
▷ Vitamine ▷ Fruchtzucker ▷ Ballaststoffe ▷ Mineralstoffe

OBSTSALAT

Zutaten	Arbeitsschritte	Arbeitsgeräte
½ mittelgroße Banane* ½ mittelgroßen Apfel	▷ schälen, würfeln, in eine Schüssel geben, Schüssel abdecken	Bitte selbst überlegen und Geräte am Arbeitsplatz zusammenstellen!
1 Mandarine **oder** Apfelsine	▷ Schale entfernen, teilen, in Stücke schneiden, dazugeben, Schüssel wieder abdecken	
1 TL gehackte Nüsse 1 TL getrocknete Weinbeeren** (ungeschwefelt)	▷ dazugeben (wieder an das Abdecken denken!)	
1 TL Zitronensaft 1 TL Honig (flüssig)***	▷ verrühren, über den Obstsalat geben, alles vorsichtig mischen, in ein Glasschälchen füllen	
Schlagsahne gehackte Nüsse	▷ Sahne schlagen, mit der Schlagsahne und den Nüssen den Obstsalat garnieren	

* Je nach Jahreszeit und Geschmack kann man andere Obstsorten verwenden, z. B. Pfirsiche, Pflaumen, Erdbeeren, Birnen . . .
** Statt dessen kann man andere Trockenfrüchte verwenden, z. B. getrocknete Bananen, Datteln, Feigen, Pflaumen
*** Statt dessen kann man auch mit Ahornsirup oder Birnensirup süßen

Süss Lecker Gesund

Was wäre ein gutes Essen ohne eine leckere Nachspeise? Jedoch sind Nachspeisen süß – oft viel zu süß. Und Zucker schadet nun mal der Gesundheit, das wissen inzwischen alle. Wenn wir aber wieder lernen, „normal" zu süßen und öfters natürliche süße Zutaten wie z. B. Rosinen oder andere getrocknete Früchte, Bananen oder anderes Obst in die Nachspeise zu geben, dürfen wir ohne Reue genießen. Wir sollten es probieren und unsere „verformte" Zunge langsam an weniger Zucker gewöhnen. Das geht!

Apfelsinen-Joghurt-Creme

2 Personen

Zutaten	Arbeitsschritte
$1\frac{1}{2}$ mittelgroße Apfelsinen	▷ sorgfältig schälen, entkernen
1 EL Akazienhonig 1 EL ganze Haselnüsse	▷ mit den Apfelsinen im Mixer pürieren ▷ Apfelsinenpüree in eine Schüssel geben
1 kleiner Becher Naturjoghurt 60 g Sahne	▷ dazugeben ▷ steif schlagen, unterrühen ▷ Creme in 2 Glasschälchen füllen
einige Clementinen-Stückchen 1 TL gehackte Nüsse	▷ zum Garnieren

Apfelwein-Creme

2 Personen

Nicht ganz einfach!

Zutaten	Arbeitsschritte
$\frac{1}{8}$ l Weißwein* $\frac{1}{8}$ l Apfelsaft* ungesüßt	▷ in einen schmalen, hohen Kochtopf geben
20 g Speisestärke 70 g Zucker abgeriebene Zitronenschale von $\frac{1}{2}$ Zitrone, unbehandelt 2 kleine Eigelb	▷ alle Zutaten in die Flüssigkeit geben, mit dem Schneebesen gut verrühren ▷ Normalkochplatte auf Stufe 2 einstellen Masse kräftig schlagen, bis sie dicklich wird (nicht kochen) ▷ Topf zur Seite ziehen, kurz weiterrühren
2 Eiweiß	▷ steif schlagen, unter die heiße Creme rühren, in 2 Glasschälchen füllen
Verfeinerung: Creme etwas abkühlen lassen und geschlagene Sahne unterheben oder damit garnieren	
*** statt dessen:** $\frac{1}{8}$ l Apfelsinensaft und $\frac{1}{8}$ l Wasser	

Stichwortverzeichnis